心理学主干课程系列教材

社会心理学：
原理与应用

SOCIAL PSYCHOLOGY
PRINCIPLES AND APPLICATION

主　编　申荷永
副主编　佐　斌　孙庆民

暨南大学出版社
JINAN UNIVERSITY PRESS
中国·广州

总　序

科学心理学诞生至今，已有100多年的历史了。在这百多年的历程中，世界各国的心理学家对人类自身的行为模式（包括意识）和人脑功能进行了艰苦卓绝、持续不断的探索，并在这一当代科学研究的高难领域里取得了丰硕的成果。中国心理学也几经磨难，走过了近80年的不平凡岁月。特别是随着我国改革开放的不断深入，在广大心理学工作者的共同努力下，目前心理学领域已呈现一派欣欣向荣的繁华景象。

然而，在我国心理学迅速发展的同时，由于历史和现实的原因，心理学主干课程教材建设尚存在许多不平衡状态，主要表现为如下几个方面：

1. 心理学主干课程的教学与教材建设不平衡。改革开放以来，国内各师范院校相继恢复和成立了心理学系或心理学专业，心理学各主干课程的教学在整个教学计划中占据着重要地位，但心理学基础教材的建设却没有得到同步发展，教学用书奇缺，现有教材落后于形势发展，难于满足教学需求，不同程度地影响了心理学教学质量的提高。

2. 心理学研究与主干课程教材建设不平衡。由于意识形态和思想观念上的原因，建国以来我国的心理学教材曾出现过一些不正常的现象，50－60年代是前苏联心理学理论和研究成果一统心理学教材的天下；80年代以后，欧美心理学理论和研究成果在心理学教材中占据主导地位，而国内心理学研究的成果在我们的教材中很难寻觅。在教材内容的处理上，心理学教材建设远远落后于心理学研究的发展步伐，尤其在反映中国特色方面，两者之间存在着严重脱节的现象。

3. 心理学主干课程教材建设与人才培养的需求不平衡。从目前我国的心理学基础教材来看，一般都比较注重于心理学基础理论、基本规律和概念的介绍，而对学生能力培养，尤其是心理实验研究能力的培养，尚存不足，与当前各院校中贯彻“在传授知识的同时培养学生的相应能力”的教学目标差距甚大。显然，现有教材中的薄弱环节已成为提高教学质量的一只拦路虎。自改革开放以来，广东和南方各省的经济迅速崛起，社会思潮日新月异，这些都对心理学提出了许多亟待解决的问题，然而，现有的教材使理论学习和实践操作应用脱节，在这样的学术氛围中培养出来的学生，在解决实际问题时往往显得底气不足，束手无策。由于培养不出心理学的应用型人才，心理学在社会经济发展中的参谋、咨询和指导作用就不能充分发挥出来，从而也影响了社会对心理学整体形象的评价。

为了突破上述心理学教材建设中存在的不平衡状态，使心理学这门年轻的科学在中国，特别是在中国南方地区得以蓬勃发展，华南师范大学心理学系于1994年夏邀请并组织南方8省师范大学心理学工作者合作编写一套心理学主干课程教材，包括《普通心理学》、《教育心理学》、《儿童发展心理学》、《实验心理学》、《社会心理学》、《心理与教育测量》、《公共课心理学》等7种。我们期望通过这项世纪之交的系统工程，推动南方地区心理学事业的发展，为我国经济的繁荣发展贡献我们的一份力量。

两年多来，在南方8省师范大学心理学工作者的共同努力下，经过充分地分析、论证和研讨，夜以继日地撰写，现在这套教材已陆续问世了。综观这套教材，其基本特点主要体现在如下三个方面：

1. 科学性。在保证教材内容科学性的前提下，该套教材更注重处理好科学研究与日常经验对科学原理的说明作用的关系，纠正以往教材中用日常经验、生活事实来阐明原理的倾向，注重超越经验；注重处理好学科的科学性和教材的科学性的关系，注重根据学生掌握知识的规律来组织教材，注重以学科的基本结构组织教材内容，以利于学生掌握心理学各学科的基本结构。在保证学科体系的完整性、系统性和有序性的前提下，尽可能多地介绍心理学领域的最新研究成果。

2. 突破性。突破原有条条框框的限制，敢于从实际出发进行创新，这既是科学研究的要求，也是地处改革开放前沿的南方地区的思维方式的突出特征。本套教材在体系的结构、材料的组织、分析问题角度的选择、观点的提炼等方面都做了大胆创新的尝试。同时又注重处理好创新与继承的关系，不单纯为新而新，要求创新改动之处，言之有理，持之有据，使教材的原理更清晰，更能反映新的研究成果，具有更强的解释效应。

3. 实用性。我国目前正处于一个改革开放、经济力量迅猛发展的新时期，经济建设是当前的中心任务。这个特定的发展时期迫切要求注重科学的应用性，使科学技术最大限度地转化为生产力。心理学必须顺应时代的要求，努力走向应用，这是心理学抓住机遇、迎接挑战、谋求发展的唯一抉择。本套教材的实用性主要着眼于消除学生掌握与应用心理学知识之间的落差，通过对教材的精心设计，使学生在学习掌握心理学知识的同时，学会在实际中如何去应用这些知识解决相应的问题。因此，本套教材在体系的确立、材料的安排组织上，在保证能充分地反映学科的研究状况的前提下，注重与实际应用接轨；在教材内容的取舍上，在保证学生能把握学科的基本结构的前提下，注重突出应用性强的内容；在阐述基本原理时注重对原理的应用做出指导，尤其是注重介绍国内外关于该原理的应用性的研究。

本套教材的编著者都是南方8省中青年心理学工作者，他们思想活跃，知识结构较新，富有创新精神，我们相信他们编写的这套教材，将以其新颖的个性而被社会所悦纳，在心理学主干课程教材建设中起到抛砖引玉的作用。

《心理学主干课程系列教材》编委会

目　　录

引　论

摆在大家面前的这本社会心理学教科书，是我国南方主要高校的社会心理学研究者们的集体奉献。奉献给大家我们对于社会心理学研究和教学的经验，奉献给大家我们对于社会心理学的认识和理解。

在我们的理解中，心理学以及社会心理学，都与我们的现实生活息息相关。当我们的实际生活发生变化的时候，当我们的社会向前发展的时候，我们的心理学尤其是社会心理学，也就应该跟上这种变化和发展的步伐。我们想，我们的学生也会有这样的需要。因而，我们将在这本书中，努力反映社会心理学学科的本质内涵，反映社会心理学对于实际生活的意义，反映社会心理学学科研究的最新进展。对此，我们想通过以下几个方面，来作为本书的引论。

一、核心学科的意义

在我们的理解中，心理学是当今人文社会科学中的“核心学科”。因而，作为心理学之重要分支的社会心理学，作为心理学在人文社会科学中直接表现的社会心理学，充分体现着这种“核心学科”的意义。这也是我们对于社会心理学的一种基本理解。

心理学之核心学科的意义，充分表现在学科理论，以及生活现实之中。在我们现代社会，绝大部分涉及人们生活问题的学科和职业，都在不同程度上吸收了心理学的基本知识，吸收了心理学的理论和思想，以及心理学的方法和技术。举例来说，在管理学中，人们已经形成了这样一种共识：人是管理的核心。而在这种对“人”的强调的同时，也就强调了心理学在管理中的意义和作用。实际上，管理学的产生与发展也正是充分地吸收了心理学的知识，包括其理论和思想，以及其方法和技术。同样，对于其他社会科学学科，如教育学和行为科学等等，心理学也都具有这种“核心学科”的意义和作用。

把心理学称为“核心学科”，还有另外一种考虑和理由。即在我们当代的实际生活中，心理学所涉及的问题，对于我们每个人，对于我们整个社会，乃至对于我们整个人类，都具有本质与核心的意义。

当我们面对我们的实际生活，观察和分析一些社会问题的时候，我们最先注意的往往是这些问题的表面，多是把他们作为一些技术性的问题来对待。比如说，对于世界各国差不多都比较敏感的“交通”问题和“工业生产”问题。在一般的观察和理解中，交通事故往往被看作是汽车公路不够标准，工业低产被认为是机器设备不够优良。但是，当这些技术性的问题解决之后，问题依然存在，问题的本质也才逐渐显现。而在大部分情况下，问题的本质所在，或者说其核心问题之所在，总是在不同程度上与人的行为有关。也就是说，人的行为，我们心理学的学科主题，正处于我们所面临的绝大部分社会问题的核心。世界各国的大部分交通事故都与人的行为错误有关：如司机酒后开车，开车时过于疲劳或注意力不集中，或是有意违章行驶等等；而工业低产的一个最主要的原因，则是由于未能合理与有效地利用“人力资源”：或是由于职工训练不充分，或是由于工厂管理不健全，或是因为对职工的奖惩不适当等等。与技术及机器方面的困难相比，人的行为方面的问题，则是更难解决的问题。而这些更难解决的问题，也正是问题的关键与核心，也正是我们心理学所面临的问题。

1990年，美国心理学家福勒（R. Fowler）在其就任美国心理学会主席的时候，曾经以“心理学：一种核心学科”为主题作了就职讲演。他曾这样信心十足地论证说：“如果有人怀疑我们世界上的这些核心问题与人的行为有关，也即与我们的心理学有关，那么只需想一下那些对我们人类具有最严重威胁的事情。”（见《美国心理学家》1990年第1期）是的，我们不妨顺着福勒博士的这一思路来想一想：什么是对我们人类生活具有重大威胁的事件呢？我们可能会不约而同地想到“人口问题”、“战争问题”、“环境问题”等等。我们可以对这些问题作一简要的分析。人口问题，或者说“计划生育”问题，肯定是由于人的行为引起的。它造成了世界上许多地区的贫穷与饥饿，也是曾一度成为影响我们中国社会发展的核心问题之一。这不单单是由于“生育”本身就是人的行为。在人口问题上，人们对待生育的认识、观念和态度，或者说社会以及政府对待生育的认识、观念和态度，也对生育行为起着至关重要的作用。同样，尽管战争问题十分复杂，但是又有谁能够否认人类行为、人类的情感、以及人类的认知和态度等等心理因素，在战争问题上所起的至关重要的作用呢？在福勒博士的演说中，他还列举了这样一种事实：环境问题——我们所居住的整个地球的环境问题。福勒博士认为，各国政府有关能源政策和土地开发的决定，正逐渐产生对我们人类共同的家，我们地球上的热带雨林、土壤的湿润程度和可耕土地的破坏，同时也威胁着我们的海洋，我们的饮水供应，以及保护着我们地球的臭氧层。在福勒博士看来，少数政府的主要领导人所做出的有关决策，将决定与影响我们整个人类以后在这个地球上的生死存亡。

大的方面是如此，它们涉及到国家、政治、政策和社会，那么在具体的生活方面呢？或者说对于我们每个具体的个人呢？应该说也是如此。同样的命题依然有效：我们目前所面临的最重大的问题，都是人为的，或者说都与人的行为有关；而对这些问题的理解，也都必然纳入心理学的范畴。也就是说，心理学的问题，正是我们所面临的重大社会和生活问题的关键与核心。

我们曾收集过这样的资料，自从70年代以来，我们人类所面临的疾病威胁有了一个明显的变化。发病率最高，同时也是致死率最高的疾病，已经由70年代之前的急性传染病而逐渐变化为癌症和心脏病等。不管是对于病因的分析，还是对于这些疾病的治疗的考虑，有关人的心理与行为的问题日益引起了人们的重视。A型性格与心脏病，心理压力与各种各样的癌症，以及各种各样的身心疾病，已经是为人们所普遍接受的事实。这样一来，癌症和心脏病等疾病，也就不再仅仅属于生理医疗的范畴，心理因素和社会因素在其中起着至关重要的作用。实际上这也就是整个医学模式从单纯的生物模式转变为“生物—心理—社会”整体模式的理由。福勒博士也根据美国的现实提出了这样的论证：就个体水平而言，美国人的70%的主要死因，在本质上并不属于病理或机体的范畴，而主要是由于行为。我们人类自身的行为作用于心脏病、酒精中毒、吸毒成瘾、杀人和自杀、汽车事故、各种形式的癌症，以及许多其他人为形式的病患和死亡，这正是人们所说的“行为杀手”。这种所谓的“行为杀手”，也就是我们人类每个个体都面临的一种实在的威胁，而对这“行为杀手”的控制，则毫无疑问地纳入了心理学的范畴。

所以，不管是从理论或学科学术上来分析，还是从我们人类生活所面临的实际问题来考虑，很少有人能够否认，人类行为——我们心理学的主题——正处于我们所面临的所有重要问题的核心。而心理学，也就责无旁贷地处在社会科学之“核心学科”的位置上。若是心理学作为当代人文和社会科学的核心学科，那么最能反映心理学之人文和社会科学特性的社会心理学，则更加充满这种核心学科的意义。当然，在这“核心学科”的蕴含之中，既有着荣誉，更多的则是责任；同时，也包含着心理学本身的意义和价值，包含着我们对社会心理学的理解。

二、生活的心理学研究

社会心理学也是一种生活的心理学，一种对于我们现实生活的心理学研究。在本书中，从第一章的介绍，到其余诸章对社会认知、社会态度、社会行为、以及社会认同、人际交往和团体心理的详细论述，都将侧重于社会心理学之对于实际生活的意义。

实际上，社会心理学本身的发展，也充分体现着这种源于生活，并且作用于生活的意义。经典的社会心理学研究课题，大部分都是现实生活中的重要事件。当面对第二次世界大战时德国希特勒的专制统治，以及其给整个世界所带来的灾难，人们普遍思考着专制与民主的差异。因而，导致了勒温与其学生所进行的“领导方式”研究，从社会心理学的角度，说明了专制性的领导是如何影响被领导的成员的，以及专制性的领导与专制性的团体气氛的关系，并且比较了专制性领导和专制性团体气氛，与民主性领导和民主性团体气氛的差异，进而在这种研究的基础上，提出了整个的“团体动力学”理论框架。

库尔特·勒温是当代社会心理学的主要奠基者，他在 1936 年前后与玛格丽特·米德一起进行的关于“食物习惯”的研究，也是一种经典的源于生活并且作用于生活的研究。由于当时美国参加对德国的战争，需要将好的肉类食物大量供应前方的战士，因而就导致了后方肉食的短缺，需要说服城市的居民，改变其食用肉类的习惯，以食用牛或猪的内脏来替代原来的精肉或排骨部分。勒温与米德的研究是卓有成效的，他们不但通过研究，解决了当时所面临的紧迫的社会问题，而且在这种研究中，提出了关于团体决策的心理学理论，以及关于心理生态学的心理学理论等。影响广泛的“行动研究法”，也是在这样的研究中得到体现并逐渐成熟的。

1992 年的 12 月，我们邀请一位美国社会心理学家英博森（R. Engbretson）教授，来华南师范大学讲学。记得当时有这样一个情节，我们一起在学校的招待所等车外出，英博森教授一直站在门外，我邀请他到招待所的里面，坐下来一边休息一边等车。但是他告诉我，他喜欢站在外面，“观察”来来往往过路的人。他说，“实际上社会心理学家就是看人的人”。英博森教授是研究“非言语行为”和“非言语交往”的，而他的学术和实验研究，同时也是对实际生活的观察和分析。同样以研究非言语行为而著称的罗森塔尔博士，也是从日常生活中，来发展其影响深远的心理学理论的。作为当代杰出社会心理学家的弗利兹·海德，一向以“朴素心理学”而闻名于世，他的“朴素心理学”，也即侧重于生活和生活意义的心理学；而他本人在这种侧重于生活本身的心理学研究中，提出了影响深远的认知平衡理论和归因理论，对此我们在本书的第二和第三章，将有专门的介绍和论述。

1993 年，当海湾战争正在进行的时候，美国心理学会第 9 分会的“社会问题心理学研究会”，召集专家出版了一本专集，题名为：《关于海湾战争的心理学研究》。该学会是联合国的常务咨询机构，其中的社会心理学家们一直参与并影响着实际的社会生活和国际事务。阿隆森曾在该学会中起着令人瞩目的作用，他也是本文作者的朋友和老师。记得在他的社会心理学畅销书——《社会动物》前言中，他曾经这样表达了他的理解和期望：尽其可能，来阐明社会心理学和社会心理学家们，对于困惑当代社会的现实问题所做的研究。尽管其书中的主要资料，绝大部分都是在实验研究的基础上取得的，但是其书中的主要内容和事例，则主要来自现实生活中的实际的社会问题，包括偏见、宣传、战争、感情淡化、侵犯行为、不安定和政治动荡等等。阿隆森说，这反映了他自己对于社会心理学的基本信念。首先，社会心理学从其本质上来说是一种科学的研究，这种科学的研究是了解复杂社会现象的最好方式。阿隆森认为，要真正认识世界，就需要采用科学的方法来重建世界，这也是科学发展的自明之理。若是为了真正了解"什么"引起了"什么"，就不能只满足于简单的观察，还必须认真地产生第一个"什么"，才能够有条件说这第一个"什么"，确实是第二个"什么"的原因，其实这也就是社会心理学实验研究的本质所在。其次，若是要证实我们研究所揭示的因果关系是真实而有效的，那么最好的方法就是把所研究的因果关系，从实验室中带到现实世界去，与实际的生活保持密切的接触。阿隆森说，这种"与生活的接触"有着双重的含义，其一是可以从日常生活中引出假说，并且用科学的研究来验证这些假说；其二是为了科学研究的根本目的，为了研究对实际生活的作用，为了生活的意义和价值。

三、人类的自我探索

心理学的本质，是我们对于自身或自我的认识与理解。而我们人类主要是作为社会的形式而存在的，因而社会性，将是我们人类本性的最基本表现。惟有通过对我们人类自身社会心理和社会行为的理解，才能达到对人类本身的真正理解。

在《新大英百科全书》将“心理学”作为一个词条来解释的时候，作者引述了这样一个故事：“在古希腊奥林匹斯山上，有一座特耳菲神殿，神殿里有一块石碑，上面写着‘人，认识你自己’。”《新大英百科全书》中的作者接着说：“就是这么一句话，经过漫漫几千年的演化，形成了我们今天的心理学。”实际上，也就是这么一句话，“人，认识你自己”，成了当代心理学家所公认的心理学的源头，成了历代心理学家为之奋斗的一种目标。

在传说中，古希腊的奥林匹斯山是西方诸神所居住的地方，那里有西方的主神宙斯，以及由他所统率的众神氏。凡人是难以涉足于神的世界的，而神的箴言——“人，认识你自己”，又应该让人来知晓。于是，就有了斯芬克斯的故事。“斯芬克斯”是传说中的一个奇特的生物——“狮身人面”。现在的埃及还有她的一座雕像，与那雄伟的“金字塔”一样著名。在古希腊的神话传说中，她作为神的使者，带着神对人类的忠告——“人，认识你自己”，从奥林匹斯山来到了人间，古希腊的忒拜城堡。经过精心的筹划，她把那句神的箴言化作一段“谜语”，来盘问她所遇到的所有的人。“什么东西早晨用四条腿走路，中午用两条腿走路，晚上用三条腿走路?”这就是斯芬克斯的谜语，每个路过的人都必须面对她来猜一猜她的谜事；而且，富有挑战和特殊意义的是，凡是猜不中的，都会为此丧生，被斯芬克斯毫不留情地吃掉。由这斯芬克斯之谜，又引出了“俄狄浦斯”的故事，斯芬克斯之谜最终是由他猜中的，那谜底其实就是人自身。斯芬克斯之谜的真正含义，实际上促使我们人类进行对我们自身或自我的认识。

老子说：“知人者智，自知者明；胜人者力，自胜者强。”所强调的也是一种自知和自胜，鼓励人们认识自己，把握自我。在我们的理解中，心理学的学习首先应该是为自己的，为了我们自身的自我认识，为了我们自身的人格完善。因而，这部书的内容，同时也是作者们的自身体验，或者说是我们所体验的社会心理学。那么也希望大家，希望本书的读者，也将自身置入心理学的学习之中，既学习社会心理学，也体验社会心理学。通过这种学习和体验，达到一种对于自身和自我的认识与理解，达到一种对于他人和我们社会行为的认识与理解，从而促进我们的社会交往，增进我们的人际关系，提高我们社会生活的质量。

本书是由我国南方主要高校的社会心理学研究者集体撰写的。引论和第一章由华南师范大学心理系申荷永撰写；第二章由湖南师范大学教育系孙庆民和汤腊冬撰写；第三章由湖南师范大学教育系易法建撰写；第四章的前三节，由华南师范大学心理系刘学兰撰写，后二节由福建师范大学教育系李林撰写；第五章由华南师范大学心理系申荷永、刘明琳和许烔撰写，第六章由广西师范大学教育系苏思慧撰写；第七章由云南师范大学教育系金竟明撰写；第八章由华中师范大学心理系佐斌撰写。佐斌还编写了每一章的提要和练习思考题。

本书由申荷永任主编、佐斌和孙庆民任副主编，负责统稿工作。尽管主编对于本书负有统稿的责任，但是各章节均是作者自己研究和教学的总结，反映着其各自的风格。

南方主要高校有关的系、所领导及部分专家教授，对于本书的撰写均提供了大力的支持；华南师范大学的刘学兰、刘明琳和许炯，分别阅读书稿并提出了许多建设性的意见；侯曼为该书稿的电脑输入付出了辛勤的劳动。在此表示我们的感谢。

第一章　社会心理学的领域

本章提要

○社会心理学的定义
○影响社会心理与行为的主要因素
○社会心理学的发展历程
○当代社会心理学的特色
○社会心理学的研究方法

在我们的理解中，社会心理学是一个神奇的领域。它的神奇，在于它包含着我们人类社会行为的奥秘，以及我们对于自身社会行为的好奇；在于它包含着无数社会心理学家们的希望、梦想、以及努力，包含着他们的故事和传奇。在这一章中，我们将通过“对社会心理学的理解”、“社会心理学的历史与发展”，以及“社会心理学的研究方法”等内容，与大家一起领略社会心理学的神奇。

第一节　对社会心理学的理解

在日常生活中，我们每一个人，都会有自己对于人们社会行为的认识和体验。我们都不是飘零到荒岛上的鲁宾逊，我们每天都必然要和其他人发生关系，而其他的人，也在我们的生活中起着至关重要的作用。我们的快乐，我们的爱情，我们所受到的称赞和帮助，都来自于他人；而我们所遭受的拒绝，所遭受的批评，所遭受到的窘迫体验等等，也来自于他人或他人的影响。就在这些关于我们的生活，关于我们与他人的关系，以及我们与他人的交往中，孕育着我们的社会心理学。

一、社会心理学的定义

什么是社会心理学？这是我们所遇到并且要作出回答的第一个问题。翻开任何一本社会心理学的教科书，你都会发现，有着许多关于社会心理学的定义和解释。实际上这也并不奇怪，因为人的行为，尤其是人的社会行为，是复杂而多变的；不同的人，不同的研究者，可能就会有不同的理解和解释。

对于“什么是社会心理学”这一问题的最为经典的回答，是由美国社会心理学家格尔登·阿尔波特（G. Allport）作出的。他这样说，社会心理学“要了解和说明，一个个体的思想、情感和行为，如何受他人实际的、想象的，或者是默认的存在的影响”①。这是社会心理学所获共识最多的一则定义，我们也接受其对于社会心理学所作出的基本理解和解释。但是，由于社会心

① 见高觉敷主编：《西方社会心理学发展史》，人民教育出版社，1992 年版，第 2 页。

理学自身的发展和变化非常迅速，完全可以用“日新月异”来形容，因而，也就需要对其有不断的新的理解，同时，也就应该有一种基于新的理解之上的，对于社会心理学的重新定义。

1995 年，美国社会心理学家罗伯特·巴伦（R. Baron）和同事，出版了影响广泛的社会心理学教科书的第 7 版。在这一新版中，作者同样收集了近年来许多关于社会心理学的定义。若是能够作出一种总结和综合的话，那么当代社会心理学家是这样来理解社会心理学的：社会心理学研究个体在社会情境中，如何表现出其特殊的社会行为，如何表达其内在的思想和情感，以及为什么会表现出其特殊的社会行为，为什么会产生其特殊的社会思想和情感。

基于这样的一种理解，我们可以为社会心理学下这样一个定义：“社会心理学是致力于理解人在社会情境中的心理和行为及其本质和起因的一个科学领域。”对此，我们可以作出如下几个方面的解释，作为我们对于社会心理学的进一步理解。

二、社会心理学的科学本质

社会心理学本质上是一种科学性的研究，属于科学研究的领域。在这里，我们将“科学性”作为我们对社会心理学理解的第一特性。人们可能会有这样的想法，“科学性”本来是物理、化学或生物学等学科的特征，社会心理学也会是一门类似的科学吗？尤其是当人们考虑到社会心理学所处理的问题时，这样的疑问也会随之增加：研究人们生活中的爱情，研究人们生活中的仇恨和敌对，研究人们生活中的社会行为的学科，能够像物理、化学、生物，或者是天文、地理等学科那样，具有科学性吗？对此，我们的回答是肯定的。同心理学本身一样，也同物理、化学或生物、地理等科学学科一样，社会心理学也是一门科学。

社会心理学的科学属性，充分表现在其研究的科学过程中，其研究方法，以及研究的过程，都是科学的，都具有与其他科学学科同样的科学取向。而有所不同的，则是它们的研究对象。物理、化学和生物、地理等科学的研究对象是自然现象和自然界，而社会心理学的研究对象则是人，是人的社会和人的社会行为。任何社会心理学的理论和结论，也都是建立在大量的观察和实验的基础之上，研究者对于其所研究的对象，进行着反复的实验和验证，直到得出一种描述人们社会行为规律的准确结论。在本章的第三节，我们将对社会心理学的研究方法，做专门的介绍和讨论。

三、人在社会情境中的心理和行为

在格尔登·阿尔波特的经典定义中，社会心理学主要表现为对个体行为的研究。而后来的大部分社会心理学家，也都倾向于这种理解，将研究个体在社会情境中的行为，作为社会心理学的突出特征。这样做也是有道理的。尽管我们的社会行为发生在社会与交往之中，或发生在一种特定的社会背景下，但是问题的关键所在，却是个体所表现出来的心理与行为。

比如，不同的社会，有着不同的爱情观念及婚姻制度，但是，在任何社会中，却都是作为具体的人，产生爱情和处于热恋，或者是失恋。在这样的理解之中，人们的社会行为和社会思想，最终都必然落脚于具体的人。毕竟，社会心理学是从心理学，或者说是从个体心理学发展而来的，在这种意义上，社会心理学将其关注的重点，放在了对社会情境中人的行为的研究上。

但是，我们应该在此做一个补充。当我们把“人在社会情境中的心理和行为”，作为社会心理学定义中的要素，作为社会心理学的突出特征的时候，我们还赞成这样的观点：“社会情境”

不单是指个人与个人之间的交往，也不单是指一个人所受他人的影响。根据格式塔心理学的原理，当个体与他人发生交往的时候，他也就身处在一个新的心理环境之中，而社会情境中有着特殊的心理内涵。比如，在实际生活中，我们所经历的社会情境，往往是家庭、学校或班级、工作单位，或者是朋友团体，而在这种实际的社会情境之中，就会出现诸如家庭气氛或团体气氛，个人受团体的影响，以及团体的内聚力等等新的心理因素，而这些心理因素也是我们社会情境中心理和行为的组成部分。

四、人之社会行为的起因

我们提出了社会心理学致力于对人之社会行为和社会思想之起因的观点。具体来表述，即是我们的社会行为和社会思想，应该包括我们在社会情境中的活动或行动，我们的情感、信念、记忆等等。那么都是一些什么样的因素在影响着我们的社会行为和社会思想呢？根据目前社会心理学家们的研究成果，以下5个方面的因素，将在我们的社会行为和社会思想中，起着十分重要的作用。这5个方面是：(1) 他人的特点和行为；(2) 在与他人交往中的基本的认知过程；(3) 生态意义上的环境因素，以及环境因素对我们的直接和间接影响；(4) 社会行为和社会思想发生的文化背景；(5) 与社会行为有关的生物或遗传因素。对此，我们可以来做进一步的分析和理解。

(一) 他人的特点和行为

我们的社会行为和社会思想，是与出现在我们社会情境中的他人密切相关的，或者说，他人的特征和行为，是引起我们相应的社会行为和社会思想的重要因素。我们不妨想象一下这样一些情境：老师当着全班同学的面，称赞你所写的一篇作文，是他从事教师工作以来所读到的最好的一篇作文……那么，如果是你，你会有何感受，以及有何表现呢？他人的这种行为会对你自己的行为和思想有所影响吗？绝对会有！毫无疑问，我们常常会受到来自他人行为的影响。

坦白地说，当你面对一位老年人的时候，以及当你面对一位年轻人的时候，你的行为会完全一样吗？你会用对待年轻人的态度，来对待老年人吗？同样，当你面对上司的时候，与面对同事的时候，你的行为会一样吗？你会用同样的态度来对待你的上司和同事吗？……实际上，我们每个人都会对不同的对象作出不同的反应，这也正好说明，我们每一个人的社会行为和社会思想，都会受到他人的行为和特征的影响。

（二）我们的认知过程

我们的基本认知过程，包括我们的记忆、推理、判断和思维等等，这些因素以及我们的整个认知过程，都在我们的社会行为和社会思想中，起着十分关键的作用。需要指出的是，在社会心理学的研究和文献中，所提到的认知或认知过程，多是指对人的认知。

尽管社会心理学中的认知，与普通心理学的认知，其基本过程和机制都是一样的，但是由于认知对象的不同，则会有不同的表现，也会表现出不同的规律。比如，对于无意义音节的记忆，普通心理学研究记忆所常用的题材，与对于具体的人的记忆，具体的交往事件和交往过程的记忆，是会有所不同的。同样，对于某种图形的认知，与对于某个具体的个人，对于其特征和行为的认知，也会有所不同。

一位美国社会心理学家，曾经讲述过这样一个真实的故事。他要卖一部汽车，标价950美元，在报纸上登了一则启事：“鲁斯教授卖车，950美元。”一天，有人来看鲁斯教授的汽车，试开了一下，觉得不错，表示要以950美元的价格买下来。鲁斯教授心想，我标价950美元，而实际上则是想以800美元卖出的。于是鲁斯教授也就略不好意思地说："你真的要用950美元来买这部汽车吗？说实话，这部汽车并不值950美元，我只是想卖800美元，你就用800美元来买这部车怎样？"谁知那位买车的人，听了鲁斯教授的话后，却现出了满脸的迷惑和怀疑。他说："这车哪儿有毛病呢？如果你要降价的话，那么这车一定有些问题。"实际上，类似的例子，也会发生在我们的日常生活中。在那位汽车买主的购买行为之中，包含了一系列诸如记忆、推理、判断和决策等认知过程，而这些认知因素以及认知过程，也在其社会行为和社会思想中，起着十分重要的作用。

（三）生态意义上的环境因素

我们生活在一个被称为"地球"的世界上，其中有自然的山川河流，也有其他的植物和动物，不单单是我们直接的生活环境，我们所赖以生存的生态意义上的整个自然界，都对我们的社会行为和社会思想，产生着直接或间接的影响。

比如，满月对我们的行为会有影响吗？长期以来流传着一种说法，认为满月会引起人的情绪变化；或者是像一些电影上所渲染的，一些变态的连环杀手，也都是趁着满月出击……不过，我们也可以参考一些较为实际的例子，比如说身处燥热或潮湿的地方，我们是否显得烦躁不安；而身处清新凉爽的地方，则会觉得心情舒畅呢？答案应该是肯定的。这说明我们的直接和间接的生活环境，对于我们的社会行为和社会思想，有着十分重要的影响。

生态意义上的环境因素，对于我们的社会行为和社会思想有着重要的影响，我们的这种认识和理解，也正随着环境保护意识的加强而不断提高。近年来，作为社会心理学发展的一个重要分支，环境心理学得到了迅速的发展。人们已经普遍接受了有关的心理学观念和思想：我们生活中的环境因素，比如噪音、空气污染、过分拥挤等等，对于我们的社会行为和社会思想，对于我们的情绪，对于我们的心境，都会有十分重要的影响。

（四）社会行为发生的文化背景

人类的任何一种社会行为，都必然发生在某种特定的文化背景之中，而这样的文化背景，也必然对我们的社会行为产生影响，这是目前社会心理学家们所得出的共识。尤其是90年代以来，文化因素对我们社会行为和社会思想的影响以及作用，越来越得到人们的重视。

我们的社会行为和社会思想，常常受到各种文化因素的影响和制约。比如，我们的文化规范、社会制度，以及社会价值观念等等，都会对我们的社会行为和社会思想产生实际的影响。例如，当我们选择婚姻的时候，会受到所谓的“门当户对”的观念的影响；我们应该和怎样的人结婚，我们应该生多少个孩子，并不完全是我们个人的自由，而是深受文化规范或社会制度的制约与影响。同样，我们是应该尽情表现自己的情感，还是应该尽量控制自己的情绪表现呢？当我们与别人谈话时，应该保持一种什么样的距离呢？为了达到自己的目的，是否应该去“走后门”呢？诸如此类的社会行为和社会思想，实际上都能够说明文化因素对我们的影响。

在文化因素或文化背景中，既有大的文化，也有小的文化或亚文化，比如像某种团体、部落、甚至像部队或学校等等。每一种小的文化背景或亚文化团体，也都会有其特定的规范，也都对其中人们的社会行为和社会思想，有着特定的影响和制约作用。

有些社会行为，在某种文化背景中可能会轻易被接受，属于一种正常的行为表现；但是在另外的文化背景中，却可能绝对不被接受，或者是被认为是变态的行为表现。比如，像同性恋，在有些文化背景下它是正常的现象，而在另外的文化中则可能是违法的。因而，为了理解我们的社会行为，我们就应该充分考虑社会行为所发生的文化背景，也即充分考虑文化因素对我们社会行为的影响。

（五）我们的生物及遗传因素

人类的社会行为，会受到我们自身遗传或生物因素的影响吗？若是在10年之前提出类似的问题，社会心理学家所作的回答基本上是否定的。但是，自从1990年以来，越来越多的社会心理学家，则倾向于对此问题作出肯定的回答。

随着当代社会生物学的提出及其发展，人们对于自身生物及遗传因素的作用，以及自身生物和遗传因素对于社会行为的影响，有了新的认识和理解。在社会生物学的理论中，人类的许多社会行为，诸如攻击行为或逃避行为，自私行为或利他行为，爱情或仇恨等等，都是一种生物进化的产物，都受其潜在的基因机制的制约。在西方曾经流传这样一个谚语："老母鸡只是鸡蛋孵化鸡蛋的工具。"其意思是说，真正传递与衍续的，是鸡蛋，而老母鸡只是一个外显的工具。根据这个谚语，有人曾经对社会生物学的观点作了相应的表述："人只是基因复制基因的工具。"尽管这是一种极端化的表述，但是也在某种程度上反映了社会生物学的思想和主张。

社会生物学的兴起，也引起了社会心理学家们重新思考类似的问题。人们对于自身的基因和遗传因素有了更加深入的了解，对于基因和遗传因素的心理学意义，也有了新的认识。根据社会生物学的研究，在男女交往中，若是其中有某些身体特征增加相互吸引力的话，比如细腻的皮肤，光泽的头发等等，那么这些特征则不完全是心理或美学的意义，而是由于其代表了健康的身体，而健康的身体，是有助于生育和繁殖后代的，归根结底，是基因在起作用。实际上，人也是一种生物，也是一种进化的产物。我们的社会行为和表现，我们的情感反应，以及我们的认知能力，都会在不同程度上受到我们自身遗传和生物因素的影响。

五、综合性的理解

通过以上几个方面的介绍与分析，现在，我们可以对社会心理学的内涵，作一种综合性的理解或总结。社会心理学主要侧重于理解社会行为和社会思想的起因，研究与确定那些在社会情境中影响或制约我们的情感、行为和思想的各种因素。社会心理学是一种科学领域，是一种科学性的研究，它主要通过科学的方法，来达到这种对我们社会行为和社会思想的认识与理解。

任何作为科学的研究，都是一种规律性的研究，都是为了发现规律的研究。社会心理学的科学研究，也是为了发现或揭示我们社会行为和社会思想的规律。诚然，凭着生活的经验，人们也可总结出一定的有关社会行为规律的常识，像一些谚语所反映的："情人眼里出西施"、"物以类聚，人以群分"等等。从某种程度上说，这些常识也可反映出一定的社会行为和社会思想的规律。但是，常识也常会发生混乱，也会出现矛盾，像"分离使人更加想念"，但同时也有"眼睛看不见的时候，心也就不去想了"的说法。那么到底哪一种说法正确呢？或者两种说法都是正确的吗？实际上，作为常识或谚语，并不能给予我们十分明确的答案，唯有通过社会心理学，通过社会心理学的研究，我们始能获得关于我们社会行为和社会思想的基本规律。

曾经有一位心理学家需要一些学生参加一项实验。由于实验本身非常枯燥单调，于是负责实验的心理学家便要求前一个参加实验的学生作一次善意的欺骗，让他告诉下一个即将参加实验的人，说这项实验将是非常有趣的。同时，这位心理学家给予他1

元钱作为回报。在同样的情境中，这位心理学家给予另外一些人20元钱，让他们做同样的事情。一个星期之后，负责实验的心理学家分别走访那些收到1元钱而帮助撒谎和收到20元钱帮助撒谎的人，让他们评价他们所参加的实验是否有趣。那么凭你自己的经验，你认为这两者之中，收到1元钱而帮助撒谎和收到20元钱而帮助撒谎，哪一种人会真的更加喜欢那次实验呢？许多人都认为会是收到20元钱而帮助撒谎的人，因为作一次善意的欺骗，而收到20元的报酬，应该是令人满意的事情。但是，事实却恰恰相反，是收到1元钱而帮助撒谎的人，表示自己真的非常喜欢那次实验。这是当代社会心理学中最著名的实验之一，其所揭示的道理被称作“认知不协调”理论，对此我们在第三章将有详细的介绍和评论。

当代的社会心理学研究，是一种多元的、多层次的研究。社会心理学家重视影响我们社会行为和社会思想的所有因素，尤其是重视社会行为发生的社会情境，影响我们社会行为和社会思想的认知因素、文化因素，以及生物和遗传因素等等。我们人类的社会行为和社会思想是极其复杂的，而经验的总结或常识的理解只能作为有限的参考，唯有通过社会心理学的科学研究，才能够发现我们社会行为的规律，才能够为我们的社会行为中所面临的诸多问题，提供令人满意的解答。

第二节 社会心理学的历史与发展

那么，社会心理学是如何发展起来的呢？它目前的状况又如何呢？或者说它将如何发展呢？在这一节里，我们将用“心理学的发展与社会心理学”、“新学科的出现”、“青春期的发展”、“不断走向成熟”和“社会心理学的现状和发展”等5个部分，来对有关的问题逐一作出解答。

一、心理学的发展与社会心理学

社会心理学仍然属于心理学的一个分支，尽管当代的社会心理学已经是羽翼丰满，已经形成一种相对独立的学科体系。因而，为了更好地了解社会心理学的历史，我们就应该在心理学发展的背景中来作有关的考察。

作为当代学科体系的心理学，是以德国学者冯特于 1879 年在德国莱比锡大学所建立的第一所心理学实验室为开端的。因而，"实验"，或者说科学的研究方法，一直被认为是当代心理学的最重要的标志。但是，对于"实验"的理解，不同的人，以及不同的时代，却存在着很大的差异。比如说，开创心理学实验传统的冯特，他本人认为对于心理学来说，实验只能应用于一些较为低级的心理活动，像刺激反应、感知觉等等。因而，早期的心理学研究，不但主要是针对个体的，而且主要是针对个体的一些简单的心理活动。早期的冯特，更多的是从一种实验生理学的传统中来从事心理学的研究，他的老师赫尔姆霍兹便是一位实验生理学家。而对于创立心理学作出过杰出贡献的韦伯和费希纳，所从事的也是一种简单心理现象的实验研究，比如对于触觉和感觉的研究等，都是针对于人体，同时也是针对于个体的。

后来，冯特的一位学生屈尔佩，开始用实验来研究人的想象和思维过程，突破了冯特对于心理学实验的限制。同时，杰出的心理学家艾宾浩斯，通过对记忆过程的深入研究，也增加了人们对于心理学实验的理解。这样，实验被逐渐应用到较为广泛的心理学领域，心理学的研究领域也在逐渐扩大。本世纪初期，格式塔心理学、行为主义心理学，以及精神分析的研究和理论，都在孕育和酝酿；它们的出现，标志着心理学发展的一个高潮。

二、新学科的出现（1908－1924）

社会心理学作为一门学科的发展，是一种缓慢的过程，很难确定某一个具体的时间作为其诞生的日期。因而，我们将1908至1924年的这一时期，作为社会心理学这门新学科的初现时期。

在这一阶段，有3次重要的事件，3次事件中有4位关键性的人物。首先，在1908年，心理学家麦独孤和社会学家罗斯（E. Ross），分别出版了他们取名为《社会心理学》的专著。有不少社会心理学家便以此为根据，将1908年作为社会心理学诞生的标志。由于麦独孤和罗斯不同的研究背景，前者是从心理学的角度来研究社会心理学，而后者则是从社会学的角度来研究社会心理学，所以就流传下来了所谓的"心理学家的社会心理学"和"社会学家的社会心理学"的区分。但是，在后来的发展中，社会心理学几乎完全成了心理学家的专利，"社会学家的社会心理学"逐渐退出，或者是改变了其形式。不过，应该指出的是，社会心理学本身是一种综合性的学科发展，作为社会心理学家的学者，在其具体的研究，以及理论的发展中，都广泛吸收了包括社会学在内的许多其他相关学科的精华。心理学和心理学家，社会学和社会学家，以及人类学和文化人类学等学科及其学者，共同促进了社会心理学的诞生与发展。

实际上，作为心理学创始人的冯特，在其后期就对心理学的发展作出了新的理解。他曾经投入其最后20余年的精力，致力于一种类似于社会心理学的学科发展。他将自己的研究取名为"民族心理学"，其所涉及的范围包括社会、民族、语言、神话、艺术、宗教以及习惯和风俗等等。1900年之后，他陆续发表了有关的研究和论文，至1919年最终完成了其辉煌的巨著，10卷本的《民族心理学：对于语言、神话和道德的发展规律的探讨》。

但是，不管是麦独孤或罗斯的《社会心理学》，还是冯特的《民族心理学：对于语言、神话和道德的发展规律的探讨》，他们的基本主张，尤其是他们所采用的研究方法，都与社会心理学后期的发展，都与社会心理学的现代观念，相去甚远。麦独孤1908年出版的《社会心理学》，曾经由我国早期的社会心理学家赵演翻译成中文。其书名为《社会心理学》，但是其理论基础，仍然是个体的本能学说。尽管冯特是实验心理学的创立者，但是他却认为“实验”是不能够应用于类似于社会或民族心理等高级的心理活动的。因而，在社会心理学作为一门学科的早期发展中，还有另外一位重要的人物：弗罗德·阿尔波特。

弗罗德·阿尔波特（F. Allport）于1924年出版了其著名的《社会心理学》专著，该书曾经被广泛作为美国各大学的教科书，深深影响了美国社会心理学的兴起与发展。尤为关键的是，弗罗德·阿尔波特是以实验为基础和基调，来展开其社会心理学的研究和理论的；同时注重研究社会情境中的个体行为。这种实验的基础和基调，以及在社会情境中来研究个体的心理和行为，也正是社会心理学随后发展的主要方向。

三、青春期的发展（30年代－60年代）

许多研究社会心理学发展史的学者，都把30年代到60年代的社会心理学，称为“青春期的发展”。此时的社会心理学，可被称为一门真正的新兴学科。一批热心而杰出的学者，集结于社会心理学的旗帜之下，有力地推动了社会心理学的早期发展。

在从本世纪初期到30年代之间，除了我们前面提到的麦独孤、罗斯、冯特和弗罗德·阿尔波特之外，还有以下几位对于社会心理学的发展，作出了杰出贡献的学者。首先应该提到的是乔治·米德（G. Mead），他立足于以符号和语言进行社会心理学的研究。他 1934 年出版的《心理、自我与社会》一书，被认为是后来社会心理学中符号互动理论的奠基之作。还应该提到约翰·杜威，他立足于社会现实，提倡一种心理学的社会实践。杜威 1899 年就任美国心理学会主席的时候，所宣读的就职演说便是《心理学与社会实践》，对于美国心理学和社会心理学的应用，起到了积极的推动作用。

此外，在 1930 年前后，影响与推动社会心理学发展的学者还有：墨菲（G. Murphy），他既是一位杰出的心理学史家，也是最早研究人格问题的社会心理学家；谢里夫（M. Sherif），以及他对于社会和团体规范及人际交往的开拓性研究；巴特莱特（F. Bartlett），他对于记忆和思维所作的社会心理学实验，影响了后来有关社会认知的心理学研究。同时，在这一时期，还有来自人类学和文化人类学学者的贡献。像马林诺夫斯基（B. Malinowski），以及他的名著：《原始人的性生活》；像夫兰兹·鲍士（F. Boas），以及他的名著《原始人的心灵》；像本尼迪克特（R. Benedict），以及她的《文化类型》；像玛格丽特·米德（M. Mead），以及她的《萨摩亚的时代》。他们的人格，他们的研究，以及他们的著作，都对当时乃至当代的社会心理学发展，起到了积极的推动作用，有着深远的影响。

同时，在这一时期，还有来自经典心理学学派的社会心理学研究。比如精神分析心理学学派的弗洛伊德，他从 20 年代起，相继出版了《团体心理学和自我分析》、《文明及其不满》和《摩西与一神教》等，代表他从其精神分析的角度，所从事的特殊的社会心理学研究。行为主义心理学学派的华生（J. B. Watson），在 30 年代前后正是其转向心理学应用研究的时期，其后的斯金纳（B. F. Skinner）也在 60 年代出版了其著名的《奥登第二》。格式塔心理学学派的苛勒（W. Kohler），他在 1938 年出版了其著名的《价值在现实世界中的位置》，已经是在做一种格式塔心理学的社会心理学研究。当然，最有代表性的经典学者还有库尔特·勒温，他从30年代开始转向社会心理学的研究，真正开创了当代社会心理学的传统。

库尔特·勒温被称为当代社会心理学之父，当代社会心理学中的心理场论传统，社会认知传统，以及行动研究传统等，都是由他所开创的。他同时也是实验社会心理学的倡导者，团体动力学研究的开创者，以及应用社会心理学的奠基者。当代许多著名的社会心理学家，如认知平衡理论的提出者弗利兹·海德，认知不协调理论的提出者费斯汀格，合作与竞争理论的提出者达奥奇（M. Deutsch），归因理论的主要发展者哈洛德·凯利（H. Kelley），旁观者效应的主要研究者达利（J. Darley）等，都是勒温的学生或亲密同事。所以曾经有人评论说，我们当代95%的社会心理学研究和理论，都与勒温有着密切的联系。在30年代和40年代，勒温相继完成的《解决社会冲突》和《社会科学中的场论》等研究，为社会心理学在那一时代的发展，作出了极为突出的贡献。

继勒温之后，关于团体动力学的研究，曾经一度主导了50年代社会心理学的发展。许多当代著名的社会心理学家，如前面所提到的费斯汀格、达奥奇、凯利，以及卡特莱特（D. Cartwright）和阿尔文·赞德（A. Zander）等，都是那时的团体动力学家。团体的过程，团体的气氛和团体的内聚力，以及团体对个体行为的影响等，都曾经是当时的社会心理学家们所研究的重点。随后，弗利兹·海德在1958年出版其著名的《人际关系心理学》，同时也开始发挥他在社会心理学发展中的引导性作用。在他的倡导下，认知平衡和归因，都曾一度成为当时社会心理学研究的重点与热点。费斯汀格是在勒温的直接指导下开始其社会心理学研究的，他从对欲求水准的社会比较研究，提出了认知不协调现象，以及关于认知不协调的理论，大大推动了关于态度的心理学研究，继续引导着社会认知在社会心理学研究中的方向性作用。

四、不断走向成熟（70年代－80年代）

社会心理学从其作为一门新兴学科的出现，经过其“青春期”的发展，到了70年代和80年代的时候，已经初步走向成熟。当代杰出的社会心理学家阿隆森，在70年代初期曾经对于社会心理学，表达过其个人的认识和感受。他说，那时当他告诉自己的学生，说社会心理学是一门年轻的学科的时候，已经使自己感到惭愧。

说社会心理学是一门年轻学科，为什么会使阿隆森感到惭愧呢？我们许多心理学的老师，许多社会心理学家，不是在今天依然宣称社会心理学是一门年轻的学科吗？在阿隆森看来，宣称社会心理学是年轻的学科，实际上是在逃避责任，这是要求人们不要对作为社会心理学的工作者抱太大的希望，是在推卸运用社会心理学的研究和发现，去解决现实问题的责任。或者说，到了70年代，社会心理学本身已经逐渐成熟，不能再老是声称自己仍然是“不懂事的孩子”了。

到了70年代和80年代，社会心理学在研究的范围、研究的深度，以及研究成果应用的程度上，都得到了长足的发展，表现出了自身发展的成熟。社会心理学自身的成熟，表现在其研究和理论的深入与深化上。一些经典的研究课题或领域，在70年代和80年代，都得到了更加深入的研究，从而也使得有关的理论，不断得到完善与深化。例如有关归因理论的研究，尽管归因理论是由海德在50年代提出的，但是归因理论本身的成熟与完善，却是通过凯利等人在70年代前后的研究来逐渐完成的。凯利为归因的理论体系，提出一种精确的三维模型，并且推进了归因理论的普及和应用。同样，认知不协调理论也是这样，尽管该理论本身是由费斯汀格在60年代提出的，但是认知不协调理论的成熟与完善，却是通过阿隆森等人在70年代前后的努力来实现的。阿隆森自己曾经评价过他对于认知不协调理论的改进，他认为费斯汀格最初表达认知不协调理论概念的时候，是模糊而不清楚的，未能够明确回答我们的认知在哪些方面会不一致。而他通过自己的研究，则明确提出了一种新的见解：只有在一个人的行为，违背了其自己概念的情境下，才会产生认知不协调的体验或效应。阿隆森等人通过自己的研究，实现了认知不协调理论的精确化，推进了认知不协调理论的应用。

环境心理学作为社会心理学的分支，在80年代兴起，大大推进了社会心理学研究的应用，也使得社会心理学更加接近于我们的实际生活。因为环境心理学所研究的主要课题，包括了居住条件对我们心理和行为的影响，以及噪音、拥挤、空气污染等因素对我们社会行为的影响等等。这一方面是其自身理论和体系的完善与发展，包括研究范围的扩大和深入；一方面是其在我们现实生活中起到的实际作用，包括其应用范围的扩大，被社会接受和认可程度的增加等。这样，到了80年代，社会心理学作为一门学科，在我们当代的社会生活中，显示着独特的意义和作用。

五、社会心理学的现状与发展

从80年代开始，社会心理学已经走向成熟，并且在我们的日常生活，乃至我们当代的社会生活中，起着越来越重要的作用。在美国，有一个国际性的“社会问题心理学研究会”，该学会以及该学会的会员们，长期以来承担着联合国有关社会心理和行为问题的专业咨询工作。许多国家和政府，在做出一些有关社会问题和社会发展的重大决策时，都会有专业的社会心理学家参与。在我们现代的社会生活中，社会心理学和社会心理学家，已经是不可缺少的重要角色。

作为对社会心理学现状和发展的考察，我们可以侧重于以下两种具有代表性的发展倾向：其一是认知倾向的发展，其二是应用方向的发展。

所谓认知倾向的发展，主要表现在当代社会心理学家在自己的研究中，仍然是关注于认知因素对我们社会行为和社会思想的影响和作用。这些认知因素既包括感知、记忆、思维，也包括态度、信念和价值等等，同时，社会认知的研究也包括了对于决策、判断、推理等实际认知过程的研究。实际上，社会心理学对于认知过程，或者是社会认知过程的研究，本来属于其传统或经典性的研究领域。但是，随着时间的变化和社会心理学自身的发展，社会心理学家对于认知研究的重点也不断有所转变。就目前来说，社会心理学家们所侧重研究的，是记忆的运作、推理的过程，以及我们对新信息的接受与整合过程等。

社会心理学对于应用的重视和强调，本来也属于其本身的传统或经典性的范畴。但是，在社会心理学发展的新的阶段，对于应用发展的强调也自有其新的意义。就目前来说，社会心理学家们普遍重视如何将社会心理学的知识应用于实际的生活，因而，应用方向本身也导致了相应的应用领域的研究。比如，社会心理学关于心理健康的研究，包括如何帮助个人抵御心理压力，建立健康的生活风格等；社会心理学关于法律过程的研究，包括鉴定证人证词的有效性，确定影响法官决策的因素等等；以及社会心理学关于生活质量的研究，包括研究工作条件对工作者的影响，工作者对于工作和生活的满意程度，以及其整体的生活质量水平等等。

作为对社会心理学发展的展望，侧重于认知范围的研究，以及对于应用价值的重视，将仍然是社会心理学发展的主要方向。同时，在90年代的发展和即将到来的新世纪里，社会心理学的发展还将表现出以下的特色：

1. 重视对于文化因素和文化背景的研究。越来越多的社会心理学家已经认识到，文化因素在我们的社会行为中，起着十分重要的作用；同时，文化因素和文化背景，也是我们真正理解人的社会行为所不可缺少的一个环节。

2. 研究的多元化和综合性。所谓研究中的多元化，意味着社会心理学家在从事研究的时候，会更加主动地吸收来自不同学派和不同理论背景的观点，同时也意味着将主动吸收相近学科的成果或精华。在未来的几年中，综合性的研究将会有所增加，也即人们会期望出现更为成熟的社会心理学理论。

3. 对于情感研究的关注。相对来说，在以往的研究中，社会心理学对于情感方面的研究是有所忽视的。但是在未来的发展中，情感因素将会引起越来越多的社会心理学家们的重视。这也包括对于人际吸引力的研究，以及对于社会生活中同情心、互助行为的研究等。

第三节　社会心理学的研究方法

读了前面的内容，那么就应该了解以下问题的答案：什么是社会心理学？它是何时出现的？它是如何逐渐发展起来的？这样，我们就可以转向另外的一些问题，来看一下社会心理学家是如何进行研究的。

一、观察与研究

像我们在前面引论中所举的例子，当那位受邀来华讲学的美国社会心理学家，被问到什么是社会心理学家的时候，他总是这样回答，“社会心理学家实际上就是善于看人的人”。

社会心理学的研究对象是人，善于看人，实际上也就是善于观察。观察是所有心理学研究的前提，其本身也是一种最基本的研究方法。通过观察，尤其是有计划和有系统的观察，就能够为我们理解行为提供充分的信息和资料。一些经典的社会心理学研究成果，都是通过观察法进行和取得的。比如，威廉·怀特（W. White）对于“团体规范”（1934）的研究。他自己为了观察街头团伙的行为，曾在波士顿的一个贫民区居住了一年，与他的观察对象一起生活，得以直接地对失业青年的团伙行为进行实际的观察研究，得出了重要的研究结果。他所使用的这种特殊观察法，后来被称为“参与性观察”。再比如，弗罗德·阿尔波特对于“相符行为”的研究。他自己以及他的学生，广泛而深入地观察人们日常生活中的相符行为表现，例如在停车标记前停车的情况，按时上下班的情况，以及进入教堂时做虔诚动作的情况等等。在这种以观察为主的研究中，得出了其著名的关于相符行为的“J曲线”。

实际上，观察不但是社会心理学家所经常使用的基本研究技术，而且也是许多其他学科从事研究的基本手段。比如天文和气象、地理和地质等，至今仍然把观察作为主要的研究方法。随着社会和科学技术的发展，研究者们所使用的观察法也有了完善和充实。在当代的观察法或观察研究中，不但吸收了信息论和系统论等有关学科的现代科学思想，而且采用了录音、录像和电脑分析等现代科学技术，这使得观察的策略和技术都得到了提高，观察研究的范围更为广泛，研究的结果更加可靠和有效。就目前社会心理学家所从事的具体研究而言，观察往往被作为收集研究资料的必要手段和基本途径，被作为一种最基本的研究素养或技术，在实验研究或相关研究中都得到了广泛的运用。

二、实验研究法

若是你问社会心理学家，他是如何进行研究的，那么所得到的大部分的回答，总会是“实验”。通常，在人们的心目中，实验似乎是非常高深的，极度复杂的，因而往往也是神秘的。但是，实际上并非如此。就其本质的意义而言，实验往往是简明的。对此我们可以一起来考察社会心理学中实验的内涵。

（一）实验的基本性质

当研究者决定使用实验法进行研究的时候，他总是会有一个明确的目的：决定一种特定的因素，一般被称为“变量”，是否以及在何种程度上，会影响社会行为的某些方面。为了找出答案，研究者就会采取一些相应的步骤。比如，首先对该因素进行系统的操作，将其表现以及表现的强度作不同的变化；其次，决定这些变化是否对于研究中的社会行为和社会思想有某种影响。在这样的一种研究过程或程序中，其核心的问题是：如果变化的因素确实有影响，那么受其不同影响的个体，就会表现出不同的行为模式。

一般来说，被系统操作的因素称为“自变量”，而被研究的行为则称为“因变量”。在一项简单的实验中，不同实验组的被试会接受不同的自变量。研究者将认真观察和比较被试的行为表现，以决定是否是由于不同的自变量，而引起了不同的因变量。

（二）实例分析

我们可以通过一个具体的研究事例，来分析和说明这种实验的过程和程序。让我们想象一下，有这样一个假设（未证实的设想）：“说话越快的人（当然说的话应该是有道理的），越具有说服力。”在这里，自变量将会是演说者说话的速度，而因变量将是被说服者态度或行为表现的变化（这些变化可通过测量来确定）。

那么在这样的研究中，应该包括一个用来说服或改变被试态度的演说稿。比如，关于对严格控制化学物品立法的态度，因为化学物品的滥用会损害地球的臭氧层。为了显示说服的效果，我们可以想象是用一些生产空调设备厂的工作人员来做被试，因为在生产空调和使用空调的过程中，都在某种程度上释放着损害地球臭氧层的化学气体。我们可以作这样的假设，参与实验的这些被试，一般都会有一种反对有关立法的态度。

那么接下来，实验将如何进行呢？实施实验有一个基本的策略，就是将被试分为几个不同的小组，然后让他们倾听同一个人同样的演说，但是在不同的小组使用不同的说话速度。因而可以设定，对其中一个组的被试，演说者可以用较慢的速度来进行演说（比如每分钟 150 字）；对其中第二个组，演说者则可以用中等的速度，来演说同样的内容（比如每分钟 170 字）；而对其中的第三个组，则使用较快的速度，来演说同样的内容（比如每分钟 190 字）。

当所有三组的被试，都听了同样的演说（不同的速度）之后，因变量的情况——对听众有关立法的态度的测量和评价——就会显示出来。对于因变量的评价，一般可使用以下的方法来进行：让被试说出自己在何种程度上支持或反对有关立法，以及让被试说出他们自己在何种程度上同意或不同意讲演者。

对演说反应的评价

在何种程度上，你赞成关于控制释放化学气体损害地球臭氧层的立法，请选择一个代表你的意见的数字。

非常反对←－－－－－－－－－→非常支持

1 2 3 4 5 6 7

在何种程度上，你同意演说者所陈述的观点（请选择）：

A. 非常不同意；B. 不同意；C. 无所谓；D. 同意；E. 非常同意。

如果我们的假设成立，演讲者说话的速度确实能够影响其说服的效果或听众被说服的程度，那么在这样的实验中，就应该能够得出相应的结果。下面的示意图，便是一次有关研究的结果。

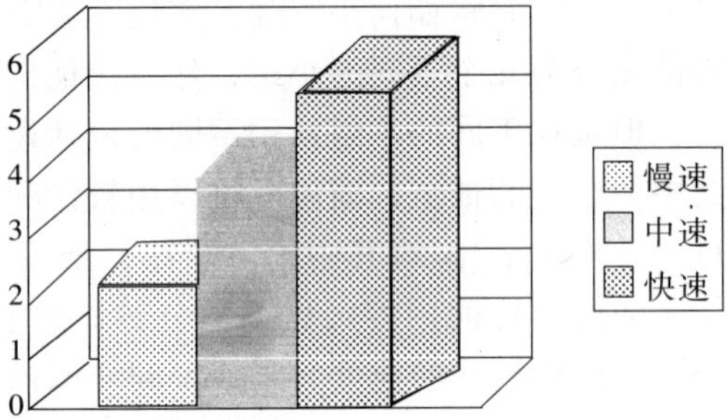

该图所表示的，是有关社会心理学家对于说话者速度（横列表示）与听众的支持态度（纵列表示）的一次研究结果。如该图所示，演说者的说话速度较快时，听众对于有关的立法，就表现出越多的支持态度。

在这里，我们所讨论的实验研究，是一个非常简单的例子。有时候，研究者往往在一项研究中，同时观察几种自变量的影响和作用。比如，在以上的实验情境中，研究者可能不仅想研究演说者的说话速度，还想同时研究演说者的说服力。这样，这一新的变量就会被加入研究中去。当二个或更多的变量，被包括在同一项实验研究中的时候，研究者也往往会从实验中得到有关研究的更多信息。实际上，在我们的现实社会生活中，我们的社会行为和社会思想，不会只受到一种因素作用，而是同时会受到许多因素的影响。更为重要的是，各因素或变量之间，往往会发生潜在的相互作用。因而，一般来说，在实验研究中还要确定一个自变量是否会受到其他变量的影响。比如，在我们所讨论的实验中，我们发现演说者说话的速度越快，越具有说服力。但是我们同时还会发现，只是当演说者的演说较为可信时，说话速度的效应才会发生。而当演说者的演说不能令人信服时，往往会发生相反的现象：也即说话速度快的人，具有较低的说服效果；而说话速度较慢的人，却具有较高的说服效果。

（三）成功实验的条件和要求

通常，在社会心理学家进行实验研究，决定某一个自变量是否会影响某种行为变化的时候，必须满足两个基本的实验条件。而对于这两个条件的理解，是我们评价实验质量的一个重要依据。

第一个条件是随机抽样和随机分配。根据这一原则，每一个参加实验的被试，都必须有同样的机会来经历自变量的每一种变化。这样做的原因很简单：如果被试不是随机地被分配到各个小组，就很难确定他们行为的变化是由于其自身的原因，还是由于自变量的变化所致，或者还是由于二者的共同作用。比如，在我们上面所举的关于说话速度与说服力的实验中，如果参与实验的被试来自不同的背景，比如一些被试是法律系的大学生，而另一些被试则是高中的学生；而在同一组听较慢速度的演说的被试中，既有法律系学生，也有高中学生；另一组听较快演说的被试也是如此，那么，就很难确定说话的速度与被说服的程度的关系。因为不同的被试本身，对于有关实验的演说会有着不同的态度，同时，学法律的学生还会比高中学生更加难以说服。

除了随机抽样和随机分配之外，实验中还有另外一个需要特别注意的原则。由于在自变量之外，所有其他的因素，也都可能对被试的行为产生影响，所以就要保持其他因素的持续稳定。比如，在我们所举的实验例子中，如果是由两个演说者来进行演说，而说话较快的演说者有着非常浑厚而动听的嗓音，那么结果会怎样呢？若是这样的话，我们也就很难确定，到底是由于说话的速度，还是由于演说者的音色在起作用。因而，好的研究应该尽量避免各种因素之间的相互干扰，尽量控制其他因素的影响。

三 、相关研究法

尽管实验法是最为常用的社会心理学研究方法，但是，当面对某些研究对象的时候，实验法可能会难以实施或不宜实施。因而，我们就必须寻找另外适宜的研究方法。

为什么实验法会难以实施呢？在现实的研究过程中，至少会出现以下两种情境或理由。其一，是由于研究者所感兴趣的某些因素的变化，可能超出了研究者所能控制的范围。我们可以设想，若是某个社会心理学家认为，股票市场的恐慌或大起大落，常常是由于国家领导人的有关讲话所引起的。显然，作为研究者的社会心理学家，不可能安排某一位国家领导人来作有关的讲话，从而研究其讲话是否会引起股票市场的恐慌或大起大落。一个国家领导人的行动，远非一位普通研究者所能支配，这已经超出了研究者所能控制的范围。其二，是基于一些伦理方面的考虑。若是有些实验研究，在实际的研究过程中有可能会损害或损伤被研究者，那么也不能进行有关的实验。对此，心理学以及其他学科，都有相应的研究伦理准则和限制，比如，即使研究者能够安排一位国家级领导人，来发表一个能够引起股票市场极大恐慌的讲话，这样做也是不符合伦理要求的，因为它可能会给许多人带来意想不到的经济损失，乃至心理上的严重损伤。再比如，若是有社会心理学家认为，某种对于恋人的浪漫迷信，会破坏他们之间的长期关系。那么有此假设或设想的社会心理学家，也很难以控制性的实验来研究类似的问题。他不可能在一个实验组中，使被试产生这种对于恋人的浪漫迷信，而在另外一个实验组中，控制这种迷信的产生，从而研究两组参与实验的人，其离婚率或关系破裂的程度。因为这样做，显然会影响参与实验者的实际生活，甚至会破坏参与实验者的幸福。

面对实验研究中的这些困难，社会心理学家常常采用另外一种研究技术，也即“相关法”或“相关研究”。在相关研究中，社会心理学家并不是改变研究中的某些因素，以观察这种改变对于其他因素的影响；而只是观察研究对象自然发生的变化，并研究这种变化是否引起其他因素的变化。或者说，相关研究主要侧重于观察某一因素的变化，是否会与另一因素的变化相关，这也就是相关法的内涵。两个因素的相互关联越是强烈，那么其相关程度也就越高。通常，相关指数从 -1.00 到 $+1.00$；从 0.00 起到 ± 1.00，分值越大表示相关程度越高。

为了说明相关研究的做法，让我们再来使用前面所列举的说话速度与说服力的研究作为例子。同样的研究也可以采用相关法进行。首先，研究者可以调查和测量一些演说家说话的速度，同时，也调查和评价他们的说服力，或者是其说服的成功率。例如，可调查作为政治竞选中的演说，或者是销售员的宣传；而他们所获得的选票，或卖出的商品，便可以作为说明其演说成功与否的客观指标。如果说话速度较快的演说家，比说话速度较慢的演说家，具有较强的说服效果，那么以下这两种因素就会表现出明显的相关：竞选者或销售者说话的速度越快，他们所获得的成功机会也就越大。相关法往往具有十分明显的研究优势，因为它可以在许多实际的生活情境中，来研究人们的社会行为。另外，相关研究可以在较短的时间内，获得较多的资料和信息，并能够同时对许多因素作出有关的分析和评价。比如，采用相关法进行说话速度和说服力的研究，我们可以同时获得关于演说者——政治竞选或商品销售者容貌的吸引程度，其年龄、身高和性别等资料，采用统计分析，也就可以得出以上不同的因素与演说者之说服力，或其说服成功与否的相关程度。

但是，相关法也有其自身的不足。与实验研究相比，相关研究的结果，往往并不能说明因果关系。相关研究所确定的两种因素变化的相关，也即其中一种因素的变化，伴随着另外一种因素的变化，并不能说明其因果关系，也即不能够说明是其中一种因素的变化，引起了另外一种因素的变化。实际上，在许多情况下，某两种因素的相关或同时发生变化，往往是由于第三种因素的变化所引起的。例如，假如研究者发现说话速度较快的竞选者，会得到较多的选票。那么这能够说明是说话的速度引起了竞选者的演说成功吗？或许是。但是，也可能是由于其他的因素，比如在于说话速度较快的竞选者，比说话较慢的竞选者，更加熟悉自己所演说的内容。如果是这样的话，那么说话的速度和说服力之间的关系也就受到了怀疑。事实上，说话的速度和说服的成功，都与第三个因素，即对演说内容的掌握程度有关。对此我们可以再来判断一些类似的问题。通过分析和判断，或许会增加我们对于相关之“第三者”意义的理解。

例如，在我们的现实生活中，我们或许能够观察到这样的“相关”：“越胖的人，工资越高。”体重与工资会有必然的因果关系吗？如果没有，那么你能够说出是什么样的第三种因素，而导致了前二者的相关吗？又例如，“城市的流动人口越多，犯罪率越高”。同样，其中也会有决定前二者的第三种因素。对此我们可以做如下分析：

就“越胖的人，工资越高”而言，若是分析其中的因果关系，那么实际上是因为工资和体重，都会随着年龄和经验的增长而增加。也就是说，年龄和经验，是同时决定体重增加和工资增长的原因。对于“城市的流动人口越多，犯罪率越高”的相关现象，我们可以作这样的分析：比如，广州的流动人口是非常高的，相对来说，其犯罪率也确实很高，呈现出一种相关。但是若作进一步的分析，我们会发现，就广州的流动人口和犯罪率来说，同时有一个第三种因素在起作用，那就是贫穷。贫穷导致了南下的民工潮，贫穷的流动人口导致了犯罪率的上升。

这样，我们就能够理解，即使是两种因素之间具有很高的相关，也并不能够解释为因果关系。实际上，任何一种研究方法，都是既有其优势，也有其不足。有这样的认识和理解，就可以扬长而避短，根据研究对象和实际研究情境的需要，而选择适宜的研究方法。

四、多元性的研究

以上所介绍的实验研究法和相关研究法，是社会心理学研究中两种最基本的研究方法。但是，在社会心理学家所从事的实际研究中，他们往往也会采用其他一些方法。同时，所有的研究者，都应该是一种持久的怀疑论者，在他们接受或相信某一种研究结果之前，总是要通过不同的研究方法，来作反复的检验或验证。因此，在社会心理学的研究中，采用多元方法的验证，具有十分重要的意义。

仍然用我们前面所列举的研究课题为例："说话快的人比说话慢的人更有说服力吗?"假如我们对此进行了严格的实验，并且得出肯定的结论，但是其他的社会心理学家，并不一定会全部接受我们的研究结论。他们会要求更多的证据或证明。首先，他们会要求你再做几次类似的实验，看所得出的研究结果是否会有所不同；其次，他们会要求你使用其他的方法来对这一问题进行研究，看是否会得出同样的结论；另外，他们或许还会要求你将该问题放在现实或自然的情境中进行研究，来比较在实验室里所得出的结论。只有当这些后续的研究完成之后，他们才会真正接受你的研究结论。在这样的反复实验和验证的过程中，会完善最初的研究与结论，同时也会发现新的问题，引发出一系列新的研究。

90年代以来，社会心理学家们愈加注重"文化差异"和"社会变化"对于人们社会行为和社会思想的影响。这助长了社会心理学研究中"跨文化研究方法"的应用，同时也促进了社会心理学对于社会学、人类学和文化人类学等相邻学科研究方法的吸收。实际上，随着社会心理学的发展，以及当今科学的整体发展，一些新的研究方法和研究技术也不断出现，也在陆续为社会心理学家所采用。比如，从80年代开始，社会心理学家们已经普遍使用计算机来进行研究数据的处理和分析，而在计算机基础上兴起的"元分析"(meta-analysis)，也正在被许多社会心理学家逐渐引入自己的实际研究中去。

五、理论与研究

就心理学的研究而言，有些是解决或解释问题，而有些则是提出新的问题。因而，好的研究，并非只是回答问题的研究；能够提出新的问题，也有着更为重要的研究价值。在社会心理学的研究中，有一个最为重要的基础，就是理论或方法论。

人们一般认为“理论”是“务虚的”，是“空洞的”、是“不实际的”，尤其是在我们国内的心理学界，在目前“市场经济”对学术研究的冲击之下。但是我们本来不应该这样认为，“好的理论最实际”，或者说“好的理论最实用”，库尔特·勒温的这句名言，也是我们的一种共识和信念。

从某种程度上说，研究以及应用，都必然要以某种理论为基础；而一个好的理论，也必然会导致一系列研究和应用的结果。比如：爱因斯坦的相对论是一种理论，当然也包含了科学方法论的内容。尽管它是抽象的，尽管它可以是属于纯理论的，但是它同时也是“最实际的”。在我们20世纪的思想史与科学技术发展史上，爱因斯坦的相对论应该是最为重要的事件了，而它对我们20世纪的社会生活，也同样产生了重大的影响。人们一想到“相对论”，自然就会联想到“新物理学”，它不但是20世纪科技发展的基础，而且从根本上改变了我们现代人对世界的看法。而这些，就有着爱因斯坦相对论之理论的意义与价值的体现。

在心理学上亦然。如果说，物理科学的理论是对物质世界客观规律所作出的总结的话，那么心理学的理论，则是对人们生活中行为和心理规律的总结。即使它是一种“理论”，但只要它是一种好的理论，一种成功的理论，那么像物理学中爱因斯坦的相对论那样，它也会是最实际和最有用的。比如：行为主义的“条件反射”，是一种观念也是一种理论，并且是一种成功的好的理论。在它的基础之上，不但有了行为主义心理学的理论体系，而且有了“程序教学”系列应用及应用的结果；有“厌恶疗法”和“脱敏疗法”等心理治疗方法和技术的产生。格式塔心理学的“格式塔原理”是一种理论，也是一种好的心理学的理论。它本身是“系统论”的理论基础之一，对现代人的观念产生了巨大的影响，它被应用到建筑的设计上，被应用到艺术和绘画上。精神分析的“潜意识观念”是一种理论，也是一种影响十分深远的心理学理论。许多人将它的发现和提出，比拟为哥白尼之提出“日心说”，达尔文之提出“进化论”，足见其理论之价值和意义。在以上这三种经典的心理学理论之外，还有许多心理学的理论，如库尔特·勒温的“心理场论”，弗利兹·海德的“心理归因”理论，费斯汀格的“认知不协调”理论，斯金纳的“操作条件反射”理论，马斯洛的“需要层次”理论，阿特金森（J. R. Atkinson）的“成就动机”理论等等，他们也都为心理学的实践，心理学技术的发展，以及为增加我们对于自身的认识和理解，作出了突出的贡献，充分体现了心理学之理论的意义和价值。

实际上，发展一种精确而广泛的理论，是所有科学的一个基本目标，对于社会心理学来说也是如此。我们社会心理学中的许多研究，都是在致力于建立或检验某种理论或理论结构。而在我们的理解中，一种成功的理论，其本身也是一种启迪后人的方法。它可以为人们提供一种新的视角，一种新的观点，具有方法论的意义。就此而论，我们前面所列举的格式塔心理学、精神分析和行为主义，以及勒温的心理场论等，均具有方法论的意义。这种理论或方法论，能够指导我们的研究，能够促进学科的发展，能够增加我们对自身的认识和理解。

练习与思考

1. 为什么说社会心理学是人文社会科学中的核心学科？

2. 怎样理解社会心理学的研究对象？

3. 影响人类社会行为的因素主要有哪些？如何看待这些因素的作用？

4. 从社会心理学发展史来看，不同取向的社会心理学各有何特点?

5. 为什么要建立和发展中国本土社会心理学? 请从文化与人的行为的关系谈谈你的理由。

6. 社会心理学的主要研究方法各有何利弊?

第二章　社会认知

本章提要

○社会认知的概念
○影响社会认知的因素
○印象形成的规则和方式
○印象形成的心理效应
○几种主要的归因理论
○非言语行为的社会心理分析
○情绪与社会认知的相互影响

从某种程度上说，社会心理学是一门关于人与人之间相互作用的学问。要了解人与人之间的这种相互作用，首先就必须了解人们是怎样看待对方的，即人们是如何形成对他人的印象，又是怎样解释他人的行为的。在这一章中，我们主要探讨有关“社会认知”的问题。

第一节 社会认知概述

简单地讲，社会认知就是对他人的认识，或者说是对他人社会行为和社会思想的认知。它是指个体在与他人的交往中，观察他人的行为表现，并对其内在心理状态、行为动机，以及其行为的意向性作出推测和判断的过程。在这一节中，我们将对社会认知的内涵，以及影响我们社会认知的因素，进行分析和讨论。

一、社会认知的内涵

在较为经典的解释中，社会认知一般包括感知、判断、推测、评价和解释在内的社会心理活动。也有的社会心理学教科书，将社会认知称为社会知觉和人际知觉，但不属于对于社会认知的经典解释。

我们可以将社会认知分为三个步骤相互连续的过程。首先，社会认知活动是从对人的知觉开始的，这是我们认识他人的第一步。其次，在对他人有了一个初步的或者是感性的认识后，人们就会根据这些认识来对他人作出判断和评价。这种关于他人的社会判断和社会评价则是社会认知的第二步。其后，人们在对他人进行认知时，除了会对他人进行判断和评价外，还会对他人的行为表现作出推论和解释，即对他人的行为表现进行归因。行为归因是社会认知的第三步。社会认知活动的这三个步骤，是相互联系也是首尾相连的。对他人的感知和形成关于他人的印象，是我们认识和了解他人的开始，在此基础上才能够进一步对他人进行判断、评价、推测或解释。而判断、评价与行为归因这两个过程往往是相互渗透、相互依赖的。我们对他人的判断和评价，常常依据于对他人行为的归因，而对他人行为的归因，其本身就包括了对他人的判断，并且总是会受到对他人评价的影响。总之，社会认知的这三个步骤，有机完整地结合起来，才能够构成我们的社会认知活动。

比较日常生活中的体验，我们也能够了解，社会认知活动是要通过对他人的言谈举止、仪表神情，以及其行为习惯等的观察，构成社会认知的基本途径。通过这些途径，一个人方可形成关于他人的印象，作出判断评价，并进一步解释和推论他人的行为。比如，一星期之内，你有几次看见同一个女孩子穿着红色连衣裙。那么你可能会想：这女孩子经常穿红色连衣裙，应该说明她喜欢红色；而红色会给人一种鲜艳、热烈和奔放的感觉，那么这个女孩子也就应该是个热情、活泼、直爽和自强的人。这样一个过程，实际上也就是从视觉感知，到运用逻辑思维进行推理、判断，从而形成对他人完整印象的过程。

作为进一步的分析和理解，社会认知通常包括对他人表情的认知和判别，对他人行为方式的认知和理解，以及对人与人之间关系的认知（包括对他人所扮演角色的认知）和理解等等。

二、影响社会认知的因素

就目前社会心理学家对有关研究所达成的共识来说，影响社会认知的因素，主要来自认知者、认知对象和认知情境三个方面。

（一）认知者因素

认知者即社会认知的主体。认知者本人的知识和经验、世界观和价值取向、人格或个性特征等等，都会影响其对他人的认知。

首先，当认知者在对他人形成印象，或者是对人际关系进行知觉的时候，常会受到其内在世界观，尤其是其内在人性观的影响。比如，在传统文化以及现实生活中，存在着以下主要的人性观点：性善论、性恶论、利己论、利他论、理性论和非理性论等等。若一个人持有利己论的观点，相信“人不为己，天诛地灭”，认为人生来本是自私的，那么，他在与其他人的交往中，就会步步为营，处处防范；即使是别人作出一些利他行为，也往往会被他解释为是别有用心。尽管大多数人并没有很明确地意识到自己持有某种关于人性的观点，但是他却会在不知不觉或潜意识中，或多或少地受到这种潜在人性观的影响。

认知者的经历和经验，也必然影响着其社会认知活动。心理学家巴克拜（J. W. Bagby）曾做过这样一个实验，他以一些墨西哥人和美国人作被试，对被试者的年龄、性别和受教育程度等作了相应的控制。实验中让被试者看双眼视觉的幻灯片：其中一张幻灯片为墨西哥人所熟悉的斗牛场面，另一张为美国人所熟悉的打棒球的场面。实验者把两张幻灯片同时放在两眼视觉仪器上，让被试者一时看到打棒球，一时看到斗牛，两个图片交叉出现。若是按照通常的理解，被试者应该同时看到两种场面，但研究的结果却出人意料：74%的墨西哥人只看到斗牛的场面，84%的美国人只看到打棒球的场面。

著名社会心理学家凯利（H. Kelley）认为，每个人头脑中都构成了一定的心理组织结构，如同一个“有色镜头”，人们所看到的一切事物，都要经过这个“有色镜头”的“过滤”。组成这“有色镜头”的因素有：一个人的经验、生活方式、文化背景，以及个人的需要等等。这种“有色镜头”的作用，是对认知对象加以分类和辨别。

凯利的所谓“有色镜头”，其实也就是心理学家通常所说的“图式”（Schema）。比如，在现实的生活中，我们对知识分子可能会有这样一种“图式”：文质彬彬、知书识理、独自清高、晚睡早起、戴着深度近视眼镜……当我们遇到知识分子时，就会不知不觉地用这样的“有色镜头”去“过滤”，看其像不像我们心目中的“知识分子”。

由于认知者经验的不同，其观点或角度不同，即使是面对同样的社会刺激，也会有不同的认知印象。例如，假如要对某一个人进行认知评价，艺术家将会侧重于其长相、身材、姿势等，考察该人的艺术品质；伦理学家则会侧重于观察该人的行为举止及道德品性；而心理学家则可能侧重于他的智商、个性等。

另外，认知者自身的情绪状态，也会在某种程度上影响其认知活动。俗话说，“一朝被蛇咬，十年怕井绳”，说的就是这个道理。一个人在心烦意乱、情绪低落时，往往把周围的一切也看得相对的灰暗和杂乱；而在兴高采烈、情绪高涨时，则可能会把周围的事物都看得明朗和清新。同时，认知者的兴趣爱好、需要、动机、个性等诸多心理因素，也都会影响其社会认知。以个性因素而言，自信心强的人和自信心差的人，在认知同一对象时，前者会有相对的独立性，后者则往往会由于服从权威、迷信别人而使其认知活动易受暗示，缺乏独立性，变得人云亦云等等。

（二）被认知者因素

被认知者的许多特点，都会影响人们对他的认知和评价，影响人们的印象，例如被认知者的谈吐、服饰、表情、姿势，以及其行为方式或风格等等。

假如你走进一个会议室，里面已经有了一些人，那么其中的哪些人会给你留下比较深刻的印象？通常应该是那些身材较高或较矮的人，较胖或较瘦的人，衣着华丽特殊，或者是说话声音洪亮的人，等等。为什么会这样呢？根据知觉中“主题－背景”心理效应原则，我们会将注意力集中于知觉范围中较为突出的对象上。在印象形成的过程中，突出的线索会特别受到重视。如果有这样一位学生，在上课的第一天是坐着轮椅出现的，那么教室里的同学就可能会集中注意到他坐着的轮椅，而他的衣服、发型，甚至年龄和种族等特征就显得不重要了。

什么样的线索会“突出”而引起他人的注意呢？根据格式塔心理学的物体知觉原则，强度、运动、新异、对比都是较为重要的条件。比如，个别穿着鲜红色运动衫的人，在多人的穿着普通的教室里会显得突出。在日常生活中，或在电影电视的节目中，我们往往会看到以“红衣人”、“大喊大叫的人”、“蒙面人”等用语来说明一个人的鲜明特点的场面，这也是认知对象容易引起人们注意或记忆的突出线索。

那么为什么“突出”的对象能更多地吸引人们的注意，能够给人留下深刻的印象呢？有这样一种社会心理学的解释，就认知活动而言，人是一个“吝啬者”，总是想以最少的精力获得最大的收获，即用认知上最少的努力，来对周围的人和事形成最快的印象。那么这样一来，最便捷的方法当然是对最突出的刺激做出反应，而不是逐一处理全部的信息。比如，假设你目睹了一场谋杀案，当警方让你描述凶手的特征时，你可能会说：“又高又瘦”，“头发很长”，“穿着一件皮夹克”，如果让你说得更详细些，你可能会感到很困难，因为，你确实只注意到了这些较为“突出”的特征。

当然，被认知者的表情、声调、行为、举止等，也会影响到我们对他的认知。如果被认知者是一个陌生人，其当时的情境又无特殊之处，那么此人的外表将成为认知的重要因素。但如果认知者是我们所熟悉的人，因为尚有许多其他信息作为我们认知和评价的参考，那么我们对他的认知活动就会深入到其内在的因素，而不仅仅限于其外表。

（三）交往情境

任何社会认知活动，包括认知者和被认知者，都是在一定的情境中进行的，这种社会认知的情境，可以提供帮助认知者了解被认知者的线索。比如，若是你经常在舞会上遇见某位同学，那么便可推知他大概是一个文娱活动的积极分子；若是你经常在图书馆遇见某位同学，那么便可推测或断定他是一个热衷于读书和求知的人。

我们人际交往中的“空间因素”，也是左右人们社会认知和印象形成的情境因素。由于社会文化背景的不同，以及性别、地位、个性等的差异，在实际的人际交往中，人与人之间所保持的空间距离也会不一样，同时它也构成了影响社会认知活动的一种客观线索。对于这种空间因素和它的意义，我们将在本章后面的第四节“非言语沟通”中，专门做较为详细的分析和讨论。

第二节　印象的形成与控制

当大学生活即将结束的时候，学生们考虑最多的，莫过于求职和应聘了。那么假如有一个单位在招聘，而你决定前去应聘，你希望给人家留下一种怎样的印象呢？或者说，你去参加一个夏令营，那么你又会希望自己给他人留下什么样的印象呢？

毫无疑问，我们大多数人总是试图给别人留下一种美好而深刻的印象。在社会心理学家们的研究中，最初的印象，或者说我们留给别人的最初印象，往往会决定以后被评价的态度和倾向。那么，印象是怎样形成的呢？在形成印象时，我们都会运用关于他人的哪些资料呢？在我们的印象形成过程中，又会受到哪些偏差的影响呢？如何控制我们在别人心目中的印象呢？对此我们将在本节逐一分析和探讨。

一、什么是印象

我们常常会说对某人印象好，对某人印象不好；对某人印象深刻，对某人没有什么印象。那么，当我们使用"印象"这一词语时，所表达的是什么意思呢？究竟什么是我们所称之的"印象"呢？

一般来说，印象就是指我们对别人的看法。从本义上说，印象包含了人们对于认知对象各方面的突出特点，它所反映的是对象的总体特征。但是，在很多情况下，人们并不是等到把握了对象的全部特性之后，才形成印象的；有时甚至只需看一下一个人的照片，或者跟他说几句话，就可以形成一种最初印象。

在《红楼梦》中，有这样一段描述贾宝玉初见林黛玉时，所产生的印象：

"厮见毕归坐，细看形容，与众各别：两弯似蹙非蹙柳烟眉，一双似喜非喜含情目，态生两靥之愁，娇袭一身之病。泪光点点，娇喘微微。闲静时如姣花照水，行动处似弱柳扶风。心较比干多一窍，病如西子胜三分。宝玉看罢，因笑道：'这个妹妹我曾见过。'"

一种似曾相识的感觉！与众不同，多愁善感，弱不禁风，美丽娴静，聪明伶俐——这就是宝玉对黛玉的第一印象——也许不全是，但确实说明一见之下可能就会对人形成鲜明的印象。于是乎，"一见钟情"者有之，"一见如故"者有之，"相见恨晚"者有之，"见了第一次不愿见第二次"者亦有之。当然，如果有更多的接触机会，便会形成比较完整的印象，但是第一印象却在某种程度上决定了他们将如何对待对方，彼此有多少喜欢，是否会继续保持联络等等。

二、印象形成的一般规则

在实际的社会认知过程中，人们会利用和组织各种信息，来形成对他人的完整印象，进而来判断他人的个性和内在品质。

（一）评价的中心性

奥斯古德（C. E. Osgood）等人在一项实验研究中发现，被试一般用于描述对他人印象的形象词，主要涉及到三个基本向度，即评价（好－坏）、力量（强－弱）、活动（积极－消极）。也就是说，人们基本上是从评价、力量和活动这三个角度来描述对一个人的印象的。一旦某个人被置于这三个向度上，即使有再多的信息，也无法另外增加对他的印象。他们在研究中还发现，这三个向度的重要性并非均等，评价是其中最重要的向度，力量和活动的重要性则稍低。研究者把"评价"作为最重要的向度，是因为在实际的认知过程中，我们一旦在这一向度上对某人形成有利或不利的印象后，就会将它延伸到其他情境或其他特质上去。也就是说，一旦我们判断出某个人是好或是坏的时候，那么对此人的整体印象也就基本上确定了。

其他一些心理学家的研究，也大都支持奥斯古德的结论，认为"评价"是印象形成中最为重要的基本向度。罗森伯格（S. Rosenberg）等人在有关的研究中，进一步对评价范围作了区分。他们认为，人们一般是根据社会特性和智能特性来评价他人的。他们把最常被评价的特性总结如表 2－1 所示。

在罗森伯格之后，也有一些社会心理学家对这两种特性以及影响，作过进一步的研究，并且有了新的发现。例如，汉密尔顿（D. L. Hamilton）等人的研究表明，提供较多的社会特性，会影响人们"喜欢与否"的判断；而提供较多的智慧特性，则会影响"是否尊敬"的评价。

表 2-1　评价他人所涉及到的主要特性

评价	社会特性	智能特性
好的评价	助人的 真诚的 宽容的 幽默的 平易近人的	科学的 果断的 有才能的 聪明的 有恒心的
不好的评价	不快乐的 自负的 易怒的 令人厌烦的 不受欢迎的	愚蠢的 轻浮的 笨拙的 不可靠的 优柔寡断的

（二）印象的一致性

在形成有关对他人的印象时，人们似乎倾向于对其不同的特质形成较为一致的评价。也即我们倾向于将他人视为某种“内部一致”的人，我们一般不会将一个人看成既诚实又虚伪，既热情又冷酷，既通情达理又粗暴野蛮，既坚决果断又犹豫不决，甚至当有关某人的信息资料出现矛盾（即相反的特性并存）时，人们也力图消除这些不一致（如重新整理这些资料，或有歪曲），从而把对方看成是一种特性一致的人。

由于这种“一致性”倾向的存在，如果某人被认为是“令人喜爱的”时候，那么他同时也应该是吸引人的和聪明的。为了印象的“一致性”，我们往往在对他人有了基本的了解后，就去推论他其余的大多数行为和性格特征。这种认知过程中的一致性倾向，是造成“晕轮效应”（我们将在后面详细讨论）的主要原因。

（三）核心特性的作用

印象形成以评价为主的现象告诉我们，构成印象的各种信息资料，在实际的印象形成过程中所占的比重是不一样的，有些信息资料的比重大于其他资料，会对整个印象的形成有较多的影响，因而这个具有重大影响力的特性便被称为核心特性。阿希（S. E. Asch）曾做过一个有关核心特性的经典性实验研究，发现“热情”和“冷淡”，是影响印象形成的核心特性。

后来，凯利在一个更为现实的研究情境中，重复与印证了阿希的结论。凯利的研究是这样进行的，在所选择进行研究的大学生中，他告诉一些等待上课的学生，说由于教经济学的教授有事外出，所以暂请一位研究生代课。然后发给每个学生一份关于代课教师的资料。但是资料分为两种，每种都介绍了代课教师的一些基本情况，所不同的是，在其中一种资料中，告诉学生这位代课教师是一个热情、聪明、实际而又果断的人；在另一种资料中，则把“热情”换成“冷淡”，其他文字不变。两份资料分别发给听课的两部分学生（学生并不知道资料上这种细微的差别）。然后，该老师走进教室，并主持20分钟的讨论。下课后，实验者让学生填答问卷以表明他们对于代课教师的印象。结果发现，两组学生对教师的印象有很大的差别，具体说，学生对被介绍为“热情”的老师有较好的印象，倾向于较高的评价；而对被介绍为“冷淡”的教师，则印象不佳，倾向于较低的评价。

当实验者用“礼貌”、“粗鲁”取代“热情”、“冷淡”，然后重复相同的实验时，则两部分学生对代课教师的印象没有多大差别。可见，“热情”和“冷淡”是影响印象形成的核心特性。

近年来的一些研究表明，核心特性的作用可能要比阿希和凯利的发现更为复杂。威尔纳（C. Werner）等人指出，某一特性是否成为核心特性，在一定程度上取决于与此特性同时呈现的其他特性。换言之，如果关于其他特性的信息很多，“热情”和“冷淡”的具体作用就可能被削弱。尽管如此，社会心理学仍然认为，中心特性在大多数情况下对印象的形成有着重要的影响。现实生活中也是如此，当你觉得某人很热情时，会很乐意同他交往；若觉得某人很冷淡，极有可能会敬而远之。

三、印象形成的方式

假如你碰到一位陌生人，并注意到他为人大方、聪明、富于幽默、个子矮小、不修边幅，你怎样将这些片断的信息结合起来形成对他的整体印象呢？心理学家提出了印象形成的两种模式。

（一）平均模式（The Averaging Model）

这种模式表明，人们一般是以特性的平均价值来形成对他人的印象的。举例说：假如有位叫方芳的女孩第一次与男朋友约会，她很快便感到他很有才华、聪明、英俊，并且非常细心，但是有些自负、不修边幅。若是以印象形成的平均模式来进行分析，她可以根据自己的喜欢或重视程度，对这位男朋友所表现出来的特性打分（给每一特性赋值）。比如她很欣赏他的才华和聪明，因而便赋予这两个特性较高的正分值（+10）；她对他的细心很满意，便赋予它正分（+6）；他长相的英俊也颇令她动心，因而也会具有正分（+6）。但是她不太喜欢他的自负，因而就会有较低的负分值（-8），而对他的不修边幅也颇为不满，于是也会打上负分（-4）。那么现在，她将这些特点结合起来，就会形成对这位男朋友的整体印象。根据平均模式，即假设她会将这六项特性加以平均，以此作为获得整体印象的基础，那么在这个例子里，方芳对这位男朋友印象的正分值是32分，负分值是12分，相加结果为正的20分。由于一共有6项评价指标，那么20除以6，也即每项平均都会具有3.33的正分值。说明方芳对于这位男朋友的整体印象不错。

（二）累加模式（The Additive Model）

这种模式认为，人们在根据部分信息形成对他人的整体印象时，并非以特性的平均价值为依据，而是以特性价值的总和为依据。仍用前面的例子来说明，累加模式所强调的，也是方芳对那位男朋友评价的相加总分，具有较高的正分值（+20）。

显然，累加模式和平均模式在解释印象形成时，所依据的分值含义是不同的。它所强调与侧重的，是整体得分越高，整体印象也就会越好。那么，在解释人们印象形成的过程时，究竟哪一种模式更为准确，更符合实际情况呢？安德森（N. Anderson）对此进行了一系列的实验研究，其中所获得的研究结果，大都倾向于支持平均模式。安德森认为，尽管在某些时候可以用累加模式去解释一些印象的形成，但是在大多数情况下，平均模式更能说明人们印象形成时的细节。

（三）加权平均模式

为了更好地说明与解释印象的形成，安德森还提出了一种“加权平均模式”。根据这一模式，人们形成印象的方式是，将所有特性加以平均，同时对于较重要的特性给予较大的权数。例如，当我们形成对某科学家的印象时，可能对“智慧”的加权比“吸引力”要大一些。

根据“加权平均模式”，我们在实际的形成印象的过程中，有时会受到陪衬因素和负面特性的影响。也就是说，某一特性对个人整体印象的意义，将在某种程度上取决于其他的陪衬特性。比如，“智慧”通常是一个评价正分值较高的特性，但若是将“智慧”加在一个“冷酷无情”的人身上，一般并不会使别人对他的印象更好；但若将“智慧”加在一个“热情”、“乐于助人”者身上，那么就会提高其整体印象。

另外，在人们印象形成的过程中，正面特性与负面特性所起的作用并非等量齐观。一般来说，负面特性的比重往往要比正面特性的比重高。也就是说，若其他条件相同，负面特性对整体印象的影响大于正面特性。社会心理学家们发现，好印象比坏印象更容易改变。通常，不论其他特性如何，一个极端的负面特性就足以造成一个不好的印象。

四、印象的控制和整饰

印象以及印象的形成，实际上都是一种双向过程。即我们不但有对于别人的印象，而且还有我们自己留给别人的印象。下面，我们就以“印象的控制和整饰”来进行有关的分析和讨论。

（一）什么是印象整饰

在生活中常常可以看到这样一些耐人寻味的现象：年轻姑娘在去公共场合之前，总要精心化妆，细心选择服装，将自己打扮得光彩照人；一个小伙子在去某单位求职时，也往往会刮去乱蓬蓬的胡须，理出一个漂亮的发型，穿上熨得笔挺的衣服，尽可能地使自己显得英俊潇洒等等；有朋自远方来，做主人的通常会把房前房后打扫得干干净净，把里里外外收拾得整整齐齐，然后满面春风地迎客人进门。

从化妆到服饰，从发型到着装，都显示出我们对外貌的关心，实际上也是对我们自身印象的关心。在人际交往中，我们每个人通常都会以适当而得体的言语和非言语行为来表现自己，以期给对方留下一个良好的印象。而且，不管是外观上还是性格上，都会尽可能展示自己的可爱和迷人之处，把自己的优点“发扬光大”，把缺点和不足加以掩饰。比如，一个牙齿长得不好的人，在笑的时候就会习惯于抿着嘴巴，其实也就是想控制别人对自己的印象。这种有意地控制别人对自己形成印象的过程，被社会心理学家们称之为“印象控制”或“印象整饰”。

（二）印象整饰的理论

人们为什么要进行这种“印象控制”或“印象整饰”呢？对此，社会心理学家们已经进行了许多研究，并且提出了一些相应的理论解释。

著名社会心理学家库利（C. H. Cooley）和米德（G. H. Mead）认为，我们每个社会交往的参加者，都会试图“站在别人的角度”上，模仿别人的方式去观察自己。这就使我们不仅能够预知别人对自己的感觉和反应，而且还能据此调整自己的言论与行为，使之产生令人满意的结果。因此，通过用别人的眼光来看自己的方法，一个政治家在农村选民面前，会穿上合适农民评价的衣服，使用符合农民特点的讲话方式；而在政党领导面前，他又会穿上另外的适当衣服，并采用不同的讲话方式。

另外，戈夫曼（I. Goffman）曾经提出了一种有关的“戏剧理论”。他把社会交往比喻为一种剧场的演出，每个人都在表演自己的节目。所谓的“节目”，就是一套经过选择的用来表现自我的言语和非言语的活动。每个人都会尽量使自己的表演赢得他人的好评。而要演好节目，一个重要的方面就是顾全“脸面”。因此每个社会交往者既要保全自己的脸面，又要顾及他人的面子，所以常常会运用印象整饰的手段。

根据社会心理学家的研究，我们的自我观念和社会身份，是印象整饰过程中的两个重要元素。自我观念是个人逐渐形成的对于自己的认识和评价，而社会身份则是指个人在社会互动情境中得到的认同和肯定。自我观念是自己对自己的评价与看法，而社会身份则是由他人了解到的自我。一个人为了维护自我观念，便试图通过印象整饰的策略，去左右显示给他人的社会身份。

（三）印象整饰的作用

应当如何看待印象整饰呢？也许有人认为，人与人相处，应该诚实无欺，为什么要控制别人对自己形成的印象呢？但丁不是说“走自己的路，让别人去说”吗？我们为什么要在乎别人的看法呢？其实，印象整饰本身并无所谓好坏，关键在于我们运用这种手段要达到什么样的目的。就其积极的方面而言，印象整饰可以用来调节和润滑人际关系，使人们的交往能够顺利地维持下去。在我们的现实生活中，这样的例子是很多的。一个老师如果在学生面前信口开河，毫无忌讳，那是不可思议的。我们适当地注意自己的仪表，其实也是对他人的一种尊重。国家间的来往，也常通过隆重的仪式、盛大的欢迎、热情的款待等印象整饰手段来互致友好。在这种意义上，印象整饰就有了积极的效果。

当然，印象整饰亦有其消极的一面。如有的人当面一套背后一套，所谓“表里不一”、“口蜜腹剑”，那么这种印象整饰则是骗人和虚伪。

五、印象形成的心理效应

在我们实际的印象形成过程中，会发生一些带有规律性的典型事件，社会心理学家们也对此进行了大量的研究，形成了所谓的“首因效应”、“近因效应”和“晕轮效应”等概念，对此我们可以做详细的分析和讨论。

（一）首因效应

所谓的“首因”即首次或最先的印象，即通常所说的第一印象。首因效应是指第一印象对人的认知具有强烈的影响。如某人在初次会面时给别人留下了良好的印象，这种印象很可能会在很长一段时间内，左右人们对他的心理和行为特征的解释。这种效应带来的问题是：当人们只获得了有关他人的少量信息时，就力图对此人的另外一些特征进行推理、判断，以期形成一个统一和一致性的印象。

心理学家卢钦斯（A. S. Lochins）1957年以实验证明了首因效应的存在。这一经典实验是这样进行的：他用两段杜撰的故事（描写一个叫詹姆的学生生活片断的文字）做实验材料，这两段文字描述的是两种完全相反的性格。卢氏将两段文字用两种方法加以组合：一种是将描写詹姆性格外向的材料放在前面，描写他性格内向的材料放在后面；另一种则顺序相反。他将组合不同的两种材料，分别让水平相当的中学生阅读，并让他们对詹姆的性格进行评价。结果发现，先阅读的那段材料，在被试对詹姆的性格所进行的评价中，起着决定性作用。

在现实生活中，许多人往往也在利用首因效应，通过给别人留下良好的第一印象，来为下一步的继续交往打下基础。但应该指出的是，了解了首因效应的存在，也会促使我们要全面了解他人的情况，不要因"先入为主"而对他人形成偏颇的印象。

（二）近因效应

社会心理学中所谓的"近因"，一般指后成因，也即最后的印象。所以近因效应是指最后的印象对人的认知具有强烈的影响。有关近因效应的经典实验也是由卢钦斯做出的。他曾经以不同的呈现方式，重复了前面的那个实验，并且得出了不同的结果，也即在被试阅读有关詹姆性格的两段文字进行评价时，受后面阅读材料的影响更大。

怎样解释首因效应和近因效应这一似乎矛盾的现象呢？换言之，什么情况下首因效应起作用，什么情况下近因效应唱主角呢？心理学家对此进行了多方解释。卢钦斯认为，当两种信息连续出现时，首因效应明显；而当两种信息断续出现时，则近因效应较为突出。但也有一些人认为，在与陌生人交往时，首因效应起较大的作用；而与熟人交往时，则近因效应有较大影响。

（三）晕轮效应

在我们的日常生活中，常常也会遇到这样的现象：当一个人对另一个人的某些主要品质有了好的印象后，就会认为这个人一切都好；反之，若发现某人某些方面不好，就可能认为他什么都不好。比如，我们会认为一个外表迷人的人，也会更聪明；或者认为一个不诚实的人，也会不善良等等。这种现象在社会心理学中被称之为“晕轮效应”，也叫“光环效应”。许多社会心理学家都曾对此进行过研究，并且得出了一些有趣的结果。例如，社会心理学家戴恩（K. Dion）等人，分别向人们出示长相漂亮、一般和较丑的人的照片，要求被试就几项实际上与长相无关的特性，来对照片上的人进行评价，结果如表 2－2 所示：

表 2－2　相貌的美丑对印象形成所产生的晕轮效应

特性的评定	相貌丑者	相貌一般者	相貌漂亮者
人格的社会合意性	56.31	62.42	65.39
称职的丈夫（或妻子）	0.37	0.71	1.70
职业地位	1.70	2.02	2.25
做父母的能力	3.90	4.55	3.54
社会和职业的幸福	5.28	6.34	6.37
总的幸福	8.83	11.60	11.60
结婚的可能性	1.52	1.82	2.17

注：数值越高越具备表中特性

由上表可以看出，长相漂亮的人，几乎在所有特性上都被评得最高，而长得丑的人则被评得最低。实际上，晕轮效应在生活中是普遍存在的。比如我们常常所说的“爱屋及乌”，“厌恶和尚，恨及袈裟”等等，就是该效应的典型例子。同样的事件还如：“疑人偷斧”、“以偏概全”、“一叶障目，不见森林”等等。因而，这也提醒我们，要注意对别人观察的客观性和全面性，避免偏听偏信和以貌取人，“不以流之浊，而污其源之清”。

（四）投射效应

人们的认知活动在对他人形成印象时，有一种强烈的倾向，那就是假定对方与自己有相同之处，通俗地说也就是“推己及人”或“以己之心，度人之腹”。这种现象在心理学中被称为“投射效应”，比如富于攻击性的人，往往会认为别人也生性好斗；本性善良的人，当然也总不相信别人会加害于他；而疑心重的人，则往往会认为别人也不怀好意等等，都属于印象形成时的投射效应。

（五）仁慈效应

所谓的“仁慈效应”也叫宽大效应，是指人们在对他人的特性进行评定时，好的评价常多于不好的评价。许多实验表明：无论对方是不是熟悉的人，在被试对他们的评价中总是肯定多于否定。有些社会心理学家解释说，每个人都希望得到他人的承认和接受，因而经常会设身处地地考虑他人的意愿，放宽对他人的尺度。有趣的是，这种情形只见于对人的评价而不见于对物的判断。心理学家席尔（C. Hill）在 1983 年进行的一项研究中发现，大学生将学校里 97% 的教授，均评定为“好的”（即高于“普通”一级）；而对于课程内容，则评价明显降低。

（六）刻板印象

刻板印象也被称为类化原则，一般被用来指人们对某个社会群体形成的一种概括和固定的看法。一般说来，生活在同一地域或同一文化背景中的人，总会表现出许多心理与行为方面的相似性。比如，同一民族或国家的人，就会有大致相同的风俗习惯、性格特征和行为方式等等，而职业、年龄、性别、党派等均类似的人，在思想、观念、态度和行为等方面也会较为接近。如商人大都较为精明，女性温柔体贴等等。这些相似的特点被概括地反映到人们的社会认知中，并被固定化，便产生了所谓的社会刻板印象。

就社会心理学家的研究结果而言，人们的刻板印象一般是经过两条途径形成的：其一是直接与某些人或某个群体的接触，然后将一些特点加以固定化；其二是根据间接资料如他人介绍、传媒的描述等形成对某个群体的概括性印象。在现实生活中，大多数刻板印象来自第二条途径。

客观地说，社会刻板印象并非全是不好的，它对人们的社会认知具有积极和消极两方面的影响。从积极方面看，社会刻板印象中往往包含了一些真实的成分，它或多或少地反映了认知对象的若干情况。同时，社会刻板印象有助于简化人们的认识过程，为人们迅速适应社会环境提供了一定的便利。从消极方面看，由于刻板印象一经形成，便具有较高的稳定性，往往使人们的认识僵化和停滞，这势必阻碍人们对新事物的接受。

第三节　行为归因

在日常生活中，我们常常不知道别人行为的真正原因，或者知道得不够充分。但我们对于别人的行为，却往往有着探究其原因的兴趣。为什么年轻人喜欢某种特殊的服饰？为什么有的同学总是能够考取很好的成绩？为什么有的同学特别受人欢迎或喜欢？诸如此类。社会心理学家凯利说：“许多社会心理学家终生都在利用归因理论而自己却没有察觉。”其实，何止社会心理学家如此，普通大众也无不这样。

一、什么是归因

所谓归因，是指人们对他人或自己的所作所为进行分析，指出其性质或推论其原因的过程。换言之，就是对人们的外在行为表现进行解释和说明的过程。

行为归因是人的社会认知活动的一个重要组成部分，标志着对他人进行的深层认识的开始，也意味着根据感知获取的表面的、外在的特征和属性来进一步对他人的社会行为进行推论和判断的开始。

归因虽然是人的认知活动，是判断和推论的过程，但不同的归因会对行为产生不同的影响，因而具有动机的作用。这种作用产生于归因中所包含的评价成分。换句话说，归因不仅意味着对外在行为表现的解释和说明，也意味着对行为者的评价，由此才对行为者产生了动机作用，或者使其积极努力，或者使其消极泄气。

社会心理学关于归因理论的研究开始于本世纪50年代。1958年，海德（F. Heider）在《人际关系心理学》一书中，谈到了归因现象。但是，由于当时人们过多地注意其认知平衡理论而对其归因思想未加注意。直到60年代，琼斯（E. E. Jones）和戴维斯（K. Davis）的《从行为到倾向性——人的知觉中的归因过程》，以及凯利的《社会心理学中的归因理论》两篇论文发表后，归因研究的必要性和重要性才真正为社会心理学家所觉察。此后，归因理论及其研究蓬勃发展，在六七十年代成为社会心理学研究中的热门课题。

二、归因理论

（一）海德的自然心理学观点

将归因问题加以理论化始于海德。他感兴趣的问题是：人们如何在日常生活中找出事件的起因。他假定人类有两种强烈的动机：一是对世界形成前后一致的理解的需要，另一个是控制我们周围环境的需要。要满足这两个动机，就必须能预测到人们将如何行动，而要预测人们的行为，就必须了解他人行为的原因。因此海德认为，在日常生活中，每一个人，不光是心理学家，都对各种行为的因果关系感兴趣，都试图解释别人的行为，他称此为“自然心理学”——即每个普通人都具有的对人类行为的一般理论。

海德将个体行为的原因分为两种：一种是个体自身之外的原因，如环境、他人的影响和任务的难易等等，若将行为的原因归之于此，那么就称作外在归因或情境归因；另一种是个体自身的原因，如能力、动机、兴趣、性格、努力程度等等，若将行为的原因归之于此就称之为内在归因或特质归因。

大量的事实表明，在寻找行为的原因时，很多人都倾向于作内在原因或外在原因的归属。例如，一个大学生学习成绩不佳，人们便想了解：这样的结果是由于他脑子太笨或不够努力（内在原因）还是由于教师水平低或课程太难（外在原因）造成的？可见，“内因—外因”是归因中的一个基本向度。心理学家认为，当人们把某人的行为作内在归因时，就会增加人们预测其行为在类似情况下再次出现的可能性；反之，若作外在归因，人们就很难断定在类似情况下其行为是否会再度出现。

（二）韦纳（B. Weiner）的归因理论

韦纳着重研究了人们对成功与失败的归因。他同意海德把原因分为内因和外因的做法，但他还提出了另一种向度，即把原因区分为稳定的和不稳定的两个方面。也就是说，我们必须知道该原因是不是一种相当稳定的外在环境或内在倾向。有些外在原因相当稳定，如法律、职业、工作的难易程度等等；有些外在原因极不稳定，如天气。同样，内在原因也可能很稳定（如能力）或不稳定（如努力）。换句话说，原因可由“内因—外因”和“稳定—不稳定”这两个向度任意组合而成。比如，一位学生在某一项工作上的成功或失败，可以归于下面四种可能原因：能力、努力、运气及工作难度。

两种向度在归因中都是很重要的，它们会导致不同的结果。在我们形成期望或预言某人将来的行为时，稳定—不稳定向度非常重要；而在我们对他人行为进行评价时，内因—外因向度显得更有意义。

（三）凯利的三维理论

凯利是归因理论方面的权威之一，其理论观点被称为三维理论或三度理论。他认为，人们在对行为进行归因的时候，常要对下述三个方面进行考察，它们是：（1）环境实体（亦称环境刺激）；（2）时间；（3）人。

环境实体是指行为者对之反应的事件；时间是表示行为者在不同的时间，以不同的方式对环境实体的反应；而人则是指行为者以外的人对环境实体在不同时间作出的反应。

对上述三个方面进行考察的结果，将得到相应的三种信息：（1）区别性信息：指行为者的行为是否因对象而异，若因对象而异，则区别性高，反之则低。（2）一致性信息：指行为者的行为与他人相比是否特殊，是否与众不同。相同则一致性高，不同则一致性低。（3）一贯性信息：指行为者的行为是否因时因地而异，若不随时、随地而异（总是如此或始终如此），则一贯性高，反之则低。

三种信息的组合不同，即意味着导致行为的原因不同。根据凯利的观点，导致行为的原因只可能是出于三个方面，因此与行为原因相联系的三种信息的组合也只可能是三种，其他形式的组合是没有意义的，不能说明行为的真实原因。这三种组合是：(1) 一致性低，一贯性高，区别性低。即与众不同，总是如此，不因人而异，此时行为的原因在行为者本身。(2) 一致性高，一贯性高，区别性高。即与众相同，总是如此，因人而异，此时行为的原因在行为者所指对象的身上。(3) 一致性低，一贯性低，区别性高。即与众不同，偶尔如此，因人而异，此时行为的原因在行为发生时的环境上。

社会心理学家麦克阿瑟（L. A. McArthur）首先对凯利的预测作了系统的研究。她给被试一个简单的假设事件，并改变所给的区别性、一致性和一贯性的信息，然后测定他们的归因。这个例子是要人们试着解释一种特定的情境：玛莉昨夜为什么对夜总会小丑笑得那么厉害。三种主要的预测和结果如表 2-3：

表 2-3　玛莉为什么对小丑发笑

	提供的材料			
条件	一致性	一贯性	区别性	归因
1	高：每个人都发笑	高：她总是对该小丑发笑	高：她对别的小丑发笑	刺激物（外因）小丑（61%）
2	低：别人很少发笑	高：她总是对该小丑发笑	低：她对别的小丑也发笑	人（内因）玛莉（86%）
3	低：别人很少笑	低：她以前很少对该小丑笑	高：她没有对别的小丑发笑	情境（外因）（72%）

麦克阿瑟的实验，较好地验证了凯利的假设。为了保证归因的精确性，在多线索的情况下，应像上述实验一样，将区别性、

一致性、一贯性等三方面的信息综合考察。但有时人们也常根据以上信息中的一种，来进行自己的归因判断。在这样的情况下，通常把高区别性的行为或高一致性的行为，看成是外因所致；而高一贯性的行为，则被认为是由内因引起。

三、归因原则

从社会心理学者的理论和研究中，我们可以总结出有关归因的一些基本原则，这些原则可以帮助我们在实际生活中，根据有关的社会心理学理论，更好地理解人们的归因活动。

（一）扩大原则

根据这种原则，一个人行为的结果愈是不利于他自己，或其行为表现违反了社会认可的规范，人们愈容易对行为者的行为作内因的归属。

比如，尊敬师长是我们社会认可的规范，一个年轻人对长辈很有礼貌，见面打招呼，做长辈的可能不会因此而认为这个年轻人内心就真正尊敬他。若长辈染病住院，晚辈不畏辛苦，送饭、送药，长途跋涉去看望，像这种要花费个人时间和精力的行为，常可归为内因（即这人确是尊重和关心长辈）。

在某个社会情境里表现出与大多数人都一样的行为称为合角色行为，这是社会认可的行为。当一个人表现出合角色行为时，通常是因外在因素的影响。违反社会规范和角色期望的行为称为不合角色行为，不合角色行为常会遭到社会的排斥和责难，是明知其不可为而为之，这种行为能够提供较多关于个人意愿及个人本质的情况，因而可作内在归因。比如，一个人贪赃枉法，损公肥私，就是不合角色行为，我们通常会认为是他利欲熏心，自私自利的结果（内在归因）。

（二）折扣原则

凯利曾经表达过这样的观点：某一特定原因在产生特殊结果的作用时，假如有其他可能的原因也存在的话，这种作用常会被打折扣。也就是说，在有一种以上的可能原因存在的情况下，我们将行为归为某一特殊的原因时常不能太自信。一位下级对上级非常尊重，处处表现得周到妥贴，我们可以将他的行为归因于他真的爱戴他的上级。更可能的是，我们会将这项原因打折扣，并把这些行为部分地归之于下级对上级的奉迎，意在为自己谋利。当然，若这位上级不再在其位而下级还能一如既往地对待他，则“自私”不再是一个可能的原因，没必要因此而对“爱戴”这一原因打折扣。

社会心理学家做过这样的实验：让各一半的被试分别说服两个人献血给红十字会，这两个人实际上是由一个人扮演的，他在两组被试面前扮演两个不同的角色；一个是教授，一个是学生。此“两人”都答应献血了。但被试者认为那个学生所以答应献血是被他们说服的缘故（外归因），而那位教授却是主动献血的（内归因）。这表明，低地位使内在归因的判断打了折扣，高地位则使外在归因的判断打了折扣。

（三）非共同效果原则

假如我们知道一个人可以经几种不同途径追求个人的目标，而且知道他选择了其中一条途径，我们可以比较被他选上与没被他选上二者可能产生的后果，从而推断他如此行为或做此决定的原因。当然，两者的共同效果不会是行为的原因，而二者不共有的效果才是行为的原因。比如，某人毕业分配时有两家单位要他，他选择了A单位而放弃了B单位，为什么？可以从A、B的共同点和非共同点找到解释。两家单位在同一地方，效益都不错，两处都没有熟人，这些不会是他选A弃B的原因。再看看二者的不同：一家是科研单位，一家是生产企业，那么这可能是他选 A 弃 B 的原因了。

（四）利害关系原则

当行为者的行为影响了观察者本身，这行为就与观察者有了利害关系。而这会影响观察者对该行为的归因。心理学家的研究表明：当行为有害于或有利于观察者时，比不产生任何利害结果时，观察者更倾向于对行为作内在归属。

琼斯等人曾做过这样的实验：在真被试中安排一个假被试，这个假被试是小组中唯一的失败者。在一种情况下，假被试的失败导致全小组的人都得不到奖金；在另一种情况下，其失败只使自己得不到奖金而不影响其他人的所得。尽管假被试在两种情况下的工作成绩完全相同，但在第一种情况下，被试者们给予假被试者以较多不好的评价，如认为他不可靠，能力差。

生活中这种归因也很常见，一个人走路时踩了另一个人的脚，两人因此吵了起来，你可能过去劝阻：天黑，路窄，在所难免，小事一桩（外归因）；若那人踩的是你的脚，你可能会说上一声“怎么搞的！”，“这么鲁莽”。（内归因）

（五）共变原则

有人认为上述四条原则都是单线索归因原则（指在一次观察的情况下，人们进行行为归因的依据），而把共变原则看成是多线索归因原则（即在多次观察情况下的归因原则）。共变原则在凯利的归因理论中有比较清晰的阐述。凯利将行为线索分为三个方面：区别性、一致性、一贯性，再通过三类信息的不同排列组合推测行为的原因。因在前面已有详细介绍，这里不再重复。

四、归因偏差

从以上的分析中我们可以看出，归因理论描述的是一种理性而又合乎逻辑的程序。换言之，归因理论假设，人们是以理性的方式处理所得信息，他们在利用信息做出结论时是很客观的。

实际的情况是这样吗？显然不是，至少不完全是。有时候，人们对行为原因的推测显得既不理性也不合逻辑，甚至有些武断或荒谬。我们现在就把讨论转到已经被证实存在的一些归因偏差的分析上。

（一）非动机性偏差

所谓非动机性偏差，是指由于加工信息资料及认识上的原因而导致的归因误差。常见的非动机性偏差主要有以下几类：

1. 观察者常常过高估计行为者内在因素的重要性。这种偏差在归因过程中很常见，因此被称为“基本规律错误”，指的是人们在解释他人行为时，往往贬低情境因素的影响而夸大行为者个人特性的作用。

社会心理学家在一个实验中要求大学生们解释：为什么他们选择目前的专业？为什么他们的朋友也选择目前的专业？结果大学生们为自己的选择所列举的理由，都是强调外在因素的影响，而在解释他们朋友的选择时，更倾向于只提这些人的个人特征。这项研究表明，我们在对他人行为进行归因时，常常过分强调人格特质而过度低估环境。

这种归因偏差的一种后果是，人们倾向于责怪不幸事件的受害者。比如，若某人被车撞了，人们会说他太不小心；某人生病可能是平时不注意锻炼身体，如此等等。有趣的是，这种强调内在因素影响而忽视环境因素作用的归因倾向，只适用于对他人失败行为或中性行为的解释，而在解释他人的成功时，多数观察者转而强调外在因素的影响。如某人得到升迁，别人可能会说他运气好或领导偏袒他。

2. 行为者—观察者偏差。上述过高估计内在因素的倾向，往往并不适用于自我归因。琼斯等人指出，尽管我们很可能把别人的行为归因于他们的个人特性，但我们却容易相信自己的行为是由环境造成的。也就是说，行为者对自己的行为，倾向于作外在归因；而观察者对他人的行为，倾向于作内在归因。这就是行为者—观察者偏差。比如，一个学生考试成绩不理想，父母批评他学习不认真、不刻苦（内归因），而这个学生却会强调说，老师的讲授枯燥无味，课程太多，负担太重等等（外归因）。

对这种偏差的一种解释是：二者的着眼点不同，观察者通常把注意力放在行为者身上，而行为者则可能更注意外在因素对自己行为的影响。图形比背景能引起人们更大的注意是格式塔心理学的一个重要原则，对于观察者来说，行为者的行为吞没了整个的背景，成为了图像，因此它就吸引着我们将行为的原因归之于它。而对于行为者来说，情境则成了图像，情境吸引着我们将行为的原因归之于它。第二种解释是：行为者和观察者得到了不同的信息，从而自然会得出不同的结论。行为者对于自己过去和现在行为的体验，要比观察者多，而观察者则很少掌握行为者历史方面的信息，只注意他此时此地的行为表现。

3. 归因中的时间作用。解释并不总是在事件发生的时候就能够作出的，有时在回顾过去的事情时，我们才推断出它的起因。还有的时候，在回忆的过程中，我们可能会用现在的观点重新解释一件事。社会心理学家米勒和波特，通过他们的研究，提出了这样一种观点：随着时间的推移，归因会变得更加情境化，即对人为归因的减少和环境归因的增多。

（二）动机性偏差—自利偏差

所谓的动机性偏差，是指由于某种特殊动机或需要而在解释行为原因时出现的偏差。归因过程中最常见的动机性偏差可能是自利偏差（Self - serving bias），这种偏差的主要表现是：把自己的成功归结为内在原因，如自己的能力、品质、人格、努力等等；把自己的失败则归之于外在因素，如坏运气、恶劣的环境、无法克服的障碍等等。

一般认为，动机性偏差是因人们维护自己自尊心的需要而产生的。也就是说，人们把成功归于自己的能力，把失败归于外在的环境是为了使自己的自尊心免受伤害，使面子不致丢尽。若把成功归于外在的环境因素而把失败归于自己的无能，则会丢尽面子。

第四节　非言语沟通

非言语沟通（Nonverbal Communication）是社会认知的一条重要途径。人们在对他人形成印象或对他人行为进行归因时，都或多或少地依赖于对其非言语行为的判断。在对他人的情绪和态度的认知方面，非言语行为有着无可比拟的重要性。社会心理学的研究表明："几乎一切非言语的声音和动作，都可以用作沟通的手段。"因此，在了解印象的形成及行为归因之后，我们专门来讨论非言语沟通问题。

一、非言语沟通的含义

（一）什么是非言语沟通

非言语沟通一词，在不同的概念层次上具有不同的含义。在最高层次上它是指一门学科，而作为一个术语它是指运用除言语之外的其他渠道传递信息的沟通方式。必须指出的是，非言语（Nonverbal）并不是非声音（Novocal），非言语沟通中包含了有声的现象如辅助语言和类语言。

尽管人们对非言语行为进行研究的历史并不长，但迄今为止它的内容已经十分丰富和庞杂了。非言语沟通的研究，究竟包括哪些领域至今尚无定论，但学者们一般认为，至少应该包括以下几个方面：身体运动和姿势，面部表情与视觉行为，人际空间与领域行为，接触行为，服饰、环境、嗅觉、味觉及时间等。

（二）非言语沟通的意义

在我们人类境遇中所产生的许多、有时是大部分的意义，是在借助或不借助言语的情况下，通过触摸、目光、发音的细微差别或面部表情来表达的。人们从认识到分手，同时使用各种器官：不但注意斟酌词句，也注意话语的停顿和语调、服饰和仪表、目光的流盼和面部表情。信号的和谐与否能准确地说明一时的情绪和持久的特征。出于对身体姿势的、声音的和言语的线索的评价，人们能够作出决定：争论还是同意，大笑还是羞赧，从容还是抵制，继续还是中断谈话。

非言语行为在人际沟通中具有重要的作用，研究者们也不断发现这种重要作用的实验证据。伯德慧斯戴尔（R. Birdwhistrll）就人际交往过程中非言语沟通发生的数量进行过推测，他认为，在人际互动中，有65%以上的信息是由非言语的形式传递的。梅瑞宾（A. Mehrabian）甚至提出了这样一个公式：交谈双方的相互理解＝语调（38%）＋表情（55%）＋语言（7%）。尽管这其中或许有夸大的成分，但作为一种参考，我们也不难看出，非言语行为在人际交往及社会认知中扮演着重要的角色。

判断非言语沟通重要性的另一种方式，是考察一下人类在沟通过程中使用的所有方式。霍尔（E. T. Hall）1959年在其著名的《无声的语言》一书中，提出了人类沟通信息的十种完全独立的方式，他称之为“基本的信息传递方式”，他认为其中只有一种是言语的，而其他皆为非言语的；鲁奇（J. Ruesch）和基思（W. Kees）认为至少有七种彼此完全独立的沟通方式，其中只有两种是言语的；伯格（W. M. Berg）等人在1985年指出，人类沟通至少可以通过六种渠道，它们是言语、辅助语言、视觉行为、间距、身势和气味，可以看出，其中只有一种渠道是语言的。

研究者普遍认为，在人类的交往中，言语用来传递信息，非言语行为用来表达人与人之间的态度，有时也用来作为传递信息的替代物。国外有关非言语行为的综合研究表明，它们有三个方面的主要作用：支持、修饰或否定言语行为；代替言语行为；表达言语行为所难以表达的感情和态度。

以上分析表明，非言语沟通在人类交往中是不可缺少的。

（三）非言语行为的分类

为了更好地理解形态众多，含义复杂的非言语行为，很多人尝试对其分类。从大的方面说，我们可以把它分成有声和无声两类。

非言语行为
- 有声的非言语行为（尖叫、呻吟、痛嚣、语调等）
- 无声的非言语行为（表情、手势、人际空间等）

泰勒（Taylor）等人在其《交际》（1980）一书中，根据沟通过程中信息的传播途径的不同，将非言语沟通作了如下的划分：

1. 通过听觉接受刺激的非言语沟通（音色、类语言、环境响声等）。

2. 同构视觉接受信息的非言语沟通（动作、外貌、物体的运用、距离等）。

3. 同构其他途径接受信息的非言语沟通（时间、气味、环境等）。

贝克（K. Back）在《语言的沟通》一书中，主张将非言语行为分成三类：即无声的动姿（如点头、手势等），无声的静姿

（包括静止的体态和人际距离），有声的辅助语言和类语言（包括音调、音量、呻吟、叹息等）等。这种分类方法简单明了，已为许多社会心理学家所接受。

二、对几种主要非言语行为的分析

（一）面部表情

人的面部是人体语言的“稠密区”。根据伯德慧斯戴尔估计，人脸可以做出25万种不同的表情。这一估计似乎过于惊人，但一般心理学家都认为，人的面部表情变化会在2万种以上。狄德罗在其《绘画论》一书中写道：“一个人……他心灵的每一个活动，都表现在他的脸上，刻画得很清晰，很明显。”在实际的生活中，我们会见到许多陌生的面孔，都反映出了人们的心理状态，而且随着年龄的增长，反映得越来越清楚。

面部表情的研究具有悠久的历史，最早可以追溯到达尔文（C. Darwin）的经典著作《人和动物的情绪表现》（1872）。达尔文认为，表情是动物和人类进化过程中适应性动作的遗迹，人的表情和动作具有先天性和世界性这两大特点。这一观点得到了后来的一些研究者的支持。美国心理学家艾克曼（P. Ekman）等人研究了不同民族、不同文化下的人们对不同的面部表情的辨认，发现人们的判断具有相当的一致性。有人说，面部表情是一种“世界语”，确实有一定的道理。

眼部肌肉、口部肌肉和颜面肌肉是面部最富有表情的部位。人的眼睛可以表达各种不同的情绪，这点我们在后面还会提到。口部肌肉的变化也是表现情绪的主要线索，如憎恨时“咬牙切齿”，紧张时“张口结舌”，发怒时“龇牙咧嘴”等。颜面肌肉的表情作用也很明显，如高兴时“喜笑颜开”、忧伤时“愁眉苦脸”等等。艾克曼发现，这些不同部位在表达不同情绪时各有千秋，例如，眼睛对表示忧伤最重要，口部对表达快乐与厌恶最重要，而前额提供惊奇的信号。我国的心理学家林传鼎的研究也有类似的发现。当然，要表达比较强烈的情绪往往需要这些部位的协调努力。

面部表情的识别通常是向被试呈现各种表情的人头照片，让他们判断是何种情绪。吉特（Gitter）等人研究了识别不同情绪的表情照片的难易程度，结果发现：最容易辨认的是快乐、痛苦；其次是恐惧、悲哀；最难辨认的是怀疑、怜悯。

（二）目光

人们常说："眼睛是心灵的窗户"，人的各种感情都会从眼睛的微妙变化中反映出来。在汉语中，表达"看"这一意思的词汇异常丰富，如看、望、扫、盼、顾、睃、眺、瞟、瞪、盯、瞄、窥，诸如此类，不一而足。

目光语确是千姿百态的。一般来说，炯炯有神的目光，是对事业热烈追求的表现；麻木呆滞的目光，是对生活失去信心，心灰意冷的表现；明澈坦荡的眼神是为人正直、胸怀博大的反映……坦诚者目光如一泓清泉，清澈见底；英武者目光似电掣雷奔，波澜惊绝……目光，犹如一面聚焦镜，凝聚着一个人的神韵气质。

概括地说，目光的功能表现在如下几方面：

1. 调整谈话。如开始讲话前用目光扫视听众，讲完后抬起目光，以使听众了解什么时候可以插话，什么时候应该静坐听讲。

2. 控制反馈。谈话者可以通过听话者的目光了解他对谈话是否有兴趣，了解他是赞成还是反对自己的观点，及时收集反馈信息。

3. 表达情绪。如高兴时"眉开眼笑"，气愤时"怒目而视"，惊讶时“目瞪口呆”，悲伤时“两眼无光”，再加上眉毛的配合，目光的表情就更丰富了，如“柳眉倒竖”（发怒）、“横眉冷对”（敌意）、“愁眉苦脸”、“眉飞色舞”、“扬眉吐气”等等。

4. 确定关系。注视能传达人际关系的状况，它不仅可以说明人与人之间关系的亲疏程度，也能表达人际间支配与被支配的地位关系。如长时间的相互注视往往能传达积极情感，而目光支配行为则是高地位的人的一个很突出的特点。

目光之所以有种种功能，瞳孔的作用不可低估。心理学家认为，瞳孔的收缩与放大既与光线的强弱有关，也与情绪状态有关。在过去的十几年里，研究者们做了大量实验，如向被试呈现某些带刺激性的画面，同时利用精密仪器测量瞳孔的变化情况，研究表明，瞳孔变化确实反映了人们的情绪变化。一般认为，在同样的光线条件下，瞳孔放大往往表示注意、兴趣、兴奋等情绪；而瞳孔缩小则表示厌恶、不耐烦等情绪状态。

研究还发现，瞳孔的变化是无法自觉地、有意识地加以控制的，它能真正地反映出人们的内心状态。这样，瞳孔的变化就成了我们识别他人情绪的重要线索。

（三）身体姿势和动作

身体姿势和动作也叫身势语，是非言语沟通的主要领域之一。动作指动态的身势，姿势则指静态的身势。我们高兴时手舞足蹈，悲痛时捶胸顿足，着急时抓耳挠腮，反抗时拳打脚踢，神气时指手划脚，得意时摇头晃脑，激动时欢呼雀跃，紧张时手足无措，拘束时正襟危坐，这些都有力地说明了动作和姿势对于表情达意的重要性。为了分析的方便，我们将人类无以数计的动作和姿势分为如下几类：

1. 手势。早在两千多年前，西塞罗（Marcus T. Cicero）就曾指出：“一切心理活动都伴有指手划脚等动作。手势恰如人体的一种语言，这种语言甚至连最野蛮的人都能理解。”布留尔（Lévy－Brühl）在其著名的《原始思维》一书中，记载了这样的事实：“不同部落的印第安人彼此不懂交谈双方的有声语言的任何一个词，却能够借助手指、头和脚的动作彼此交谈、闲扯和讲各种故事达半个小时之久。”①

心理学家对人类手势的研究表明，在某种程度上，决定手势方式的是文化因素，而不是生理遗传因素。有关的研究发现，在1小时的谈话中，芬兰人做手势10次，意大利人80次，法国人120次，墨西哥人180次。而且不同文化背景下的人，在表达同一概念时，手势会有很大的差别。

常见的手势有上举、下压、平移等几类，各类又分单手、双手，每种又可作拳式、掌式，如双掌摊开向上表示“无可奈何”，空中劈掌表示“坚决果断”，V手势表示“成功”等等。手势在沟通中的作用，主要表现为：强调，说明，表达感情，指示方向等方面。

2. 姿势。姿势是反映人们态度的一种重要方式。当与会者为一问题争得面红耳赤的时候，在场的任何一个人都能通过自己的姿势表示自己是哪一方的。如，赞同者大都翘起二郎腿，一副自信的样子；反对者双手抱胸，叉腿而立，大有不甘退让之意；中立者则兼而有之，既翘腿而坐，又双手抱胸，一副“坐山观虎斗”的架式。

有研究指出，人的身体大约可以作出一千种平稳的姿势，如坐姿、站姿、走姿等。我国古语有“坐如钟，站如松，睡如弓，行如风”之说，从一个侧面说明了人们对姿势的重视。

3. 触摸。主要有握手、亲吻、拥抱以及拍肩膀等等。触摸

① 布留尔著，丁由译：《原始思维》，商务印书馆1981年版，第153页。

行为体现着十分明显的文化相对性，不同国家、不同民族往往有不同的习惯。比如，在西方社会，熟人相见亲吻、拥抱司空见惯，在东方则不然。除了文化影响外，触摸行为似乎表现出极大的个性差异，以人们的握手方式为例，不同的握手方式通常能反映出人们的个性，如使劲握手的人一般来说主动性强且充满自信。有的学者还颇精细地将握手分成多种类型，如摧筋裂骨型、沉稳专注型、漫不经心型、长握不舍型等等。

触摸行为往往能够反映出人际关系的亲疏程度及社会地位的高低状况。

（四）人际空间

爱德华·霍尔（E. Hall）有一句名言："空间也会说话。"霍尔的研究是从动物生活开始的。动物都有自己的"个体空间"——领域，进入领地者会遭到抵制，严重时会引起撕杀。霍尔发现人也一样，每个人都有自己独有的空间需求。我们在同他人交往时相距的空间距离尽管是在无意中确定的，却反映了一个人同他人已有的、或者希望形成的关系。霍尔将人们互动时的空间由近及远分为四个层次：亲昵区、个人区、社交区、公众区。

一般来说，当我们和他人交往时，距离的大小取决于具体的情境及双方的关系，当然，文化及习惯的影响也不容忽视。归纳起来主要有以下四个方面：(1) 亲密的了解程度，这是最主要的决定因素。一般情况下，夫妇、恋人处于亲昵区，朋友处于个人区，熟人交往在社交区，而一般公开的交往在公众区。(2) 文化背景不同国家和地区的人对个人空间的需求不一样。如美国人的个人空间大，阿拉伯人则相对较小，因此当两者互动时常出现一方"节节败退"，另一方"步步进逼"的有趣现象。(3) 社会地位差别。通常，社会地位相差悬殊者交往时距离大，反之则小。(4) 性别差异。在同性交往上，通常男性的"个人圈"较大，而女性则戒心不强，亲密无间。有人做过这样的实验：让相同数量的男性或女性同处于一间小房子里呆上一段时间，结果发现，时间稍长后男性会感到焦虑不安，冲动性和侵犯性增强；而同等数量的女性呆在一起能融洽相处。

（五）服饰

达尔文航行到非洲时，曾经把一块红布送给一个土著居民，那人不是把布作为衣着，而是与他的同伴把布撕成细条缠在冻僵的肢体上作为装饰。对服装起源的研究表明，人们最初穿衣服并非为了御寒，而是为了炫耀和装饰。一位心理学家说："服饰是通信语言。"确实，服饰以色彩、款式和质地，构成了一种造型语言和表达某种文化意义的符号，人们往往以不同服饰表达自己在特定环境里的特定身份和感情。

著名影星索菲亚·罗兰说："你的衣服往往表明你是哪一类人物。它们代表你的个性。一个和你会面的人往往自觉不自觉地根据你的衣着判断你的为人。"社会心理学家阿盖尔的实验为这段话作了注解：他本人先后以不同打扮出现在同一地点，当他身穿西服以绅士模样出现时，无论是向他问路或问时间的人，大多彬彬有礼，而且看来基本上是绅士阶层的人；当他打扮成无业游民时，接近他的多半是流浪汉，或是来对火抽烟，或是借钱、借烟，难怪有人说"只认衣冠不认人"了。我们常从一个人的衣着推测其职业、社会地位、性格等。

（六）辅助语言和类语言

有一次，意大利著名悲剧影星罗西应邀参加一个欢迎外宾的宴会，席间，许多客人要求他表演一段悲剧，于是他用意大利语念了一段"台词"，尽管客人们听不懂他的"台词"，然而，他的声调是那样凄凉悲怆，不由使人流下同情的泪水。可一位意大利人却忍俊不禁，跑到厅外大笑不止。原来，罗西所念的根本不是什么台词，而是宴席上的菜单。

这件轶事说明人在人际关系中，说话声调本身的沟通作用。一个人的态度是友好还是敌意，是冷静还是激动，是诚恳还是虚假……都可以从他的声调、节奏、停顿等中表现出来。

俗话说，听话要听音。我们在判断一个人说话的情绪和意图时，固然要听他“说些什么”，但更应该注意他“怎样说”，即从他的声调高低、音量大小、抑扬顿挫及转折、停顿中领会其“言外之意”，而这些就叫做辅助语言。同时，还有所谓的“类语言”，类语言是指那些无固定意义的发声，如呻吟、叹息、叫喊、哭泣、咳嗽等。

辅助语言能加强或改变词语本身的含义，如“你真聪明”这句话，既可以表示赞扬，也可以表示讥讽，全赖语调和语气的不同。

在日常生活中，我们往往可以单凭声调可靠地判断说话者的性别、年龄、甚至情绪和性格特征等。有关专家曾做过如下实验：他们邀请九位不同年龄、职业和个性的人在广播电台作一次播音，事先告诉听众，电台将作一次“以声辨人”的实验，要求听众仔细倾听九个人的说话，然后根据他们的说话腔调判断其年龄和职业。研究者统计了2700份完全填满的调查表，结果令人吃惊：判断的准确性高达80%。

第五节　情绪与社会认知

人非草木，孰能无情。人生活在社会中，必然会遇到得失、荣辱、美丑等各种情境，有时高兴和喜悦，有时气愤和恼怒，有时悲伤和忧虑，有时爱慕和钦佩。喜、怒、哀、乐、爱、恶、惧乃情绪和情感的不同表现形式。

情绪是我们日常生活中的一个中心部分，因此几个世纪以来，人们对情绪的性质及产生过程提出了许多不同的观点，如詹姆士－兰格（James－Lange）的情绪学说，坎农－巴德（Cannnon-Bard）的情绪理论，还有沙赫特－辛格（Schachter－Singer）对情绪性质的解释。这些理论各有特色，都得到了一些实证研究的支持，其中沙赫特－辛格的理论由于注意到认知对情绪的重要影响而独树一帜，引起了越来越多人的关注，也因此引发了人们对情绪与认知二者关系的探索。很显然，认知因素对我们的主观情绪体验产生了强烈的影响。那么反过来，情绪对认知活动有没有影响呢？若有，其中有些什么规律性的东西呢？

一、情绪对认知的影响

处于一种积极或消极的情绪状态会影响我们的认知过程吗？日常观察显示，确实如此。正如一首外国歌曲所唱的，当我们高兴时，我们通过玫瑰色的眼镜去看这个世界——所有的事情都染上一层积极的色调。瞧，一切是多么美好：鸟儿喳喳叫，小河哗哗笑，蝴蝶在舞蹈，蜜蜂真勤劳。而我们情绪低落时，情况就大不相同了——一切都那么不顺心：吃饭咬了舌头，走路碰了墙壁，说话没好语气，做事效率极低。看来，情绪对我们的认知活动确实有不可低估的影响。

（一）情绪影响感受性

经验告诉我们：良好的情绪可以提高人们的感受性，消极的情绪则会降低感受性。换句话说，当我们处于积极的情绪状态时，我们的感受阈限会降低，对外界刺激更加敏感；而当我们处于消极的情绪状态时，我们对事物往往视而不见，听而不闻，食而不知其味，感觉阈限会明显提高。

心理学家曾用实验证明了情绪对感觉阈限的影响。麦克金尼斯（E. McGinnies）曾经用速示器，向大学生呈现一些禁忌单词和一些没有色彩的单词，并假定前一类单词引起被试的焦虑或不安。在实验中逐渐增加每个单词的呈现时间，直到被试能正常读出为止。麦克金尼斯用这种方法测量了单词和辨认阈限，记录了被试的皮肤电反应（GSR）。结果发现，禁忌单词的辨认阈限高于中性词，或者说辨认禁忌单词的时间要长些。而且在辨认之前，即使被试在某些实验中没有辨认出单词，他们对两次的皮肤电反应仍然不同。这说明，情绪影响了单词的辨认阈限。

1954年，科文（E. L. Cowen）和贝尔（E. G. Beier）进行了一个类似于上述实验的研究：给被试读出一个单词，并告诉他们其中的某些词将出现在随后的单词再认阈限的测验中。单词中一半为禁忌词，一半为中性词，词的使用频率得到了控制。实验中鼓励被试尽可能好地完成单词再认测验，特别是不要拒绝任何猜测。实验结果是：禁忌词的再认阈限仍高于中性词，而且词的使用频率似乎对两组词的阈限差异也没有影响，在这种情况下，由焦虑引起的知觉防卫可能具有重要的作用。

从上述研究中可以看出：情绪会影响我们对事物的感受性。

（二）情绪对知觉的影响

人们发现，情绪状态会影响我们对一些模棱两可的刺激的知觉。一般说来，当个体正体验着积极的情绪时，他就会用赞同的眼光去知觉和评价这些刺激。巴伦（Baron）在1993年做了这样一个实验：要被试去会见一些条件含糊的求职者。结果发现：当他们处于积极的情绪状态（如刚受到表扬或获得一个小小的奖励）时，他们会给求职者打上一个较高的分数；而当他们处于消极情绪状态（如受了批评，建议没有被采纳）时，他们就会给求职者一个相对较低的分数。有趣的是，这种情况在求职者的条件确实很含糊（即他们既不是这种工作的最佳人选，也不是明显地不适合这个工作）时最明显，而当求职者的条件非常好或相当差时，积极或消极的情绪对被试作出录用谁或不录用谁的决定影响不大。

（三）情绪对记忆的影响

情绪影响认知的第三个表现是：积极的或消极的情绪对记忆会产生强烈的影响。一般来说，当要记忆的信息与我们当前的情绪状态相一致时，比如在愉快时记诵一篇优美的散文（如朱自清的《春》），或在忧伤时读一篇催人泪下的文章（如韩愈的《祭十二郎文》）——则它们更容易被记住。而且，不论是在信息编码还是在信息提取时，情绪的这种影响似乎都存在。情绪的好坏还会影响信息在记忆系统中的组织方式。无论在哪种类型的记忆中（短时记忆或长时记忆、形象记忆或语词逻辑记忆、情景记忆或语义记忆），当个体处于良好的情绪状态时似乎有着更广的记忆信息范围。

（四）情绪对思维的影响

情绪对思维的影响也是显而易见的。当我们处于良好的情绪状态时，我们的思维活跃而敏捷，条理清晰，推理严密；而当我们情绪不佳时，脑子似乎也有些不听使唤，使我们看上去显得有些迟钝，严重时还会出现语无伦次、颠三倒四的逻辑混乱状态。

有迹象表明，处于良好情绪状态中的个体更有创造性。艾辛（Isen）等人曾研究了不同情绪状态的人在完成创造性问题解决任务（如寻找新奇的解决办法、列举熟悉物体的新用途等）时的不同表现，结果发现，处丁积极情绪状态的人比处丁中性情绪状态者有更出色的表现。

由此看来，个体的情绪确实在许多方面影响着我们的社会认知。这样也就出现了新的问题：积极的和消极的情绪是如何产生这种影响的？对这一重要问题的研究最近才刚刚开始。弗格斯

(Forgas) 作了一些探索性的工作。

他于1991年作了这样一个实验：首先通过看电影使被试进入一种好的或坏的情绪状态——一部分人看一部成功的喜剧，另一部分人看一部讲述一位母亲死于癌症的电影，控制组的人则看一部不会影响情绪的电影——然后，要求被试从8位可能的候选人中为自己或别人选出最合适的合作伙伴。为了选取最好的伙伴，被试查看了包含这些候选人的有关资料的索引卡。卡片中的一些信息与候选人的能力有关（如智力、以往的表现等），另一些信息则与他们的性格及可爱性有关。被试可以按自己希望的顺序审查这些索引卡，并要求他们评定每张卡片中的信息对他作出决定的作用。

结果表明，不同情绪状态对被试产生了强烈的影响。比如，那些处于不良情绪状态的被试，大都倾向于注重伙伴与人相处的品质，而那些处于良好状态的被试则更多地关注可能称为伙伴的人的能力。而且，这两种倾向在个体为自己选取伙伴时比为他人选取伙伴时表现得更强烈。研究还发现，那些处于消极情绪状态的被试，更有可能采取一种综合的、“整体印象”的策略去选取伙伴，他们更多地考虑对方的综合条件而不是将他们的特性一个一个地加以比较。

以上研究发现以及其他人的调查结果均显示：我们当前的情绪状态经常影响我们处理社会信息的方式。很明显，情绪在我们的社会认知及人际关系的许多方面都起着非常关键的作用。

二、认知对情绪的影响

关于情绪与认知的关系，尽管许多研究都集中于情绪是如何影响认知的。然而，也有令人信服的证据说明认知对情绪的影响。

（一）认知是决定情绪性质的关键因素

这一点在沙赫特－辛格的理论中，有着比较充分的阐释。沙－辛理论的主要观点是，情绪的产生是由环境刺激、生理状态、认知过程三个条件所制约的，其中认知过程是决定情绪性质的关键因素。

沙赫特和辛格曾以实验证明了上述观点。实验是这样设计和进行的：他们给三组被试都注射了肾上腺素，并告诉被试说注射的是一种维生素，目的是研究这种维生素对视觉可能产生的作用。肾上腺素是已经被证明对情绪状态具有广泛影响的激素。这就使三组被试都处于一种典型的生理激活状态。然后，主试在向三组被试说明注射后可能引起的反应时，作了不同的解释：告诉第一组被试，注射后将会出现心悸、手颤抖、脸发烧等现象（这是注射肾上腺素的比较典型的反应）；告诉第二组被试，注射药物后，身上发抖、手脚有点发麻，别无其他反应；对第三组被试不作任何说明。然后把三组被试各分一半，让其分别进入预先设计好的两种实验环境里休息：一种是惹人发笑的愉快情境（有人作滑稽表演），另一种是惹人发怒的情境（强迫被试回答繁琐问题，并强词夺理横加指责）。根据主试的观察和被试自我报告的结果，第二组和第三组被试，在愉快情境中都表现出愉快情绪，到愤怒环境中都表现出愤怒情绪。看来，认知才是决定情绪体验的关键因素。

沙－辛的理论说明：我们通常并不直接知道自己的情绪和态度。更确切地说，由于这些内部反应是含糊不清的，我们就向外部——我们自己的行为或外部世界的其他方面——去寻找确定情绪性质的线索。在这种情况下，我们体验到的情绪主要是由解释决定的。当然，这种效果通常只发生在适度的唤醒水平和温和的内部反应之时，当高度唤醒或紧张反应之时，无论环境背景如何都可能会被知觉为不愉快。

（二）图式或认知网络对情绪的影响

认知影响情绪的第二种方式，是通过激活含有感情表达成分的图式或认知网络，影响人当前的情绪状态。比如，我们把某个人归入某一群体，而我们事先已有关于该群体的图式，这样，我们对该人的情绪和态度就会受到该图式的影响。假如我们心目中对美国人已经有一种良好的印象（如认为他们热情、友好、开朗等等），当我们遇到一位美国人时，我们就会对他有一种积极的情绪。同样，种族、宗教图式的激活，也会影响我们当前的情绪状态。

（三）评价和归因对情绪的影响

阿诺德（M. B. Arnold）在本世纪 50 年代提出了情绪的评定－兴奋学说。这种理论认为，刺激情境并不直接决定情绪的性质，从刺激出现到情绪产生，要经过对刺激的估量和评价，情绪产生的基本过程是刺激情境－评估－情绪。同一刺激情境，由于对它的评估不同，往往会产生不同的情绪反应。评估的结果可能认为对个体“有利”、“有害”或“无关”。如果是“有利的”，就会引起肯定的情绪体验，并企图接近刺激物；如果是“有害的”，就会引起否定的情绪体验，并企图躲避刺激物；而对于“无关的”刺激物，人们可能予以忽视。例如，在森林荒野中看见一只熊会引起恐惧，而在动物园看见一只在笼子里的熊就不会产生恐惧。这是由于刺激的评估和认知的不同所造成的。

对事件的归因也会影响我们的情绪。假如你站在剧院外的队伍中，一个女人撞上了你，你会表现出愤怒吗？这主要取决于你对她的行为的解释。如果你认为她是企图挤到你的前面去，你就生气，甚至把她推回去；相反，如果你认为她是在人行道上因失足而碰撞了你，你可能就不会有愤怒的情绪体验了。大量的证据表明，我们对他人的挑衅行为的解释，在我们对他人的情绪反应中起着重要的作用。

（四）言语对情绪的影响

斯贝斯（J. Spence）等人于1964年设计了这样一个实验：让被试看一部描写澳大利亚一个土著部落的儿童进入成人行列的仪式的电影。把被试分成四组，让他们在四种不同的条件下观看影片。第一组被试看见骇人听闻的、悲惨的场面，并听见与其相应的声音；第二组被试只看见悲惨的情景，没有悲惨的声音刺激，相反强调儿童在变成成人以后是如何如何的幸福；第三组被试看到的是以超然的态度描述的仪式；第四组被试看无声电影。当被试看完电影后，实验者记录了皮肤电的反应强度，以比较他们的情绪激活水平的差异。

斯贝斯等人实验的结果是：第一组被试由于听到了关于悲惨、痛苦的语言描述，皮肤电反应最强烈；第四组被试皮肤电反应最弱；第二、第三组被试则与第四组的反应相差不大。斯贝斯认为，语言的刺激，影响到被试对事件的判断和理解，因而影响到他们对事件的情绪反应。

（五）期望对情绪的影响

越来越多的证据显示：若人们就如何对新事物和新刺激作出反应已有所期望，当他们真正遇到这些事物和刺激物时，期望就会影响他们对该事物和刺激的知觉和情绪。在日常生活中，这种例子是很多的。比如，如果人们预期自己不喜欢某种食物，他们就可能真的不喜欢它，甚全在将这些食物送入口中之前，他们的脸上都会经常露出不悦的神色。相反，当人们预期会欣赏一部电影或一部小说时，他们很可能就会喜欢它。而如果没有这种期望，他们可能会表现出较低的喜欢程度。有时候，就影响个体对刺激或事件的反应而言，期望的作用比刺激或事件本身的作用还大。

威尔森（Wilson）等人曾做过这样一个实验：给被试看两组卡通片。第一组卡通片非常有趣（从以前的评价中得知），而第二组卡通片则不那么有趣。在看第二组卡通片之前，一部分被试被告知：他们非常幸运，将看一组非常有趣的卡通片，而另一些被试则不给这种期望。后来，当被试评价第二组卡通片时，给予了积极期望的被试评价出的有趣程度，大大高于没有这种期望的被试的评价。可见，他们的反应确实受到了期望的强烈影响。

练习与思考

1. 试述社会认知的基本心理过程。

2. 社会认知受到哪些因素的影响？

3. 选择你熟悉的一个人，分析和评价你对他的印象以及你是如何形成这种印象的。

4. 什么是归因？怎样理解归因的基本原则和归因中出现的偏差？

5. 试运用观察法对某个情境中人们的非言语行为进行分析。

6. 认知和情绪是如何相互影响的？

第三章　社会态度

本章提要

○对态度的几种不同理解
○态度的结构和功能
○态度与行为的相互关系
○态度改变的模型
○影响说服效果的因素
○认知不协调及其理论

“态度”（Attitude）是社会心理学中最为经典的一个研究领域，在当代社会心理学的发展中占有十分重要的地位，并且一直是社会心理学研究和理论中的核心内容。在社会心理学发展的初期，托马斯（W. I. Thomas）等人甚至认为社会心理学实际上就是“研究态度的科学”。在这一章中，我们就围绕态度及其形成、态度的结构和功能、态度与行为的关系，以及态度的改变等，来展开分析和讨论。

第一节 态度及其形成

他乡遇故知为什么使人感到特别亲近呢？怎样才能使一个迷信的人相信科学呢？假如一个人抽烟而又真的意识到抽烟是不好的，那么怎么样才能够使他把烟戒掉呢？……这些问题均涉及到社会心理学中的一个关键而重要的概念和领域——态度。

一、态度的内涵

态度是人类社会生活中最为常见的心理现象，将这一概念首先引入心理学领域的是哲学心理学家斯宾塞（Spencer，1862）和贝因（A. Bain）。在他们的使用中，态度是一种把个体的判断和思考导致一定方向的先有观念或先有倾向。这种看法后来被朗格（L. Lange）的实验所证实。1888 年，朗格在有关反应时间的实验中发现，被试如果集中注意于即将作出的反应，其反应时间比他集中注意于即将来临的刺激要短。显然，有没有精神准备影响了人对于刺激的反应。这种预先的倾向或准备的状态就是所谓的态度。在朗格之后，又有许多心理学实验发现了态度对人的心理活动和行为反应的制约作用。

20 世纪初，当麦独孤（W. McDougall）用以揭示人的社会行为的本能说，在社会心理学界逐渐被淡忘的时候，态度问题也便开始引起了社会心理学研究者的兴趣。托马斯等人首次使态度成为社会心理学中的重要课题。1919 年，托马斯等人在研究波兰移民问题的时候，为了说明社会环境的变化对个人行为的影响，以及社会与个体之间的关系，具体研究了态度及其内涵。态度概念的提出，得到了许多心理学家的欢迎。并且自此以后，态度这个概念还得到了瑟斯顿（L. L. Thurstone）等人的实际应用。与此同时，社会心理学家们开始了对态度的各种各样的说明和解释。由于态度所表现出来的复杂性和多样性，许多社会心理学家都是根据自己的理解给它下定义的。因此，至今仍没有一个为所有社会心理学家都接受的定义。社会心理学家对于态度较为经典的解释，主要有如下三种解释，可以作为我们理解其概念和内涵的参考。

第一种经典而有影响的定义，是G·阿尔波特（G. W. Allport）1935年在《社会心理学手册》中专章论述态度时提出来的，他认为“态度是一种心理的或神经的准备状态，它是由经验构建的，对于个人对有关事物的反应具有指导性或动力性的影响”。这个定义具有以下特点：首先，他把态度规定为一种潜伏在内部的准备态度；其次，他把态度过程与神经活动过程统一起来了，即将态度这种准备状态定义为既是心理的，又是神经的；再次，态度是由经验构建的、体制化了的准备状态，态度之所以能够指示或推动所有的心理反应，就在于它自身的这种经验性和组织性。

第二种定义是克雷奇（Krech）和克拉兹菲尔德（Crutchfield）1948年在《社会心理学的理论和问题》一书中提出的。他们认为，态度是“一种和个人所处的环境有关的动机、情绪、知觉和认识过程所组成的持久结构”。这一定义既强调态度构成中心理活动的意动过程（动机、情绪）的一面，又强调了认知过程（知觉、认识）的一面。但它撇开了态度形成的经验起源问题，着重的是个人当前对环境的主观反应。这一定义强调人作为有思想的、主动的生物不是被动地对环境作出反应的，着重点在于人的主观内部因素，不涉及人的行为反应问题。

第三种定义是弗里得曼（M. Friedman）在《社会心理学》教材中，以一种概括的方式提出来的。这一定义说明，对于任何一个特定物体、观念或人的态度，是一种带有认知成分、情感成分和行为倾向的持久系统。认知成分是由个人对于有关对象的信念构成的，情感成分是由和这些信念有联系的情绪感受构成的；行为倾向是指行为反应的准备状态。例如，我们看过一场好的电影或高水平的音乐演出，演员的精彩表演会使我们形成对演员的一种态度，其中既包括我们的审美知识和评价，又包括我们对演员给予我们的艺术享受而产生的感激、爱慕和崇敬之情，而且这种认知和情感的因素必然又会激起我们再一次想看他们其他演出的行为倾向。如果是特别精彩的演出，甚至会引起我们反复欣赏其演出的行为倾向，或引起我们对他们的其他活动也感兴趣的行为倾向。

综合上述几种定义的共同之处，我们可将态度定义为：态度是指个体对一定社会刺激所持有的，具有一定结构、相对稳定和内化了的心理反应倾向。

1. 态度是一种心理反应倾向，一种特殊的心理过程。我们每个人对不同的人，都会有不同的态度，比如对父母有对父母的态度，对孩子有对孩子的态度，对朋友有对朋友的态度等等，都是作为对一定社会刺激和心理反应而出现的。态度作为一种心理过程，具有明显的反应倾向性。例如对父母是尊重，对孩子是关心和爱护，对朋友是推心置腹等等。

2. 态度的构成具有一定的结构。态度作为一种心理反应倾向，不仅由多种成分组成，而且呈现出一定的结构。正因为如此，态度才具有其独特的心理功能，对人的内隐心理和外显行为起着动力作用。

3. 态度是相对稳定的心理反应倾向。心理反应倾向具有各种形态，比如，谈话过程中对身边事物的瞬间注意，走路时对于迎面而来的熟人点头，挤车时对簇拥的人群无意中的情绪表示等，虽然它们也都带有反应的倾向性，但都不构成态度。因为态度是一种持续的心理状态，带有一贯性和稳定性，能够持续一定的时间而不发生改变。

4. 态度是内化了的心理过程，是在其他心理过程基础上对认识、感情、动机等各种过程的配置，其间有着制约的关系，经由经验组合而成。因此，态度作为心理反应倾向，包含有不同的内容，有以认知和情感为主要内容的动机倾向。帕森斯（T. Parsons）曾把行为取向概括为价值取向和动机取向，说明了态度的综合性；阿尔波特提出的态度的“指示性、动力性等影响作用”，也包含了价值和动机的两层意思。

5. 态度是对一定社会刺激的心理反应倾向，是在主体与客体的相互联系之中形成的。没有这种联系，没有一定的社会刺激，也就不会出现态度；没有对一定社会刺激的心理反应倾向，就无所谓态度。

二、态度的特点

态度是一种较为特殊的社会心理现象，根据对其定义的分析，我们对其特点做如下具体的分析和理解。

1. 态度的社会性。态度并不是生来就有的，而是个体在后天的社会生活中通过学习而获取的。婴儿刚刚从母体中出生时，对于外界的事物基本上不存在任何态度。以后在社会环境中，随着其意识的成熟、情感的丰富、经验的积累，才逐步形成了其独有的态度。这就是说，个体是在其后天长期的社会生活中，通过与他人的交往和相互作用，通过接受周围生活环境和社会文化的不断影响，逐渐形成了对他人、他事和他物的态度。就态度本身的内容及其变化而言，充分体现了其所包含的社会特性。

2. 态度的统合性。态度不是在其他心理过程（如感知、情感、意志）产生的初期形成的，而是在这些心理过程的基础上产生和发展的，它是这些心理过程整合的结果。态度由多种心理成分组成，但它不是这些成分的简单相加，而是它们统合或有机结合而成，作为整体进行活动和发生作用。所以，当心理活动表现为特定的态度时，它已经不是一种心理过程的单独表现，而是各个成分的一种系统化。

3. 态度的主观经验性。在社会心理学的研究中，个体的精神世界可分为两种：一种是观念的世界，它是在后天社会生活中不断积累各种经验的基础上形成的，其中包含有以一定的观念形态而存在的信仰、价值观、人生观及其他各种思想观念；另一种是经验的世界，它是在个体与周围环境的直接相互作用中形成的，其中包含有以一定的经验形态而存在的认知、判断、评价及各种体验和感受。态度则介于这两者之间，一方面它与个体的观念世界，尤其是其中的信仰和价值观有密不可分的联系，常常反映个人所特有的各种思想观念；另一方面，它又包含了相当大的经验成分。因此，态度本身就具有了主观经验性。

4. 态度的媒介性。态度作为一种统合性的心理过程，是行为的一种准备阶段，是由心理构成转换为行为的中间环节或媒介。一般来说，评价某一事情有意义，才会有兴趣、有热情去做，认为没有意义的事情，就不会去做；只有在心甘情愿时，我们才会坚持做好某一件事情。当然，在实际生活中违心地去做某件事也是有的，但是在这种情况下，一方面行为者的内心是不愉快的，甚至是苦恼的；另一方面，这种与心理不合的行为，又是迟早会改变的。总之，态度作为一种统合性的心理过程，是为行为做准备的，没有这种心理反应倾向，行为就无从做起。

5. 态度的动力性。态度对个体自身内隐的心理活动，以及外观的行为表现，都具有一种动力性的影响，同时，对个体与他人的相互作用，以及个体对社会环境的适应，也有这种影响作用，表现为一种激发的、始动的，以及协调的动力机能。和蔼、真诚、坦荡的态度，会使他人有安全感并亲而近之；专横、虚伪、狡诈的态度，会使他人产生戒心并疏而远之。

6. 态度的一元性。态度表现一般为从肯定到否定、从赞成到反对的连续状态，其变化也沿着这一连续链条进行。正是由于态度本身这种一元性的特点，使得态度可以观察、可以测量、可以量化。在实际测量社会态度时，经常采用的态度尺度，比如“很赞成、有点赞成、无所谓、不大赞成、很不赞成”等，就是根据态度的一元性特点而制定的，尤其是对复杂的社会态度进行调查时，所采用的因素分析及聚类等方法，也是基于态度本身的这一特点。

三、态度的形成

态度是个体在社会生活中，经过社会化和社会交往而逐渐形成的。态度一旦形成，便较为稳定，成为个体人格的一部分，从而影响到人的整体行为。在现实社会中，态度的形成和改变是难以截然分开的，旧的态度之改变往往是新态度形成的结果，而新态度的形成乃是旧态度改变之必然。因而，态度的形成与改变，是态度活动过程中的两个不可分割的组成部分。

（一）态度形成的阶段

态度不同于一般的认知活动，它具有情感、意向等因素，比较持久、稳固，所以形成态度需要较长的时间来孕育和准备。因而，态度的形成也就较为复杂。1961 年，凯尔曼（H. C. Kelman）根据自己的研究，提出了态度形成或改变的三个阶段——模仿或服从、同化与内化。

1. 模仿或服从阶段。在凯尔曼看来，态度的形成（或改变）

开始于两个方面：一是出于自愿，不知不觉地开始模仿；二是产生于受到一定压力后的服从。

我们每个人都有模仿和认同他人的倾向，尤其是倾向于认同他所敬爱崇拜的对象。而在这种模仿的过程中，也就会认同不同的对象而习得不同的态度。父母常常是孩子的认同对象，他们以模仿父母的态度作为形成自己态度的开端。随着年龄增长和交往的增多，他们通过模仿不同的对象，不断习得态度或改变态度。以模仿习得态度，作为形成自己态度的开端，这是人们形成和改变自己态度过程中最常见的一个途径。

除了模仿之外，还有形成态度的另一形式，即服从。服从是人们为了获得某种物质或精神上的满足，或为了避免惩罚而表现出来的一种行为。服从的特征往往表现为本身的行为和观点，是受到外界的影响而被迫发生的。导致服从的外界影响主要有两种情况：一种是在外力的强制下被迫服从，另一种是受权威的压力而产生的服从。在现实生活中，人们要遵守许多规范，产生许多服从，不管你愿意不愿意，都会如此。当然，服从许多时候都是在无内心冲突中产生的，但有时也可能是被迫的，被迫的服从形成习惯之后，就变成自觉的服从，产生相应的态度。例如，不随地吐痰，开始有的人不习惯，然而有关部门作出规定，凡随地吐痰者罚款，迫使人们服从。久而久之，人们便形成了习惯，形成了讲究公共卫生、不随地吐痰的态度。

2. 同化阶段。在这一阶段，态度不再是表面的改变了，即已不是被迫，而是自愿接受他人的观点、信念、行为或新的信息，使自己的态度与所要形成的态度相接近。也就是说，态度在这一阶段已比服从时进了一步，已从被迫转入自觉接受、自愿进行。这时，态度形成的动机不再像模仿或服从阶段那样，是为了获得奖励或免于惩罚，而是因为同化者希望自己成为与施加影响者一样的人。在这一阶段，个体由于在同化过程中满意地确定了自己与所要认同的个人或团体的关系，因而采取一种与他人相同的态度和行为。可见，同化能否实现，他人或团体的吸引力是一个很重要的因素。但在这时，新的态度还没有同自己原有的全部态度体系相融合。

3. 内化阶段。内化是态度形成的最后阶段。在这一阶段，个体的内心已真正发生了变化，接受了新的观点、新的情感和新的打算，并将其纳入了自己的价值体系之内，成为自己态度体系的有机组成部分，即彻底形成了新的态度。如果说在同化阶段个体还需要有意无意地把他人作为榜样的话，那么到了内化阶段，个体就不再需要具体的、外在的榜样来学习了，而他的举手投足又无不中规中矩，达到了“行之于心、应之于手”的境界。当态度进入这个阶段之后，就比较稳固，不易改变了。

态度的形成从模仿、服从到同化再到内化，是一个复杂的过程，但并非所有的人对所有的事物的态度都完成了这一全部过程。有人对某一事物的态度可能完成了整个过程，但对另一些事物的态度则可能只停留在服从或同化的阶段。有的时候，态度到了同化阶段也还要经过多次反复，才有可能进入内化阶段，但也可能一直停止在同化阶段而徘徊不前。所以，人们态度的形成，是一个十分复杂的过程。

（二）影响态度形成的因素

态度的形成过程，实际上也是个体的社会化过程。个体态度的形成，一方面要受到社会生活环境中各种因素的影响和制约，另一方面也是通过联想、强化和观察等方式而不断学习的结果。

1. 社会环境的影响

社会环境对个体的影响，自个体出生之时起直至生命结束，始终都存在着。这种影响主要是通过社会规范和社会准则的要求和制约、各种思想观念的宣传和教育、风俗习惯的潜移默化，以及文化的熏陶等方式进行的。

社会环境对个体态度形成的影响具有选择性。即只让个体了解或接触事物的某些方面、某一部分或某一种类，弃恶从善、趋利避害、扬正抑邪，从而使个体形成一定的符合社会要求的态度。同时，社会环境对个体态度形成的影响还具有持久性，即这种影响无时无刻都在不断地对个体发生作用，而且这种影响伴随个体一生，是持久而深远的。还有，社会环境对个体态度形成的影响具有多元性，也即社会环境的不同方面或不同因素，对个体态度的形成会产生不同的影响，积极的与消极的并存，有利的与不利的同在，造成的影响常常是不相一致的，甚至是相互矛盾的。社会环境影响的多元化导致了态度形成或改变的复杂性。就社会环境的影响对个体态度的形成来说，本质上是一种宏观的影响，在一定的程度上对人们的态度形成起着导向作用。

2. 家庭的影响

对于个体态度的形成，家庭特别是父母的影响，往往具有十分重要的作用。儿童在家庭生活中受到的教育和抚养，对其态度的形成及以后态度的变化和发展，具有决定性的作用。因为父母或照顾孩子的其他人，对于儿童的生活环境有着很大的控制权。这种控制包括奖惩的控制，以及对于儿童应该掌握什么知识的控制。通过奖惩，父母可以使儿童从事他们所喜欢的活动，或是避免他们所不喜欢的活动。在知识学习的控制方面，父母及家人往往是儿童获取知识的主要来源，一个人最早的启蒙老师往往就是自己的父母；从父母那儿所获得的知识，又往往是一个人对周围事物形成某种态度的最初知识。

早期形成的态度，一般都会被保持到成人期，有些态度则可能会影响人的一生的发展。这是因为，童年得自父母的知识是以后发展中吸收新知识的基础，这种知识基础又是不易改变的。因此，一旦有新知识与原有的知识结构发生冲突或不协调，原先存在的知识往往占据优势，具有根深蒂固的效用。

家庭及父母的影响，还通过家庭成员之间的人际关系，以及家庭成员共同生活的方式而表现出来。家庭成员之间除了以血缘辈分为基础的长幼先后关系之外，还包括有互相之间的情感关系，而这些关系对个体态度的形成具有较为重要的作用。情感关系较融洽，则相互之间的影响就较大，在态度上也易趋于接近或相同。此外，家庭共同生活的方式，对于儿童态度的形成也具有显著的影响。若是从小就生活在一个充满民主、平等气氛家庭中的孩子，也就容易形成良好的与人相处的态度，学会采用平等的方式与人相处，用民主的方式解决问题。

3. 同伴的影响

随着个体年龄的增长，父母及家庭的影响作用会逐渐减少，而同伴、朋友的影响作用会越来越大。个体开始经常把自身所持有的态度、观点，与自己同伴的观点、态度作比较，并以同伴的态度、观点作为依据来调整自己原有的态度，使自己与同伴保持一致。纽科姆（T. Newcomb）研究了大学新生在大学四年中，在自由派态度和保守派态度上的改变情况，发现原先相当保守的新生，在入学后因逐渐受到高年级学生较为开放和自由的态度的影响，到了毕业的时候，也已经变成相当的开放和自由了。

4. 团体的影响

个体自身所参加的团体，对其态度的形成也具有明显的影响作用。每一个团体都有其自己的行为规范和准则，并要求其团体成员必须共同遵守。当个体加入了某一团体之后，其言行就必须与团体的要求或标准保持一致，个人所持有的态度也必须与团体保持一致。由此，通过团体对个体的这种影响和约束作用，即可促进个体态度的形成和改变。

5. 观察学习

观察学习，也称模仿学习，主要是指个体通过对他人言行的观察而进行的学习，这种学习同样可使个体学得许多新的行为。儿童在日常生活中，从观察其父母的言行而学得相同的言语和行为表现。个体在对他人进行观察时，将他人的言行举止记忆在自己的头脑中，在以后遇到相同或相似的场合时，再将自己头脑中所储存的这些言行方式表现出来。人们态度的习得，同样也可以通过对他人的观察来进行。例如，通过电影和电视，人们就可以习得对某些事物和对象的基本态度。

通过观察他人而进行的态度学习，基本上是依靠在观察以后对他人进行模仿而实现的。一般来说，模仿还会受强化的影响。个体在对学习对象有了较好的观察，又受到了强化因素的激励后，就能够较好地进行模仿，从而习得一种新的态度和行为。

第二节　态度的结构与功能

通过对态度本身结构和功能的分析，可以加深我们对态度的理解。同时，也可以帮助我们理解态度在实际生活中的表现，以及态度在实际生活中所起的作用。

一、态度的结构

从态度与其对象的关系看，态度结构具有两极性和中间性。帕克（R. E. Park）最早提出了态度的两极性问题，他认为，人类最基本的行为形式有二种，即接近的趋势和远离的趋势，而态度的两极性则表现为赞成或者反对、积极或者消极。但是在实际生活中，比如在一些群体场合，由于各种态度表现的复杂性，以及态度本身所具有的影响别人态度表现的压迫性，也普遍存在着所谓的中性态度。

中性态度的发生往往有两种情况：一是不表明态度，不置可否的中立；一是模棱两可的态度，含含糊糊的中立。中性态度的原因较复杂：有对事件的认识和了解不够，无法表态；有对事件的顾虑，不便表态等；或者是由于当事者自身的人格或个性特点等。但是一般来说，中性态度并不是没有态度，而是尚未形成或者尚未表明某种明确的态度。中性态度的存在，表明态度实际上是一种趋于赞成或反对的反应趋势。

对于态度的结构，我们可以从以下两方面进行分析和讨论：

1. 态度的多元两极性结构

态度的多元两极性结构，是指态度乃是由许多个具有两极倾向的对象因素配置组合而成。这是从态度与其对象之间接近与远离关系的角度，来对态度的结构所进行的分析。例如，人们对改革开放的态度，一般会由人们对市场经济的看法、对与国际惯例接轨的看法、对引进外资和先进科学技术的看法、对改善知识分子待遇的看法等等构成，表现为态度的多元性。其次，在这些问题上，都有一个是赞成还是反对，或既不赞成也不反对的中性态度的选择问题，表现为态度的两极性。

2. 态度的层次性结构

从态度构成的层次性上，来看其结构特点，态度是由三种具有层次性的心理成分配置组合而成。一般来说，态度是由认知成分、感情（或情感）成分和意向（或动机）成分所构成的。在态度的这三种成分中，认知成分所包含的主要是对事物的了解和评价；情感成分所包含的主要是对事物的喜爱或厌恶程度；而意向成分所包含的则主要是反应倾向或行为的准备状态。

就此三者的关系而言，认知成分是基础，由认知因素所形成的对外界的知觉印象及观点，不仅是人们了解和判断事物的依据，而且也是我们形成情感体验的基础。态度中的认知与价值观有着内在的联系，我们对某一事物的态度，往往取决于我们对该事物的价值判断。同时，态度中的情感成分也起着重要的作用，可以说，情感因素调节着态度的表现。我们常说，“情人眼里出西施”，便是情感调节认知乃至态度的例证。但是，认知和情感不只局限于内心，它总要外显以表现或影响行为。也就是说，态度具有动机的作用，是一种潜在的行为倾向。这种潜能的倾向，表现为行为的准备状态、持续状态或反应倾向，即所谓意向成分。意向成分制约着人对某一事物的行为方式，所以我们可以测量它，并进而推测到认知和情感成分。

二、态度的功能

社会心理学家们指出，人们之所以持有某种态度，是因为态度具有能够满足人们的某种需要，特别是心理上的需要的功能。因而，态度的功能是其形成或改变的深层的心理动力源。

在社会心理学的历史上，学者们曾分别提出过两种十分相似的功能理论，一种是由史密斯（Smith）等人提出的，一种是由卡兹（D. Kat）提出的。两种功能理论都列出了态度所发挥的功能，虽然存在一些差别，但其主要观点基本一致（表 3－1）：

表 3－1 卡兹与史密斯关于态度的观点

卡兹的观点	史密斯等人的观点
1. 工具性、选择性、功利性	1. 社会性
2. 自我防御	2. 外化
3. 知识性	3. 对象评估
4. 价值表达	4. 表达的品质

对于这两种观点，我们可以作一综合的分析与评论：

1. 工具性、适应性和功利性的功能。个体为了适应社会环境，在其中求生存、求发展，获得接受和承认，就必须判断所接触事物的价值，决定其行动，并且预先做好行动的准备。态度正好具备这方面的功能，可以保证个体对社会生活的适应。卡兹认为，一个人对有利于满足自己需要的对象，会形成积极的态度；而对于阻碍自己需要的对象，则会形成消极的态度。态度对自己来说，是表达内心状态的出口；而对于别人来说，则是衡量内部欲求、向往、情感、意见等的尺度。

2. 自我防御的功能。人们在充满矛盾的社会中生活，经常会遇到各种内外压力的威胁，会产生相应的心理紧张、焦虑与不安。而为了对付内外压力，就必须进行自我保护或自我防卫，而态度则具有这种自我防卫的功能。卡兹认为，一个人形成和改变态度，往往是为了保护自己，或者说保护自己的自我形象，维护自己的内部协调。

3. 价值表达的功能。卡兹认为，人们可以通过态度来表达自己的内在价值观。我们每个人在实际的社会化过程中，都会对生命和生活的意义有自己的理解，而这种对生命和生活意义的理解，也就构成了我们态度中的价值内涵。如果有的人认为生命的最高意义，是对美的追求，那么其对艺术就会持有积极和肯定的态度；若是有的人认为生命的最高意义是追求物质享受，那么他就会向往舒适的生活，对其持肯定的态度。所以说，态度具有表达个人价值的功能。

4. 认识和评价的功能。卡兹认为，形成和改变态度，是为了"赋予混沌世界以意义"，满足人们理解和支配自己所处世界的需要。故个体所持有的态度，也就成了个体认识周围环境的一个重要途径。每个人都想理解其自身周围的各种知识、经验和信息，并对它们加以汇集、整理和分类，使其与各种事物相联系，获得对事物的认识和理解，并将这种认识、理解和评价，组织进自己的态度之中。

由此可见，态度的不同功能是与个体不同的内在需要相联系的，态度的形成与改变具有个体差异性。因此，要有效地形成和改变一个人的态度，就必须了解其支配着这一态度的内在心理需要是什么。

第三节　态度与行为

态度与行为之间的关系，一直为社会心理学家所普遍关注。态度与行为是一致的，还是不一致的？态度决定行为，还是行为决定态度？对于这些问题的答案，社会心理学家们进行了大量的研究。现在人们一般认为，态度与行为是一种交互作用的关系，不但态度可以作用于行为，而且行为还可以反过来作用于态度。

一、态度与行为的相互作用

（一）态度对行为的影响

我们的态度决定着我们的行为表现吗？就目前来说，人们一般都会给以肯定的回答。但是，在社会心理学研究的早期，却也有着完全不同的研究结果，它告诉我们，在考虑态度与行为的关系和相互作用时，应该认识到其中的复杂性。

1934年，拉皮尔（R. T. Lapiere）作了一项态度与行为关系的著名研究。他与一对中国留学生夫妇作了一次环美旅行，行程一万多英里。他们曾在66家旅馆住宿，并在其他184家饭店停留过。在当时，美国人对东方人有着强烈的偏见，拉皮尔旅行前曾预测很难受到旅馆和饭店的接待，然而实际上只有一家旅馆拒绝接待他们，在其他旅店均没遇到任何麻烦。6 个月后，拉皮尔给那些他们曾经居住过的旅馆、饭店和一些他们没有光顾过的旅馆、饭店寄去了一份问卷，其主要问题是："你愿意在你那里接待中国人作客吗?"在光顾过的旅馆饭店中，有 128 家作了答复，92%表示不愿意。而实际上这对中国夫妇却在他们那里得到了很好的接待，但在随后的信访中，所得到的仍然是普遍的歧视态度。这一实验结果，支持了态度与行为并不一致的观点。

但是，也有许多社会心理学家，坚信态度在很大程度上可以预见行为，问题在于应该确定有关的变量，使之得到精确的测量和控制。不过，更多的社会心理学家认为，态度与行为存在着相互制约的关系。1984 年，凯利（H. H. Kelley）和米尔（Mirer）作了一项关于投票行为的研究，他们分析了从 1952 年至 1964 年间，美国四次总统竞选所进行的民意调查资料。他们的研究发现，在选举前访问投票者所得到的关于他们的政治态度，与他们实际投票行为有着很高的相关，也即在投票日之前 20 天进行的访问者中，有 85%的受访者，其政治态度与实际投票行为是相互一致的。

(二) 行为对态度的影响

事实上，不仅态度能够影响我们的行为，而行为反过来也会影响到我们的态度，这在现实生活中以及科学研究中都已经得到了证实。人们的行动可以改变先前的认识、感受和意向，特别是当人们觉得自己对该行动负有责任的时候。两个本来互有偏见的社会群体，一旦有了相互间的更多接触和沟通，原有的偏见就可能会有所改变。承担新的社会角色，从事于该角色所规定的行为，也将使人们产生新的态度。

列伯曼（S. Lieberman）曾经对新升为"领班"和新升为"工会代表"的工人进行了实验考察，研究其角色改变后工作态度的变化。显然，新的角色要求新的行为，不久，这些人也就由于从事新的工作，而形成了新的工作态度。实际上，在日常生活中，我们也可以看到这种职业角色对人们态度的塑造和影响力。当了警察，就会形成对执法和违法的新的认识；作为教师，就会以身作则，为人师表。如此一来，由于职业角色上的要求，个人的人格和态度都会深受其影响。

由于人们所扮演的角色或从事的行为，会影响到其内在态度的变化，已经为经验和实验所证实。那么为什么会这样呢？社会心理学家曾经提出了三种不同的解释：

1. 认知失调理论的解释。这一理论由费斯汀格（L. Festinger）提出，该理论假定，当人们的行动与其态度相背时，就会产生内在的认知不协调，进而引起心理上的紧张；而为了消除这种紧张，当事者就要努力去为自己的行为进行辩护，就会改变自己原来的态度。人们为自己的行为找到的外部理由越少，就越是感觉到认知不协调，就越是要改变自己原来的态度。

2. 自我觉知理论的解释。这一理论由贝姆（D. J. Beem）提出，该理论假定，当人们的态度不明朗或者是模棱两可时，可以通过观察自己的言谈举止来推断自己的真正态度。也就是说，我们可以通过听自己所说出的话，来了解自己的态度倾向。

3. 学习理论的解释。这一理论是由行为主义心理学家所提出的，该理论假定，当人们从事与自己态度不相一致的行为时，会接触到以前没有接触到的信息和感受，或受到行为结果的不同强化或反馈，从而引起态度的改变。

二、影响态度和行为关系的因素

为什么态度与行为有时候一致，有时候又不一致呢？在社会心理学的有关研究中，人们认为，态度这种内在心理反应倾向对行为仅起准备作用，只决定行为的一种倾向。也就是说，它只是提供了行为的一种心理上的可能性，并不是决定行为的全部因素。这种心理上提供的可能性要变成现实，即形成具体的行为，还必须在特定的社会环境中，依据一定的社会关系和规范来实施或表现。所以说，人们表达出来的态度和表现出来的行为，都要受其他方面因素的影响。

（一）态度结构方面的因素

从个体持有某一特定态度的角度看，态度与行为之间的关系，往往会受到态度本身构成的因素，包括其认知与情感的关系的影响。

1. 个体对某一事物所持有的态度，如果在认知上的看法与在情感上的体验是保持一致的话，则这种态度与行为就能保持较高的一致性；但如果认知与情感并不一致，甚至相互矛盾，那么态度与行为之间的关系就常常是不一致的。

2. 个体对某一事物所持有的态度，如果是以个体自身的亲身经历、以其直接经验为基础的，是通过个体对这一事物的亲身体验和了解形成的话，那么，根据这种态度来预料和推测有关的行为表现，就会有较高的准确性；反之，如果个体所持有的态度是道听途说而形成的，也即是通过获取间接经验的方式而形成的，那么这种态度就很难起到准确预测行为的作用。

3. 个体所持的态度是比较一般的、笼统的，还是较为具体的、特定的，也与其行为表现密切相关。许多研究结果都表明：个体对某一事物所持的一般和笼统的态度，与个体对这一事物所作出的行为反应之间存在着低相关，两者之间的一致性程度很低；个体对某特定的具体事物所持的明确态度，与个体对这一事物可能作出的行为反应保持着高相关，两者之间的一致性程度很高。

（二）行为反应方面的因素

反过来，从行为反应所具有的特点来看，影响行为与态度一致关系的因素，至少有如下两种：

1. 单一行为和多重行为。个体对某事物持有某种态度，但在表露这种态度时所采取的行为方式可能是多种多样的。换句话说，态度与行为之间的关系未必是一对一的。因此，在考察态度与行为的关系时，如果仅着眼于某一种行为，往往就可能得出态度与行为不一致、无关联的结论；但如果着眼于多种可能与态度保持联系的行为时，就不难得出态度与行为相一致，或有关联的结论。

2. 即时行为与长久行为。即时行为指的是即刻和短时内作出的行为反应，长久行为指的是长时间和久远内作出的行为反应。研究表明，即时行为与态度保持较高的一致性，根据态度来预测即时行为则较为准确；而长久行为变化的可能性较大，因而其与态度的一致程度较低，根据态度来预测长久行为则较为困难。

（三）态度主体自身的因素

从体验态度的人自身的情况来考察态度与行为之间的关系，我们可以作如下的分析。

1. 态度对象与个人关联的程度。态度所指的对象、事物，与态度持有者本人，往往会有着不同程度的关联。也就是说，态度的对象，对态度者本人的生活、工作和学习，具有或大或小的影响。如果态度所涉及到的对象、事物，与态度者本人的切身利益有着较高的关联，对其个人的生活、工作和学习有着较大的影响，那么人们对此所持有的态度，就会与其对此所作出的行为反应，表现出较高的一致性。反之，两者的一致性就较低。

2. 个体自身的人格因素。有些人的态度与行为表现出较高的一致性，有些人则易受他人或环境的影响，其态度与行为之间的变化较大。这种个别差异，与态度者个体自身的人格因素有关。例如，自尊心强的人，就不会轻易受他人的影响，而自尊心较弱的人，则容易为他人所左右。另外有一些研究资料表明，具有较高自我控制行为能力的人，在某种程度上其行为会较少受自己情绪等内在心理因素的支配，而更多的是根据环境的要求去表现；而具有较低自我控制行为能力的人，其行为与态度的一致性则会相对高一些。

第四节　态度改变的过程

社会心理学中的态度改变，是指一个人已经形成的态度，在接受某一信息或意见的影响后，所引起的相应的变化。改变人的态度，在现实社会生活中是常见而重要的，实际上，生活在现代社会中的每一个人，从早到晚都会遇到大量的各种各样的信息，会遇到各种各样的宣传与说服，也就是说，我们每个人都在面临着被说服，都在面临着不同程度的态度改变。

一、态度改变的说服模型

改变人的态度是一项十分复杂的工作。因为在态度改变的过程中，必然要涉及到各种各样的因素，要有效地改变他人的态度，势必要充分把握这些影响态度改变的因素。也就是说，针对各种各样的因素，采取行之有效的方法；针对各种各样因素的变化，作出相应的对策。把握改变态度的方法与技巧，这是态度改变过程中的基本要求。

1959年，美国著名社会心理学家霍夫兰（C. Hovland），提出了一种以信息交流过程为基础的态度改变模型——说服模型，其有效性得到了社会心理学界的公认。我们可以通过图 3－1，来了解这种态度说服模型：

图 3－1　态度改变的说服模型

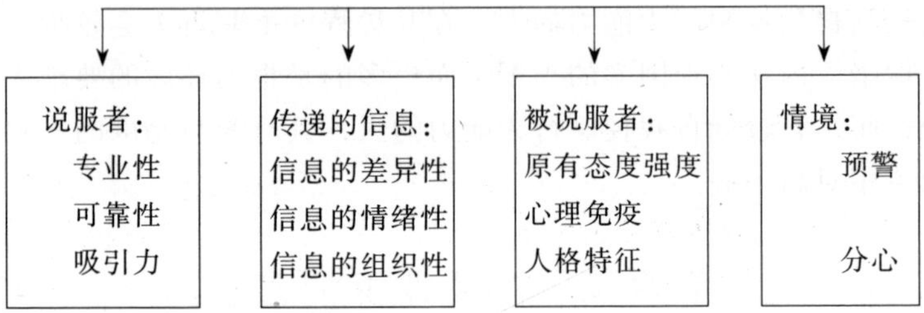

在上述模型中，我们可以了解到影响态度改变的各种因素，而说服的效果也是由这些因素的相互关系或作用所决定的。在该说服模型中，霍夫兰指出，任何一个说服的过程，都是从某一“可见的说服刺激”开始的。也就是说，必须有一位信息的传播者——也即说服者，他对某一问题有一定的看法，并力图说服他人也持有同样的看法。要做到这一点，说服者必须设计好一套“传递的信息”，即对传递的信息内容精心组织，对信息传递的方式精心安排，以说服他人相信他的观点是正确的，并诱使和劝说他人放弃原有的态度、立场，从而和他自己的观点与态度相一致。同时，这一说服过程并不单纯是在传递者和接受者之间进行的，这里有一定的客观情境在影响着说服的效果。

此外，说服效果还受到被说服者——目标对象本身特点的影响。被说服者并非全然无知的人，每个个体早已有其态度及特质存在，而这些事前的态度及特质，将影响其对有关说服信息的接受程度。由此可知，在改变他人的态度过程中，首先要清楚地认识到态度改变的复杂性，要学会从不同的角度，有效地利用各种相关因素来进行态度改变的工作，既要把着眼点放在信息的组织和增加态度改变的策略上，还要把注意力放在了解被说服者原有的见解，以及其人格特点等产生的抵抗力方面，以及我们如何利用自身的特性来提高说服的力量和效果。总之，认识到影响说服效果或态度改变的因素，是研究说服效果，提高说服质量的至关重要的问题。接下来我们就对影响说服效果的一些主要因素，作进一步的分析和讨论。

二、影响说服效果的诸因素

在社会心理学的有关研究中，作为说服者的信息来源、信息和信息传递、被说服者，以及说服过程中的情境因素等，都是影响说服效果的重要因素。对此，我们可以再作进一步具体的分析。

（一）说服者——信息源

在说服和态度改变的过程中，说服者是一个重要的因素。比如，在日常生活中，我们总是更容易相信善良而完美的人，无论在什么问题上都会是这样。因而，在改变态度的过程中，有的人费尽口舌却可能毫无效果，而有的人通过会心的交谈，却会引起被说服者心悦诚服地改变其原来的态度。也就是说，被说服者会不会在接受传递信息之后改变原有的态度，说服者本身是一个很重要的因素。

在考虑说服者本身的作用和因素时，社会心理学家们一般侧重于以下几个方面，包括专业性、可靠性、吸引力等因素。

1. 专业性。专业性又称专家身份，是指说服者的身份具有使人信服的权威性。使说服者具有权威性的因素很多，诸如说服者所受的教育程度、专业训练、社会经验，以及其年龄、职业和社会地位等。这些因素，能够使说服者在目标对象（被说服者）

的心目中，成为某方面的权威形象。一般来说，说服者的权威性越大，目标对象中改变自己态度的可能性就越大。

阿隆森（E. Aronson）与其同事，曾对此做过一个著名的实验。在有关的实验中，实验者告诉被试，他们正参与一项美学评估活动，要求被试对一些诗歌样本进行评价。当一些被试者对其中的某一作品作了否定的评价后，实验者告诉被试，有人对被他们所否定的诗却评价很高。这时，其中一部分被试被告知，作出这一肯定评价的是当时著名诗人爱略特；而另一部分被试则被告知，作出肯定性评价的是一位普通的师范学生。然后，让所有的被试重新评价这首诗。其结果是，获悉著名诗人对这首诗评价很高的被试，大都改变了其原先的否定态度，给予了相应肯定性的评价；而获知师范学生对这首诗评价很高的被试，则很少有人改变原先的态度。这一实验说明，威信高或具有权威形象的说服者，比起威信低或不具权威性的说服者，其意见所引起态度变化的可能性要大得多。

2. 可靠性。所谓可靠性，是指使目标对象对说服者相信的程度。一些与说服者直接有关的因素，比如说服者的人格特征、外表仪态及讲话时的信心等，都会影响到这种可靠性。例如若是说服者在讲话时结结巴巴、犹犹豫豫，那么他就远不及讲话时果断有力、信心十足能够使人感到可靠和可信。

另一个影响可靠性的因素，是说服者的意图和动机。不论说服者的专业性如何，目标对象相不相信他的公正是至关重要的。在社会心理学家所进行的有关研究中，当说服者所提出的主张与其自身利益完全相反的时候，他的影响力也就会最大。因此，对于说服者来说，一个主要问题是如何让其被说服的对象，相信他是一个公正、客观而无偏见的人，要让被说服者了解他之所以提出某种主张，决不是别有用心和谋取私利。正因为如此，我们在改变他人态度时，要注意避免过于吹捧自己，避免“王婆卖瓜，自卖自夸”，避免因此而引起的负向效应。

3. 吸引力。说服者所具有的吸引力，也会明显影响到说服的程度和效果。通常，说服者越是具有吸引力，也就越可能增加其说服力和说服的效果。

在这里，吸引力主要是指说服者是否具有一些令人喜欢的特征，以及其受人喜欢的程度，不论这种特征是内在的还是外在的。一些社会心理学家通过实验研究证明，喜欢一个人的程度越高，那么受其影响而改变态度的可能性也会越高。喜欢引起态度改变的原因，是由于人们试图认同、愿意接近一位自己所喜欢的人，进而往往采取那个人的态度，包括那个人的爱好和行为方式等。所以喜欢和吸引力，便构成了引起态度变化的因素。

（二）信息传递的方式

改变态度的过程，实际上是一个通过传递信息作用于目标对象，从而引起态度变化的过程。由此可见，在说服和态度改变的过程中，传递的信息内容和形式也会影响到说服的效果。也即就说服和说服过程而言，不仅要看是什么人说的，而且还要看他是如何说的，以及说的是什么。

1. 信息的差异性。要改变目标对象的态度，说服者所提供的信息，必然会与目标对象已有的态度形成对比。这种对比或差异的存在，是促使态度改变的压力；差异越大，促使改变的潜在压力也愈大。

但是，差异越大会产生更大的压力，但并不一定导致更大的态度改变。有两种因素影响着二者差异间的关系：（1）当差异变得异常大时，被说服者会发现，自己已经很难使其态度改变到足以消除这些差异；（2）一种差异极大的信息，会使个体对信息来源的可信性产生怀疑。所以，当差异程度很高时，个体倾向于贬低信息来源，而非改变态度，以减少压力。因此，当传递的信息与被说服者原有的态度差异逐渐增加时，上述两个因素便开始起作用，这种态度改变会变得困难，而拒绝说服者的情况则变得容易发生。

2. 信息的情绪性。要改变目标对象的态度，说服者既可以借助理性说服，也可以借助情绪唤醒，也即平常人们所说的晓之以理、动之以情。尽管两种方式的说服效果较难区分，但一般说来，二者相比较，情绪唤醒的说服要有更好的劝导效果，能激发好感或能引起恐惧的信息，会更容易促使态度的改变。在日常生活中，说服别人做某件事的最自然方法之一，往往也就是唤起人的恐惧感：母亲告诫儿子，如果过马路不看清楚红绿灯，就可能会被汽车压死；传教者也常以打入地狱来规劝其教徒的行为；环境学者警告，环境污染会破坏人类赖以生存的生物链，最终会对人类产生毁灭性的打击，以此来劝导人们保护环境，爱护地球。

一般来说，在多数情况下，唤起恐惧能增加传递信息的说服力。但唤起太大的恐惧，却可能会得到相反的效果。如果使人们过度害怕，可能会使他失去行动的动力，或因受到太大的威胁，而企图否决其危险性来拒绝传递的信息。然而，在适当的水平下，唤起恐惧或利用被说服者的情绪认同，将会有助于态度的改变。

3. 信息的组织性。要改变目标对象的态度，说服者还可以通过对信息内容进行不同的组织，来增强说服的效果。对此可参考以下两种分析。

(1) 单方面传递与双方面传递。单方面传递又称单方面论据传递，是指在说服过程中，说服者只是单方面地表明对自己有利的论点。双方面传递又称双方面论据传递，是指说服者在说服过程中，既表明自己的论点和优越性，也指出与自己相反的论点存在的价值，并巧妙地让目标对象领会自己的论点优于其原有的论点。单方面传递与双方面传递各有利弊，那么在什么样的情况下使用哪种传递的说服效果会更好呢?

霍夫兰等人在第二次世界大战中所做的实验结果表明，单方面传递与双方面传递的说服效果，并无绝对的优劣差别。其对态度改变的实际效果，一般取决于下列两个因素：其一是目标对象的教育程度。对于那些没有达到高中文化程度的目标对象来说，单方面传递比双方面传递，能更有效地改变他们的态度；而对那些受过高中以上教育的人来说，双方面传递则比单方面传递更有效。其二是目标对象原有态度的一致性。目标对象的原有态度与说服者所表明的观点不一致时，双方面传递更具说服力；而目标对象的原有态度与说服者的观点一致时，则单方面传递的说服力更佳。

(2) 首因效应与近因效应。对于那些文化程度较高，并且所持的态度方面与说服者不一致的目标对象来说，双方面传递的说服效果更好。如果要进行双方面论据传递，在其他因素保持不变的情况下，那么是先发表对自己有利论点说服效果好呢?还是后发表的说服效果好?这涉及到传递信息的呈现顺序的作用问题。当说服者提供两个相互对立的论点时，先发表的会起到先入为主的作用，我们称之为首因效应，后发表的则会起到记忆鲜明的作用，称之为近因效应。米莱（Millag）和坎普贝尔（D. T. Canpbell）在研究中发现，产生首因效应还是近因效应，取决于先后提供两种论点时中间间隔的时间，以及发表论点后表明态度或行动时中间间隔的时间。如果提供一个论点后紧接着提供相反的论点，被说服者隔一段时间后才表明态度或行动，即产生首因效应，也即先发表的信息会有更好的说服效果；如果发表一个论点后，隔一段时间才提供相反的论点，被说明者又需马上表明态度和行动，则会出现近因效应，即后发表的信息会有更好的说服效果。

（三）目标对象——被说服者

信息源及信息内容的影响，最终必然会体现在目标对象上。因此，目标对象所具备的特点也会影响到说服效果。作为说服过程的终端，他们对于说服既可积极配合，也可消极抵制，这将取决于他们自身的主观愿望。对此，我们可做如下具体的分析。

1. 原有态度的强度。目标对象原有态度强度的变化，主要受四种因素的影响：(1) 既成事实。既成事实和影响，是指个人自身采取行动以后对自身态度的影响。(2) 公开声明。公开表明过的态度，也就是已经承认他原先的观点错了，已经产生了自我否定。(3) 自由选择程度。对于某一种观点或态度的自由选择，会比被迫作出的选择引起更强的信奉感。(4) 自我涉入。自我涉入是指个体在实践一种观点中涉足的深浅。自我涉入浅的，对原有态度的信奉程度低，态度容易改变；自我涉入深的，则信奉程度高，态度则较不容易改变。

2. 心理免疫。目标对象态度改变的难易，还与其是否经过心理免疫有关。经过心理免疫的目标对象，会对劝导和说服信息产生抵制，这类似于医学中增强机体的抗病能力来预防疾病的道理。医学上的方法通常有两种：一是增加营养和加强锻炼，使机体更加强健；二是接种少量病毒，使机体产生抗体。

社会心理学家麦克奎尔（W. McGuire）及其同事，受上述思想的启发，在改变态度过程中引进了心理免疫的概念。麦克奎尔认为，个体的抵抗力越强，就愈能抵抗说服。而提高个体抵抗力的方法有两种：一是为其提供附加的论据、论点，直接支持和强化其原有观念，麦氏将此称之为“支持预防”；二是进行“防御注射”，增强其抵制有害观点的能力，麦氏将此称之为“接种预防”或“心理免疫”。麦氏曾强调，像对付疾病一样，提高抵抗力最有效的方式，是要建立心理免疫。

3. 人格特征。社会心理学家们曾经做过许多研究，来探讨目标对象的人格特征与态度改变之间的关系。比如，霍夫兰和杰尼斯进行了一系列的实验，他们以各种不同的说服情境让被试接受说服信息，结果发现，被试若在某一情境下较易说服，则在其他情境下也同样较容易被说服。与可说服性有关的人格特征，主要有这样两点：其一是自尊或自信心。自尊低的被试比自尊高的被试，更容易被说服。这是因为，自尊低的人对自己的意见、观点评价较低，由于他们不重视自己的意见和观点，所以一遇到说服，就会轻易放弃自己原来的观点而改变态度；其二是智能或能力。智能与说服之间的关系是复杂的，一般说来，智能高的人与智能低的人相比，前者很少受到不一致或不合逻辑的论点的影响，后者则很少受复杂而困难的论点的影响。麦克奎尔指出，说服的信息可分为两种：一种强调理解，一种强调顺从。高智能者易受前者的影响，低智能者则易受后者的影响。

（四）情境因素

说服过程不是在说服者和说服对象之间孤立地进行的，而是在一定的背景条件下和特定的情境中进行的。这些背景或情境因素，对说服效果也有着重要的影响。在某种背景或情境条件下，说服效果可能很好；然而换一种情境条件，说服效果就可能很差。对此，我们可以对霍夫兰所提出的“预警”和“分心”来进行分析。

1. 预警。如果一个人在遭受某一与之相反的观点说服前，能预先知道（预警）将会发生的情况，他将更有力地抵御这一观点的说服。这就是所谓预警的作用，与我们常说的“遇事要有思想准备”如出一辙。弗里得曼（J. Freedman）等人在一项实验中，证实了预警的效果和作用。他们在实验前10分钟告诉一些少年被试，他们仍将要接受“为什么不允许青少年开车”的宣传；而另一些少年直到研究开始时才被告知这一消息。结果显示，有10分钟预警的少年受这个演讲宣传的影响，要比没有预警的那一组少年小得多。这说明，预警使他们抵制传递的信息而影响说服效果。

2. 分心。在说服过程中，情境中的某些刺激因素，会引起说服对象的分心，使之难以把注意力集中在所接受的信息上。分心的作用主要是干扰目标对象对传递信息的注意程度，以便削弱他对说服的防御和抵制。费斯汀格（L. Festinger）和麦考比（N. Maccoby）的一项实验表明：当目标对象原来反对说服者的观点时，如能使目标对象分心，则说服反而会更加有效。由于分心能干扰反驳过程，故能产生更顺利的态度改变。相反，若未分心，该信息将很容易引起许多抵制或反驳过程。

金巴尔多（D. Zimbardo）等人指出，分心对说服效果的影响，取决于目标对象注意信息的程度和注意分散刺激的程度。当注意传递信息时，分心会提高说服效果；当注意分心刺激时，分心会降低说服效果。而过度分心将使说服性信息完全未被摄入，效果为零。因此，分心刺激不能过强，否则会干扰对传递信息的注意，削弱说服效果。

第五节 认知不协调

如前所述，态度一般包含三种主要成分：认知、情感和行为。同时，态度与行为的关系十分密切与复杂，其中态度与行为既有一致性，也会存在不一致性。但是，在现实生活中，一般人大多力求言行上的一致性，口是心非的做法往往为世人所不耻，因此，一旦人们的态度与行为表现出不一致，人们常常会出现内心冲突与不安，导致认知上的不协调。认知不协调会造成个体心理上的压力与困扰，产生协调认知的需要与动机，从而导致态度或行为上的改变。

一、认知不协调的表现

在社会心理学的有关研究中，认知不协调的产生，主要来源于以下两个方面：其一是决策后的不协调，其二是表现出和态度矛盾的行为时所产生的不协调。对此，我们可以做如下具体的分析和讨论。

（一）决策后的不协调

我们的任何一种决策，几乎总会引起认知上的某种不协调。不论人们是否必须在两种或更多的选择里做决定，也不论人们最终作出何种选择，它必定会导致某种程度上的不协调。在你做出某种决策后，你所放弃的事物的所有优点，以及你所选择的事物的所有缺点，都会使你的决策产生某种程度的认知不协调。

如何减少这种决策后的认知不协调呢？简单而有效的方法，是要改变对最终选择的评估。例如，增加我们对所选择的正向评估，就可以起到减少不协调的效果。因为如果与我们的选择有关的条件都是正性的，便能和决策相一致。同样，降低对于放弃的事物的正向评估，也能减少不协调。因为如果所放弃的事物越不具有吸引力，则会将做了其他决策而产生的失调降至最低限度。因此，人们在决策后，常通过增加对所选择事物的喜好，减少对未选择事物的喜好，来减少由决策所带来的不协调。

对于减少由决策所带来的认知不协调，布雷姆（J. Brehm）曾经做过具有说服力的实验。他让被试先观看八种产品，如微波炉、闹钟、收音机等，然后请他们指出对每件东西的喜好程度，接着再从中拿出两件产品让他们挑选，并告诉他们可以拿走其中一件他们所看中的产品，最后，再请被试对这八种产品重新再评价一次。布雷姆的实验表明，在第二次评估时，被试强烈地倾向于增加对他们所挑选的事物的正向评估，而降低对其他产品的正向评估，以减少决策后的不协调。这一实验同时还表明，低失调组，即对所挑选的两种产品原先的评估差异较大的被试，不协调的降低总数仅为37分；而高失调组，即原先的评估很接近的被试，不协调的降低总数高达85分。换句话说，开始时两件被挑选的态度越接近，决策时所产生的不协调也就愈大，决策后所造成的态度改变也愈大。

（二）行为后的不协调

表现出与自己的态度相矛盾的行为，也会导致认知不协调的产生。每当一个人从事一项与自己态度相矛盾的行为时，他总会体验到某种程度的不协调，这种不协调同样会产生一种心理压力，驱使其改变态度来达到协调。一个原先对跳舞持否定态度的人，因某种原因而学会了跳舞，并且经常出入舞厅，那么这样他也就会通过改变对跳舞的态度，来减少自己的内在不协调。

在社会心理学的文献中，有这样一种成功的实验，其研究的目的是说服人们戒烟，于是实验者让有吸烟嗜好的被试，扮演一位肺癌患者的角色。被试对自己扮演的角色很投入：他们看着X光照片，假装正和医生谈话，想象自己正在手术房外等待进行手术，最后终于渡过这场痛苦的经历等等。对他们而言，这是一场很真实的情绪体验。研究的结果显示：经历过这种体验的被试，要比未参与这种角色扮演的被试更成功地完成了戒烟。可见，这种真实的角色扮演，是一种有效并且有说服力的策略，能够导致态度的改变。

二、认知不协调理论

认知不协调理论，是著名社会心理学家费斯汀格（L. Festinger）于1957年首次提出来的。费斯汀格认为，认知是一个广泛的概念，可以说是某种特定的知识，比如说可能是关于某种态度、情绪、行为、价值等的一种特定知识。他把对有关环境、他人及个人的行为、知识、观点、观念、信念的态度的总和，称之为认知结构，将认知结构中的基本单位称为认知因素。比如，“你喜欢看电视”是一种认知，“对面山上有许多参天大树”也是一种认知，每个人都同时拥有许多不同的认知，这些认知因素之间的关系，一般会表现出三种情况：(1) 协调。“你喜欢看电视”和“电视可帮助人增长知识”这两个认知就是协调的。(2) 不协调。“我吸烟很厉害”和“吸烟导致肺癌”这两个认知，便是相互矛盾的和不协调的。(3) 无关。“你喜欢看电视”和“对面山上有许多参天大树”，这两个认知就是无关的。

费斯汀格认为，假如出现认知不协调，就会使个体产生心理上的不愉快和紧张感，而这种不愉快和紧张的感受，会使人形成一种压力，迫使其想方设法去减轻或解除不协调状况，使其认知达到平衡协调，并会竭尽全力保持这种协调状态。

认知不协调程度的高低，一般与下列诸因素有关：

(1) 两种认知因素之间差异的大小。二者的差异越大，不协调的程度也越高。(2) 认知差异的多少。如果互相矛盾冲突的认知有多种，其所引起的不协调也随之增高。(3) 协调认知的数目。协调的认知越多，不协调的程度越低。(4) 不同认知所具有的重要程度。关键性的认知协调与否，要比无关紧要者之协调与否显得重要。

因此，在考虑上述(1)、(2)、(3)诸因素的作用时，还应考虑到关键性认知所可能产生的影响力。

当一个人的认知出现不协调之后，想要解除矛盾的心情一般都会十分迫切，这时可以根据各人的具体条件，采取不同的减少失调的方法。可选用的消除不协调的方法有三种：(1) 改变某一认知因素，使其与其他因素之间不协调的关系趋于协调。比如，“我喜欢吸烟”和“吸烟可能导致肺癌”是不协调的两个认知因素，一个人可以改变“我喜欢吸烟”为“我要立刻戒烟”，或者是改变“吸烟导致肺癌”为“吸烟导致肺癌的说法是没有充分根据的”，如此两种方法都可以达到认知协调。(2) 强调某一认知因素的重要性。比如，强调吸烟的重要性，“我喜欢吸烟，吸烟使我快乐才是最为重要的，我不要为将来可能患病而牺牲目前的乐趣”。也可通过强调吸烟危害性的认知因素，即“肺癌确实可怕，为了自己的健康和家庭的幸福，我虽然喜欢吸烟，但应尽快戒掉”。这样两种方式也都可以使自己的认知因素相互协调。(3) 增加新的认知因素，加强协调关系的认知结构。比如，“世界上吸烟而长寿的人很多”，或者认为“吸烟可以减轻精神紧张，有利于心理健康”等等，从而降低不协调因素，达到认知的协调或一致性。

社会承认与社会支持，对改变认知不协调有着很大的影响。比如，适当的赏与罚会有利于认知的变化，流言、舆论和宣传教育，都会成为影响认知变化的社会性力量。费斯汀格认为，认知不协调理论的核心部分，本来是很单纯的，但它的适用范围却相当广泛。改变认知不协调会带来心理抵抗，其原因在于：(1) 改变有关行为的认知会有痛苦。对改变行为的抵抗程度取决于认知者必须承受的痛苦或损失的程度，采取新的行为必须使行为者能够得到满足。即改变的抵抗程度是新行为得到满足的函数。(2) 对改变环境认知的抵抗，取决于行为者对新情况、新观点的敏感程度。(3) 对增加新认知的抵抗取决于认知不协调的程度。在不协调极小或几乎没有的场合，寻求新认知的动机也极小或几乎没有；不协调为中等，对新认知的寻求和对引起不协调信息的回避是最积极的；不协调程度增大时，寻求新认知的动机会明显下降，而对不协调的回避则会上升。

费斯汀格认知不协调理论的意义，在于他把复杂的认知关系简化为认知因素之间的协调和不协调的关系。认知者在某个问题上，不论与认知对方是认知关系，还是情感关系或评价关系，都可概括为协调和不协调的关系。这样一来，费斯汀格的理论便具有较大的灵活性和适用范围。不仅适用认知者的认知体系，而且能够适用于更为广泛的，包括认知者以外的社会领域。但是，正是由于认知不协调理论的灵活性大，适用范围广，因此对协调与不协调本身的规定往往是模糊的，因而不易把握，也很难加以测量。应该说，费斯汀格的理论给人们提出的问题，远远超过了他对问题的解决，恰恰在这一点上，费斯汀格从微观的认知领域跨越到了广大的社会领域，从更高更广的视野考察社会认知和态度变化，对社会心理学研究和理论的发展，作出了极为重要的贡献。

练习与思考

1. 怎样看待态度在社会心理学领域的地位？

2. 态度有何特点？影响态度形成的因素有哪些？

3. 态度对于人来说有哪些功能？

4. 根据态度能够预测人的行为吗？请说明你的理由。

5. 依据态度改变的说服模型分析说服效果受到哪些因素的影响。

6. 你对费斯汀格的认知不协调理论有何看法？

第四章　社会影响与社会行为

本章提要

○社会促进与社会干扰现象
○从众行为及其影响因素
○服从现象的心理分析
○侵犯行为的理论
○利他行为及其制约因素
○旁观者效应

社会影响是指在他人作用下，引起个体的信念、态度、情绪及行为发生变化的一种现象。实际上这是一种常见的社会心理现象，其形式多种多样，有的社会影响是强制性的，如法律、法规、学校教育等，有的社会影响是自发形成的，如习俗、流言、时尚等。本章将从社会促进与社会干扰，从众现象和服从现象等方面，来对社会影响和社会行为进行探讨。

第一节　社会促进与社会干扰

社会促进和社会干扰是社会影响的主要方式之一。我们生活在社会中，不可能总是独自一人地学习、工作，很多时候都会有他人在场，这是不可避免的。社会心理学研究发现，一个人在从事某项活动时，如果有他人在场，就会对他形成一种刺激。这种刺激会影响他的活动效果，有时会促进活动的完成，有时会干扰活动的完成。我们把这两种情况分别称为社会促进与社会干扰。

一、社会促进与社会干扰现象

（一）社会促进

社会促进是指一个人从事某项活动时，他人在场会促使他的活动的完成，提高他的活动效率，所以又称为社会助长。

如果我们细心观察一下儿童的活动就会发现，他们做事总喜欢结伴而行，不管是做游戏，还是做作业。单独一个人做作业可能无精打采，而几个人一起则兴致勃勃。不仅仅是儿童，我们也经常有这样的体验，一群人一起干活时，精神更好，效率更高。这种结伴活动提高效率的现象被称为“结伴效应”。早在1898年，美国心理学家特里普利（N. Triplett）就对结伴效应进行了研究。他发现：自行车选手在有伙伴的情况下，比单独一个人骑得快，骑车速度提高30%。为了检验这个结果，他又设计了一系列实验室实验。例如，他安排40名儿童尽快转动钓鱼竿卷线轮绕线，既安排儿童单独绕，又让他们两两结伴绕。结果发现，结伴绕线时的速度更快一些，这进一步证实了结伴效应的存在。

我们也经常看到这样的现象，运动员在比赛时，如果有很多观众为他加油鼓励，他往往能顺利甚至超水平发挥，所以在比赛中东道主更容易获胜。试想，教师上课如果面对稀稀拉拉的学生，无人反应；演员表演如果面对寥寥无几的观众，无人喝彩，那他们的效果和热情都要大打折扣。为什么会出现这种现象呢？这是“观众效应”在起作用。观众效应指出，有人在现场看某人从事一项活动，会对某人产生一种刺激作用。许多实验也证实了这一点。

不管是结伴还是有观众，都有可能促进活动的完成。值得注意的是，这种促进作用的产生只是依靠有他人在场，而并不依赖个体之间有意的竞争。如果个体之间存在着相互竞争，就不属于社会促进研究的范畴了。另外，产生这种促进作用仅仅是一种可能，而不是必然。有时候，结伴效应和观众会以另一种相反的形式表现出来，那就是社会干扰。

（二）社会干扰

和社会促进作用相反，社会干扰是指一个人在从事某项活动的时候，他人在场会干扰他活动的完成，抑制他活动的效率，所以又称为“社会抑制”。

有时候我们写一篇文章或演算一道复杂的习题，或者是学习一些新东西，有别人在场时非常容易分心，令人拘束或烦躁。这时我们倒宁愿孤身独处，拥有属于自己的空间，以便全神贯注地投入到学习和工作中去。有的人第一次走上讲台或走上舞台时，往往会心跳加快，头脑发热，以致于面红耳赤，结结巴巴，甚至把原先准备好的东西都忘得一干二净，似乎他面对的不是观众，而是宣判他生死的法官。在这些时候，同伴或者观众就成了一种干扰因素，阻碍了活动的完成。在社会心理学的早期研究中，这些现象也都得到了证明。比如，有研究表明，如果要求大学生学习一些毫无意义的音节，他们在观众面前学会这些音节花费的时间要比他们在独处的情况下所花费的时间多。许多研究发现，有一个旁观者在场，能减低有关记忆工作的效率。这就从实验上证实了社会干扰作用的存在。

二、有关的实验研究

弗罗德·阿尔波特于本世纪20年代，在哈佛大学心理实验室做了一系列关于社会促进的实验，既证实了社会促进现象的存在，也发现了社会干扰现象，成为研究他人在场的经典性实验。他让大学生被试单独或结伴从事下列复杂程度不同的活动：

1. 连锁联想。实验者说出一个刺激词，被试迅速想出一个与之有关的反应词，并且把它写在纸上。然后，以这个反应词为新的刺激词，再联想其他的反应词，如此继续，时限3分钟。

2. 删去元音。划掉报纸上若干短文中的所有元音字母。

3. 转换透视。实验者出示图4－1，被试注视该图的时候，一会儿会觉得abcd平面离自己较近，一会儿又觉得efgh平面离自己较近，实验要求被试迅速进行这两种透视的转换，并记录他们1分钟转换的次数。

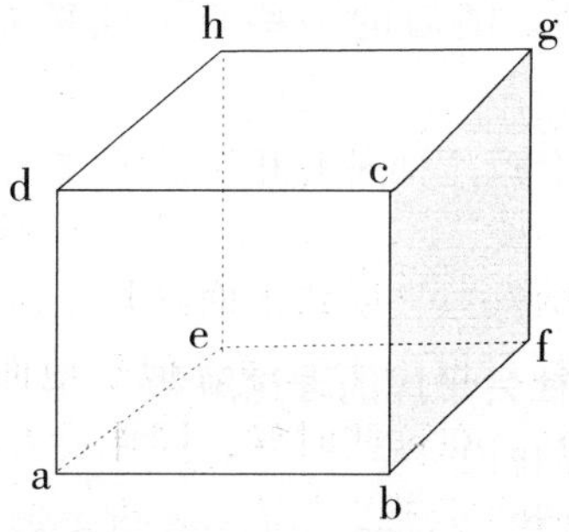

图4－1　转换透视用图

4. 乘法运算。让被试进行若干两位乘法的运算。

5. 写批驳文章。从两个古代哲学家的著作中选几段性质一致的论述，给每个被试一段，要求他们在5分钟内写一篇批驳短文，尽量写长一些，批驳深刻一些。

阿尔波特为了排除竞争因素的影响，要求被试不得相互比较工作进度。实验结果表明，在前四种活动中，被试在结伴的条件下都取得了比单独活动更优异的成绩，但是在写批驳文章时，单独活动效果更好。阿尔波特挑出一些文章进行等级评定，结果如表4-1：

表4-1 单独与结伴写批驳文章的效果

	最好	中等	最差
单独	6	4	3
结伴	3	4	6

阿尔波特的实验证明，他人在场既可能促进个体的活动，又可能抑制个体的活动。随后的一些重复实验也获得了相同的结果。

他人在场为什么会产生两种互相矛盾的作用？让我们来看看心理学家们的解释。

三、社会促进与社会干扰的理论解释

（一）优势反应强化说

罗伯特·查荣克（R. Zajonc）以动机和内驱力的研究成果为基础，于60年代中期提出了优势反应强化说。他认为，有他人在场的情况下，一个人的动机水平将会提高，他的优势反应会受到抑制。所谓优势反应，是指那些已经学习和掌握得相当熟练，不加思考就可以表现出来的习惯动作，如自行车选手骑自行车，小孩绕线，大学生删去元音字母等，都属于这种熟练活动，他人在场会提高活动的成绩。反之，批驳某种哲学观点，学习无意义音节等活动是需要动脑筋或是不熟练的，他人在场使之动机增强，反而会产生干扰作用，降低活动的成绩。正如查荣克自己所说："观众在场会加强优势反应的产生。如果优势反应是正确的反应，像在已完全熟练的情况下作出的反应一样，那么，观众的在场对于个体来说是有利的。如果这些反应大部分是错误的，同学习初期阶段的情况一样，观众在场将使反应被推迟或受到阻碍。"查荣克的这一理论可以用图 4－2 来表示：

图 4－2　他人在场对个体活动的影响过程

查荣克的理论得到了广泛的实验研究的支持。他们在实验中要求大学生被试学习成对的词表，有些词表容易学，因为它们是由具有相同的意义或彼此相互联系的单词组成，如熟练——灵巧；荒芜——不结果；而有些词表较难学，因为词对之间缺乏联系，如贫瘠——发脾气；荒芜——主要等。为检验查荣克的理论假设，要求被试首先各自单独默记这些词对，然后在他人在场时默记。结果显示，有人在场时，被试学习简易的词表比单独学习时要好些；而学习困难的词表，独自学习的效果比集体学习为好。这证明，他人在场会促进熟练工作的成绩，而干扰非熟练工作的成绩。

查荣克的论点是，只要他人的身体在场，就会影响人们的动机和活动的成绩。但接下来的实验结果对此提出了疑问。科特雷尔和他的同事设计了一项实验，要求大学生被试默记词汇。被试们被分成三组，在不同的条件下学习这些词：第一种条件，被试各自单独完成这项任务；第二种条件，被试面对两个同学完成这项任务；第三种条件，被试在两个人在场的情况下完成这项任务，而这两个人的眼睛被蒙起来了，无法判断被试的成绩。结果发现，第一种条件和第三种条件下被试的成绩相同。按照查荣克的理论，应该是第二种和第三种条件下的成绩相同才对。显然，查荣克的理论无法解释这一现象。于是一些学者在实验的基础上，进一步深化和发展了优势反应强化说。

（二）评价理论

仅仅有观众在场还不足以解释社会促进或社会干扰作用，那该怎样解释呢？一些学者认为，观众的评价可能是形成这种作用的更为重要的原因。查荣克认为他人在场会提高动机水平，但没能说明他人在场为什么会提高动机水平以及在什么情况下能提高动机水平。事实上，他人在场并不一定导致动机水平的提高。观众一旦被蒙上眼睛，也就不再存在评价问题，于是也就不会对被试的动机水平产生影响。一个人在成长过程中会不断受到他人的评价，并且会逐渐关注他人的评价，争取赢得他人对自己好的评价。有他人在场的时候，也许在场的人对活动者的活动毫无兴趣，或根本就未加注意，但活动者却可能以为他人正在对自己进行评价，于是动机水平受到提高，从而产生促进或干扰作用。

有他人在场评价是否会提高动机水平以及提高到什么程度，受下列因素的影响：

1. 活动者觉知评价的程度。在社会心理学中，有这样一个巧妙的实验，可以证明他人评价的作用。在实验中，实验者让男大学生用两根棍子把一个圆球从一个斜面往上推，这是需要足够操作技巧的工作。实验被安排在三种条件下进行。第一种条件是“直接评价”条件，每个被试都能看到自己的得分，也能看到别人的得分和操作情况；第二种条件是“间接评价”条件，即被试看不到别人的操作，只能看到别人的得分；第三种条件是“无评价”，被试看不到别人的操作，也看不到别人的得分。结果发现，“直接评价”条件下，被试操作成绩最差，说明他们的动机水平大大提高，对复杂活动造成了抑制作用。这表明，动机水平提高到何种程度，依赖于活动者觉知他的操作正在被别人评价的程度。一般来说，觉得别人的评价程度越高，其动机水平就越高。

2. 评价者的身份和态度。一个演员，面对评委和面对观众，其动机水平是不同的。一般来说，评价者越具有权威性，活动者的动机水平就愈加重要。对青年人来说，如果评价者是同龄异性，对其活动有较大影响，动机水平明显提高。这其中有性的吸引力在起作用。另外，如果活动者不清楚评价者的身份，对评价者了解甚少时，对其活动的影响更大；如果对评价者较熟悉，则活动的心理压力相对较小。从态度上看，评价者越是正襟危坐、严肃认真，对活动者的影响就越大；如果评价者漫不经心、东张西望，则影响较小。

3. 活动者的年龄和个性特征。活动者的年龄、气质、性格、情绪等方面的差异，会导致受他人在场的影响的差异。从年龄上说，儿童更在乎别人的评价，十分希望得到他人的肯定，有他人在场时，其动机水平相对成人来说明显提高。从性格上说，易受暗示、内向、谨小慎微、独立性差、缺乏自信的人对他人在场更为敏感一些。从气质上看，胆汁质和抑郁质的人比多血质和粘液质的人更在乎别人的看法。另外，不同的情绪状态下，他人在场对活动者的影响效果也不尽相同。

第二节 从众现象

在我们的社会生活中，“从众现象”是一种较为典型的社会行为。我们也经常会听到人们说“从众”一词。那么究竟什么是从众呢？在这一节中，我们就从理论概述，有关的实验研究，以及影响从众行为的主要因素等几个方面，来对这种经典的社会行为进行分析和讨论。

一、从众概述

假如你到商店去买一台风扇，发现很多人在买，而商场只有甲和乙两种牌子，你本来准备买甲，但身边所有的人都买了乙，你最后买走的很可能也是乙。又假如你们单位评选先进，其他人都选张三，那你多半也不会例外。生活中类似这样的“假如”不胜枚举。在社会心理学中，这些现象都属于从众。

（一）从众的涵义

从众是指个体在群体压力下，在知觉、判断、信仰及行为上，表现出与群体中大多数人一致的现象。从众有不同的表现形式。有时，个体并没有自己的意见，抱着无所谓的态度，跟着大多数人走。有时，个体有自己的看法，但与大多数人或其他所有人的看法都不同，在群体压力下，放弃原先的意见，改变态度，转变立场。有时，个体只采取了与众人一致的行为，但并没有改变态度，内心里仍然坚持自己的意见。这些情形都可归为从众。第三种情况有人称之为顺从，我们可以把它看成一种特殊的从众。从众现象广泛地存在于我们的日常生活中，人云亦云、随波逐流、随大流等等，都蕴含了从众心理的因素。

（二）从众现象产生的因素

1. 相信他人心理。从某种程度上说，一个人所掌握的知识信息和实践经验都是有限的，因而他人往往会成为我们所需要信息的一个重要来源。个人生活在群体中，总是要从他人的知识和经验中获得一些帮助。假如你到了一个新地方，站在交叉路口，辨不清方向了，那么就要从别人那里获得指引。一般来说，我们对所面临的事物了解得越少，就越看重他人的意见，也越容易产生从众现象。比如你买东西，在两种产品中犹豫和选择。如果你对这两种产品的性能、质量有足够的了解，那你往往会坚持自己的判断；但是如果你对此所知甚少，你就很容易相信别人的判断。

2. 寻求安全心理。人生活在群体中，必然希望能与他人关系融洽，不喜欢被群体视为越轨者。因为群体成员一般都是讨厌越轨者的。弗里得曼（1968）做过一个实验。被试是一些互不相识的人，实验者介绍说他们其中某个人与大家不同，虽然没说有什么不同，但这个人成为大家心目中的越轨者。然后，实验者让他们挑一个人去参加一个有惩罚的学习实验，谁都不愿去，结果一致推选了那个被视为越轨者的人。后来实验者又让他们选一个人参加另一个有奖励的学习实验，结果大家推选了另外一个人。由此可见，越轨者是不受欢迎的，也是不安全的。与群体保持一致能不担风险，获得安全感；而与群体作对则会导致内心冲突和不平衡，产生不安全感。“木秀于林，风必摧之”，“枪打出头鸟”都或多或少地反映了不从众所引发出来的危险。因此，人们基于寻求安全的心理，产生从众行为。

3. 忠于集体心理。如果群体并不是偶然集合起来的松散群体，而是有共同利益和目标的集体，这时个人从众就有可能是为了实现集体的理想和目标，而自觉地与其他成员保持一致，体现了一种集体主义精神。前苏联心理学家彼德罗夫斯基，把这种情况称之为“集体主义自决”，所反映的是一种忠于集体的心理。

二、从众现象的实验研究

由于从众是一种常见的社会生活现象，因而社会心理学家们也对此进行了大量的实验研究，其中最为经典性的研究，是谢里夫和阿希的实验。

（一）谢里夫的实验

谢里夫（M. Sherif）在30年代初，利用“游动错觉”研究个人反应如何受其他多数人反应的影响。所谓游动错觉是指在黑暗的环境中，当人们观察一个固定不动的光点时，由于视错觉的作用，这个光点看起来好像前后左右移动。实验者让被试坐在暗室里，在其前面呈现一个固定的光点，被试会产生游动错觉。先让被试单独判断亮点移动的距离，发现各人的判断差异极大，从1、2英寸到20、30英寸。过了一段时间后，让这些被试在一起判断，发现彼此的判断逐渐趋向一致，趋向大家判断结果的平均数。这表明个体的判断会受到群体的影响。

（二）阿希的实验

美国社会心理学家S·阿希（S. Asch），在50年代做过多次关于知觉方面的从众实验，获得很有价值的研究结果，成为社会心理学中的经典实验。

实验材料是18套卡片，每套两张，分标准线段与比较线段（如图4－3所示），要求被试比较判断a、b、c三条线段中，哪一条线段与标准线段等长，并要求被试大声说出他所选择的线段。被试共有七名，其中六人是阿希的助手，只有一人是真正的被试，而且总是安排在倒数第二个回答。18套卡片共显现18次，前6次大家都作出了正确的选择。从第7次开始，假被试故意都作出错误的选择，观察被试的反应是独立的还是从众的。

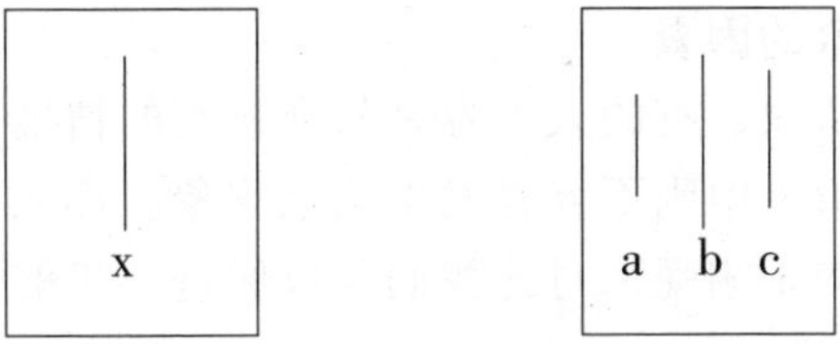

标准线段　　比较线段

图 4-3　阿希从众实验的线段卡片

阿希通过多次的实验，得到了以下研究结果：（1）大约有1/4到1/3的被试保持了独立性，没有发生过从众行为。（2）大约有15%的被试，在回答次数中平均有75%的从众行为，即12次回答中有9次表现出从众。（3）所有被试平均从众行为是34%。

实验结束后，实验者询问被试发生错误选择的原因。从被试的回答中，发现有三种类型的错误：

1. 知觉歪曲：被试确实把多数人的错误判断看成是正确的，以他人的判断作为自己判断的标准。当错误十分明显时，很少有人发生知觉歪曲。

2. 判断歪曲：被试对自己的判断缺乏信心，虽然意识到自己看到的与别人回答的不一样，但以为多数人总会比自己更正确一些，从而采取从众。属于这种情况的人最多。

3. 行为歪曲：被试确认自己是对的，而别人是错的，但不愿被群体视为越轨者，所以表面上采取相符行为。

后来，有许多学者在不同的国家和地区重复了阿希的实验，大都获得了相近的结果。我国也有一些学者做过类似的实验，其结果与阿希的研究基本一致。这更加说明了从众现象的存在，以及这种存在的普遍性。

三、影响从众的因素

有的人容易从众，有的人不容易从众；有的情境中容易产生从众现象，有的情境中则不容易发生从众现象。那么，从众行为究竟受哪些因素的影响呢？对此我们可以做进一步的分析。

（一）群体因素

1. 群体的规模。如果只有两个人反对你，你很可能会坚持自己的意见；而如果有100人反对你，你多半会惊慌失措，内心不安，最终从众了事。一般来说，群体规模越大，持有一致意见或采取一致行为的人数越多，则个体所感到的心理压力就越大，也就越容易从众。

2. 群体的一致性。如果群体中只有一个人持不同意见，则他要承受巨大的压力。而如果群体中另外还有一个人持反对意见，则使前者所面临的从众压力大大缓解，从而明显降低从众的程度。阿希在进一步的实验中，让一位假被试作出不同于其他多数人的反应，结果被试的从众行为减少了3/4，因为被试有了一个“合作者”，从中得到了巨大的支持力量。即使这个假被试并没有发表与被试相同的意见，但只要他与群体的意见相异，就会增强被试的信心，削弱从众心理。总之，增设一致性程度越多，个体越倾向于从众。

3. 群体的凝聚力。群体的凝聚力越强，群体成员之间的依恋性及对群体规范和标准的从众倾向也越强，个体会为了群体的利益而与群体意见保持一致。有人曾经特意设计了一个阿希式的实验，但是以小组式的方式，使五个实验小组相互竞赛。在线段对比实验中，出错最少的小组，其成员将得到两张戏票。结果表明，个体在有共同目标的群体中更容易从众，因为不如此就可能达不到目标。

4. 个体在群体中的地位。个体在群体中地位越高，越有权威性，就越不容易屈服于群体的压力。一般来说，地位高的成员经验丰富、资力较深、能力较强、信息较多，能够赢得低地位者的信赖，他们的看法和意见能对群体产生较大影响，并使低地位者屈从，而地位低的成员则不可能影响他们。老师在学生面前，军官在士兵面前，领导在下属面前都会较少从众，因为他们知道自己在群体中是地位高的人，一般不会感到有从众压力。

（二）个体因素

1. 知识经验。个体对刺激对象越了解，掌握的信息越多，就越不容易从众，反之则越容易从众。如果一名医生和一群教师讨论教育问题，他往往不会反对教师们的意见，因为他对此问题不甚了解；而如果是讨论营养问题，他往往会反对教师们的一致意见，因为他在这方面有丰富的知识经验。知识经验多的个体拥有更强的自信心，他倾向于把自己看成是群体中的专家而不愿从众。

2. 个性特征。个人的智力、自信心、自尊心、社会赞誉需要等个性心理特征，与从众行为密切相关。智力高的人，掌握的信息比较多，思维灵活，自信心较强，不容易发生从众行为，而智力低的人则容易从众。有较高社会赞誉需要的人，特别重视别人的评价，希望得到他人的赞誉，较易从众。性格软弱，暗示性强的人也容易表现出从众倾向。

3. 性别差异。长期以来，人们认为女性比男性更容易从众，许多实验也证明了这一点。但进一步的研究则指出，过去的实验之所以得出女子更容易从众的结论，是因为实验材料大多为男子所熟悉而为女子所陌生，诸如政治、球赛等。如果选用有利于女性的实验材料，如烹调、服装等，则男性和女性都表现出较高的从众倾向，比例差别很小。

（三）刺激因素

刺激物的内容、性质和特点，都会在某种程度上影响从众行为，对此社会心理学家有以下研究结论。

1. 刺激物的清晰性。刺激物越模糊不清，人们越可能表现出从众行为。在谢里夫的游动错觉实验中，由于刺激物是高度模糊的，被试只好以他人判断作为自己判断的参照系。在阿希实验中，如果 a、b、c 三条线段长短相差无几，不容易看出哪两条线段与标准线段长短有明显差异，那么被试的从众性增大。后来有人在重复阿希的实验时，先把线段给被试看几秒钟，然后拿开，再让被试判断，结果发现，单凭记忆，被试更容易表现出从众行为，因为这时刺激物在他头脑中的印象已经比较模糊了。

2. 刺激物的内容。如果刺激物的内容是无关紧要的，不涉及原则问题的，人们较容易从众；而如果是涉及伦理、道德、政治等原则问题的，人们不太容易丧失立场。对此彼德罗夫斯基曾经进行了一个实验。实验以一些四年级、七年级和九年级的学生为被试，先让他们填写一张问卷，上面有几条关于道德问题的判断，被试可以根据公认的准则作出回答。一段时间之后，再把包括这些问题在内的但问题数量更多的问卷发给被试，在他们回答之前予以暗示，指出其他人都赞成错误判断。结果发现，只有极少数人接受暗示，而绝大多数人都不改变原来的意见。可见，在伦理道德等原则问题上，被试往往能坚持自己的判断。

（四）文化差异

由于文化背景的不同，不同民族的成员从众的程度存在差异。米尔格莱姆（S. Milgram）（1961）对法国和挪威的大学生进行了对比研究，发现挪威人比法国人更趋于从众。他认为部分原因可能是法国文化鼓励独立和个性，而挪威文化则鼓励忠诚于集体，重视社会责任。后来也有一些研究发现，在不同的文化和社会背景下，人们所表现出的从众行为是有差异的，说明文化差异对从众现象确实存在影响。

第三节　服从现象

“服从”是我们社会生活中的普遍现象，也是社会心理学对于社会行为研究的重点。它与从众有着相似的地方，但却属于不同的概念和范畴。对此，我们将通过如下的章节内容，来进行分析和讨论。

一、服从概述

我们在家服从父母，上学服从老师，上班服从领导，走在马路上要遵守交通规则，到医院看病要按序号等候……人的一生处于无数的服从之中。很小的时候，我们就会接受服从的教育，听话的是乖孩子，不听话的就要受到惩罚。这种服从意识在学校、工作单位中不断得到强化，使服从几乎成为我们的一种习惯。虽然服从的程度有强有弱，但没有任何一个人敢宣称：“我完全摆脱了服从！”事实上，不管是对个人，还是对社会，服从是十分必要的。那究竟什么是服从呢?

(一)“服从”的涵义

社会心理学研究中的“服从”，是指由于受到外界的压力，而使个体发生符合外界要求的行为。外界压力主要来自两个方面，一是他人，二是规范。学生服从老师，士兵服从军官，都是对他人的服从。一般来说，往往是下服从上，弱服从强。因而对他人的服从，实质上也是对权威的服从，出于对权威的敬佩或惧怕而采取的相符行为。除了对人的服从之外，还有对规范的服从。社会靠规范来维持，规范靠服从来执行。政策法规，组织纪律，约定俗成的惯例，都是我们必须服从的。

服从和从众虽然都是迫于压力而采取的相符行为，但二者有着本质的区别。首先，压力来源不同。服从的压力来源于外界的规范或权威的命令；从众的压力实际上来源于个体的内心，从众是为了求得心理上的平衡。其次，发生方式不同。服从是被迫发生的，带有强制性；从众是自发形成的，外界并没有强迫或命令个体必须从众。最后，造成的后果不同。不服从会使个体受到惩罚，同时也会引起社会或组织运转失调，无法维持正常的秩序；不从众只会引起个体内心的不安和失衡。当然，人的行为是复杂的，很多时候服从和从众交织在一起，服从中有从众，从众中包含了服从，并不能截然分开。

（二）服从的意义

作为一种普遍存在的社会心理现象，服从对个体和社会都具有重要的意义。这主要表现在以下几个方面：

1. 满足个人利益。由于服从带有强制性，所以不服从往往会使个体受到惩罚。学生不听话会受到老师的批评，士兵不服从命令会受到军法处置，开车闯红灯会受到交通警察的制裁，诸如此类，不服从都会使个人利益受损。而服从一般会得到社会、团体、家庭等各方面的赞许和奖励，使个人利益得到满足。

2. 协调人际关系。良好的人际关系必然需要一定的服从，如果谁都不服谁必使关系紧张。就服从他人来说，一个人对他人的服从，往往意味着对他人的肯定和尊重，这就为进一步交往营造了良好的氛围。就服从规范来说，一个人对规范的服从往往能维护他人的利益，从而获得他人的接纳和肯定。违反规范会使他人利益受损，从而会被他人视为越轨者，产生抵抗排斥心理。例如，去食堂买饭，别人都在排队，一个人突然插在队伍前面，这种违反规范的行为损害了众多排队者的利益，肯定会引起冲突而使关系紧张。所以，必要的服从是人际关系协调的前提。

3. 实现集体目标。对领导的服从，对既定规范的服从，可以使集体在统一指挥下成为一个有机整体，大家齐心协力，为实现集体目标而共同努力。如果不服从领导安排，集体就会成为一盘散沙，无法实现目标，造成“三个和尚没水喝”的局面。在一些目标特别明确的特殊单位或特殊场合，服从具有重要的意义。如在战场上，如果士兵不听从指挥的话，后果就不堪设想，这时候就需要绝对的服从。

虽然服从对于集体或社会生活具有十分明显的意义，但是也并非在任何场合都应该服从。实际上，在社会心理学的研究和理论中，是反对盲目服从的，因为毫无原则的服从，只会导致错误，使人走向愚昧。

二、有关的实验研究

如果一个人被命令进行违背自己良心的行为时，他会怎么办呢？如果权威的命令是违反伦理道德的，人们还会不会服从呢？为了探讨这个问题，社会心理学家米尔格莱姆曾经进行了一项关于服从权威的经典实验，取得了令人震惊的结果，并引起了广泛的讨论。

米尔格莱姆在报上刊登广告，公开招聘受试者，结果有 40 名不同年龄、不同职业的男性市民应招入选。实验者告诉他们将参加一项研究惩罚对于学习效果影响的实验。他们两人一组，抽签决定一人当老师，一人当学生。老师的任务是朗读配对的关联词，学生则需要记住这些词，然后在给定的四个词中选择一个正确的，如果选错了，老师就按电钮电击学生以示惩罚。实际上，每组被试中只有一个是真被试，另外一个是实验者的助手。抽签时，总是巧妙地叫真被试抽到当老师的签，而助手则充当学生。

“老师”坐到一台巨大的控制台前，那上面30个电钮，每个按钮都标有它所控制的电压强度，从15伏依次增强到450伏。电钮四个一组，共分为七组，和另外的两个电钮，各组下面分别写着：弱、中、强、特强、剧烈、极剧烈、危险等字样，最后两个电钮用×××表示。首先，实验者请“老师”接受一次45伏的示范电击，虽然实验者说是很轻微的，但“老师”已感到难以忍受。然后，“学生”被带到另一间房子里，在胳膊上绑上电极，为了防止他中途逃走，还用带子把他拴在椅子上。“老师”看不到“学生”，相互之间通过电讯保持联系。

实验开始后，“学生”故意频频出错。“老师”从15伏开始，按照实验者的指示，每错一次就增强一次电压。从15伏到75伏，学生对电击没有表示出反应。从90伏开始就自言自语地埋怨。到120伏就大声诉苦，到135伏就发出呻吟，150伏时就激烈抗议：“我不想做实验了！”150伏以后，就会继续发出想停止实验的呼叫。270伏时发出苦闷的尖叫，315伏时，发出极度痛苦的悲鸣，已不能回答问题。实验者要求“老师”在10秒钟以内不见回答就看作误答并施行电击。330伏以后，学生就没有任何反应了。在整个实验过程中，实验者不断地督促老师说：“你必须继续下去，必须给予电击！”并说一切责任由实验者承担，与老师无关。在这种情况下，会不会有人把电压升至450伏呢？

米尔格拉姆曾进行过一种预测实验，即向其他很多人说明这类实验状况，要他们设想“老师”会在何种程度放弃实验。人们回答的平均水平是当学生大声叫苦、发出呻吟时，也就是在135伏时就会放弃实验。有四个人设想“老师被试”会在300伏时才放弃。但是没有人认为“老师被试”会把电压升至450伏。可是实验结果使人感到吃惊。有26个被试（65%）服从了实验者的命令，虽然他们有激烈的内心不安，但还是按照实验者的命令，不断加大电压，直到 450 伏。另外有 14 个被试在不同程度上拒绝了服从实验者的命令。

实际上，实验中的“学生”并没有受到任何电击，其所发出的呻吟、叫喊等都是事先排练好并录了音的，实验时只是放出录音而已。实验结束后，实验者把真相告诉了所有被试，以消除他们内心的不安。

三、影响服从的因素

米尔格莱姆的实验虽然新颖而有创意，但也引起了不少的争议。抛开实验本身是否道德这个问题不谈，单是实验结果就足以使人们陷入深深的思考。人们往往低估了权威者对人的影响作用。那么，人究竟在什么情况下会服从，什么情况下会拒绝服从呢？哪些因素会对服从行为产生影响呢？心理学家们经过进一步的研究，认为下列因素与服从有关：

（一）命令者的权威性

命令者的权威性越大，越容易导致服从现象。职位较高、权力较大、知识丰富、年龄较大、能力突出甚至财富较多等，都是构成权威影响的因素。另外，命令者手中如果掌握着奖励或惩罚服从者的权力，也会使服从行为大大增加。在米尔格莱姆的实验中，发出命令的是耶鲁大学一位很有名望的心理学家，并且他宣称该实验研究的是一个重要的科学问题，这种权威地位增加了被试服从的可能性。如果主持实验的不是一位专家，服从率有可能降低。

（二）服从者的道德水平

在涉及政治、道德等问题的时候，人们是否服从权威，并不单独取决于服从心理，而与他的世界观，价值观等密切相关。米尔格莱姆采用科尔伯格（L. Kohlberg）的道德判断问卷测验了被试，发现处于道德发展水平的第五、第六阶段上的被试，有75%的人拒绝服从，主动停止使用电击；处于道德发展第三和第四阶段中的被试，只有12.5%的人拒绝服从。可见，道德判断水平越高，服从权威的可能性越小。作为主体性的人，他的世界观、道德观、政治立场等，无疑对服从具有明显的制约作用。一个道德高尚、立场坚定的人，往往知道什么时候该服从，什么时候不该服从。

（三）服从者的人格特征

米尔格莱姆对参加实验的被试进行人格测验，发现服从的被试具有明显的权威主义人格特征。有这种权威人格特征或倾向的人，往往十分重视社会规范和社会价值，主张对于违反社会规范的行为进行严厉惩罚；他们往往追求权力和使用强硬手段，毫不怀疑地接受权威人物的命令，表现出个人迷信和盲目崇拜；同时他们会压抑个人内在的情绪体验，不敢流露出真实的情绪感受。在社会心理学的有关研究中，在专制统治下，容易使人形成这种所谓的权威人格特征。

（四）情境的压力

在米尔格莱姆的预测实验中，没有一个人预测被试会将电压升至450伏，但实际上却有65%的被试这样做了。除了其他因素和影响外，情境的压力也是一个重要的方面。旁观者无法体会当事者的那种心理感受，因为他没有身临其境。我们可以从两个方面来探讨情境的压力对服从的影响。

1. 权威的靠近程度。米尔格莱姆在进一步的实验中，把主试和被试的关系分为三种：第一种，主试与被试面对面地在一起；第二种，主试向被试交代任务后离开现场，通过电话与被试联系；第三种，主试不在场，实验要求的指导语全部由录音机播放。在第一种情况下，被试的服从次数多于其他情况下的三倍。

在第二、第三种情况下，有的被试还会弄虚作假，欺骗主试。可见，权威越靠近，来自外界的压力就越大，服从率就越高。反之，服从率则降低。所谓“天高皇帝远”，权威的压力由于距离的扩大而减小。所以，如果你想拒绝别人的要求而又没有足够的勇气，最好不要面对面地说，而以打电话或写信的方式较好。

2. 受害者的靠近程度。在实验中，“学生”被绑在隔壁房间里，被试的服从率为65%；如果被试与学生同处一室，则服从率降低到40%；如果被试必须把学生的手按在电极上才能实施电击，则服从率会进一步降低。可见，一个人对给他人造成的伤害越直接，他感受到的内心压力就越大，服从率就越低。距离越远，就越容易服从。所以，有的学者担心，如果战争发展到只需要在室内按按电钮的阶段，那么人们就会更容易听从权威的命令，后果将是可怕的。

第四节 侵犯行为

在我们的现实生活中，有一种经常发生，并且一旦发生就会影响到我们正常社会生活的现象，便是“侵犯行为”。长期以来，社会心理学家们对侵犯行为以及相关的侵犯现象，进行了大量的实验研究，同时也形成了许多相应的理论。对此我们将在本节中进行介绍和讨论。

一、侵犯行为概述

侵犯，以及表现侵犯的攻击和暴力现象，在人类发展的历史长河中并非少见。比如，有国与国之间的大规模战争，有部落或地区之间的争斗，有民族之间的械斗，有暴力团伙的暗杀、爆炸、劫机，乃至个人的争吵斗殴。这林林总总都包含了对他人的侵犯与攻击。在人的各种社会行为中，侵犯行为始终遭到全人类的谴责与唾弃。社会生物学的奠基者威尔逊曾经指出："人类应当记取的教训是：侵犯行为对人毫无幸福可言。"

（一）侵犯的概念

在目前社会心理学的文献中，人们一般将"侵犯"表达为是一种有意伤害他人的行为。或者说，侵犯是任何一种以伤害另一力图避免伤害的生命体为目的的行为。

在这样的一种定义中，强调了对于"侵犯"的如下理解：(1)从侵犯者的意图动机和行为结果的联系来分析侵犯行为；(2)考虑到被伤害一方的因素；(3)把各种形式的侵犯行为都涵盖在内了。

一般来说，对于侵犯行为的较为正确的界定，应当把行为的动机、意图和行为结果联系起来考察。社会心理学家认为：侵犯行为主要是一种外显行为，而不是情感、态度或动机的内在状态；主要是某些内在心理状态的外部表现。如果仅仅停留在内心活动水平，而未表现在行动上，还不能称之为侵犯行为。其次，侵犯行为是有意识、有目的的行为，是在某些内在动机意图驱使下所发生的行为。最后，侵犯行为是伤害他人身心的行为，或者伤害了他人身体，或者造成他人心理上的伤害。

（二）侵犯行为分类

在实际的研究过程中，社会心理学家提出了不同的侵犯行为分类法，其中较有代表性的有二种。一种分类法是由D. O. 西尔斯（D. Sears）(1960)提出的。这种分类法是按侵犯行为的不同性质、行为结果和社会意义，把侵犯行为分为反社会的侵犯行为、亲社会的侵犯行为和被认可的侵犯行为三类。反社会侵犯行为是指违犯社会道德规范和社会准则，不为社会所认可的那些行为，如侵略战争、凶杀、绑架、人身攻击等等。而所谓的亲社会的侵犯行为，则是为了达到群体道德标准所能接受的目的，以一种社会认可的方式所采取的侵犯行为。这类行为符合社会道德规范，受社会准则所支配，例如惩处罪犯和品行不端者。而被认可的侵犯行为，则是一种介于亲社会和反社会侵犯行为之间的一类侵犯行为。这类侵犯行为虽然不为社会所必需，但同时也并非为社会所不容，这类侵犯行为没有触犯社会规范和准则，有时被认为是合情合理的行为。例如，对无端攻击自己的人进行自卫反击，集体性竞技活动中不违例的冲撞拥挤等等。

另一种分类法最早是由伯科威茨（L. Berkowitz）（1965）提出的。这一分类法是根据侵犯行为的最终目标的不同，把侵犯行为分为敌意性侵犯和工具性侵犯，或称之为直接侵犯和间接侵犯。敌意性侵犯把伤害他人本身作为主要目标，工具性侵犯是把伤害他人作为达到其他一些不具伤害性的目标的手段。例如为谋财而害命，为擢升职位而制造谣言伤害他人等等。

除上述两种分类法外，还有巴斯（A. Buss）（1961）按身体的和语言的、积极的和消极的、直接的和间接的三个维度，进行不同的排列所划分出来的八类侵犯行为。还有人将侵犯行为分为广义的和狭义的两种，广义的侵犯行为包括反社会侵犯行为、亲社会侵犯行为和被社会认可的侵犯行为；而狭义的侵犯行为则单指反社会侵犯行为。

二、对于侵犯行为的解释

目前引起社会心理学家普遍研究兴趣的，是探索侵犯行为背后的起因。若是探明了哪些因素会诱发侵犯和攻击，那么人类或许可以对这类行为进行适当的控制和消除。在这一课题的探索中，产生了不同理论和解释。

（一）侵犯的生物观

在有关的研究中，人们十分关注侵犯的生物学基础。于是，一些学者从生物学的角度，提出了种种关于侵犯行为的理论解说。

1. 精神分析学派的解释。弗洛伊德在其后期的思想发展中，提出了一种新的本能论。他认为有两种支配人的行为的本能，其一是生的本能，他称之为“力比多”，它是由自卫保存本能和性本能融合而成的，代表着对生命的追求和爱与创造的力量，指向于生命的生长与增进。另一种则是死本能，又称之为“达那多斯”，它代表了恨与破坏的冲动，体现为人对杀戮和死亡的原始欲望。死的本能有向内和向外之分，当它指向内时，成为自我惩罚、自我谴责乃至自我伤害的动因；而当它指向外时，就会成为对他人伤害、侵犯、攻击的动因，引发出人的侵犯行为。一般来说，弗洛伊德认为侵犯是人的一种本能行为。本能冲动在体内不断地积累着，应当经常予以释放，以免积累太多引起总爆发。

2. 洛伦兹习性学观点。洛伦兹（K. Lorenz）在1966年出版了系统研究动物习性的一部专著，题名为《论侵犯》。在该书中，他提出可以将动物伤害其他个体的行为，分为掠食行为和斗争行为两类。前者常见于异种动物之间的弱肉强食，比如狮子咬死斑马的行为；后者常见于同种动物之间权力阶层的分化冲突，主要用于解决食物分配，或者是解决配偶和领地的争斗等。洛伦兹认为这两种行为都是本能的，这种本能出自动物个体内部。而这种内部本能可以逐渐积累起来，当达到一定水平时，动物就会攻击一些目标，以释放积累太久的本能冲动。1963年洛伦兹观察了热带鱼的攻击行为，论证了自己的观点。他发现，最初雄性鱼只攻击同类的其他雄性，当不存在同类雄性鱼时，剩下的一只雄性鱼就转而攻击不同类的雄性鱼，如果将各种类雄性鱼都驱走，仅留下一只雄性鱼，那么最终这只鱼会攻击和杀死同类雌性鱼。因此，洛伦兹认为，不论以什么途径和方式，有机体内滋长的能量总得释放出来，因此侵犯是本能的，并且是不可避免的。

3. 威尔逊的社会生物学观。社会生物学是在洛伦兹习性学以及现代进化论基础上发展起来的一门新学科。该学派创始人是威尔逊（E. O. Wilson）。该学派认为，大自然的自然选择，使动物通过基因遗传将有利于种族生存的生物特性一代一代保存和延续下去，同时将有利于物种生存的行为方式也保存和遗传下去，例如动物的求偶哺育行为等等。他们将此观点推及人类，认为人类的许多社会行为都有某种遗传基础。人类之所以有侵犯行为，是因为这种行为有利于人类自身的生存，于是这种行为便被保存下来。该学派忽视人类生物性与社会性的高度统一，忽视人类社会文化和人类高度发展了的心理机能的相互关系，片面强调了生物学因素的作用，因而受到许多人批驳。

4. 侵犯行为的生理基础研究。在关于侵犯行为的生理基础研究中，人们主要研究了激素、遗传、染色体等对侵犯行为的作用。对此我们可做如下介绍。

关于激素在侵犯行为中所起的作用，可以进行如下分析：从动物种属来看，有的动物比较凶猛，有的较温顺；就动物性别而言，雄性动物比雌性动物具有更强的侵犯性。有学者对此做了许多实验研究，发现攻击性强的动物体内含有较多的雄体激素。那么人的侵犯行为是否也受雄性激素影响呢？尽管社会心理学家对此也进行了研究，但是尚未有明确的答案。

关于遗传在侵犯行为中所起的作用，在有关的生物遗传研究中可以得到解释。生物遗传的研究者们把侵犯性最强的异性动物相互配种，让攻击性最弱的异性动物相互配种，再由敌意子代中攻击性最强的与最强的、最弱的与最弱的交配，如此连续几代选择交配，于是后代的攻击性倾向的强弱趋向愈来愈极端。该实验证明动物侵犯行为有遗传的特征。后来，人们通过对染色体变化的观察和研究，发现侵犯行为与染色体异常之间的相关性 。但是一般来说，尽管有关于侵犯生理基础的研究，但是人们仍然普遍认为侵犯行为主要是一种受后来环境影响所致的习得性行为。

（二）挫折—侵犯假说

1939 年，美国耶鲁大学多拉德（J. Dollard）、杜波（L. Doob）、米勒（N. Miller）、西尔斯（R. Sears）、莫厄尔（O. Mowrer）等五位学者，联合出版了一部论侵犯的经典性专著——《挫折与侵犯》，其中首次提出了关于侵犯行为的“挫折－侵犯假说”。他们认为，侵犯主要是一种受挫折的后果。该论点包含两层意思：一是侵犯行为的发生，总是以挫折的存在为先决条件；二是挫折的产生，将必然会导致某种形式的侵犯。

该假说一经提出，人们便进行了大量探讨性的研究验证。其中比较著名的实验有：R. G. 巴克（R. Buck）等人 1941 年关于儿童挫折与侵犯的实验，他用儿童作被试，研究人为造成儿童的挫折感，所引起的相继破坏行为。鲁尔（B. Rule）等人在 1971 年以大学生为被试，也证实了挫折与攻击行为的高度相关。

然而，早期的挫折－侵犯理论，认为所有挫折都可以引起侵犯行为，所有侵犯行为又都是由同一类挫折引起，不免显得武断和片面。事实上，在现实生活中，并非每个人遇到挫折都会表现出侵犯行为。个体是否表现出侵犯行为与许多因素有关，包括所受挫折的强度，受挫折者对情境的认知和理解，以及受挫折者的个性特征等等。一般说来，中度和轻度的挫折一般都不会增加受挫折者的侵犯倾向，但是如果受挫者把这种挫折理解为有意的伤害，将会增加他的侵犯性；如果判断为是无意的、偶然的或正当的，那么便很少引起受挫者的侵犯倾向。

（三）社会学习理论

许多学者强调个人后天生活经验的重要作用，认为侵犯行为和其他许多社会行为一样，主要是个人后天社会学习的结果，对此产生了以下两种代表性观点。

1. 社会强化说。强化是指通过个体行为，或者是行为所导致的后果，对其行为本身所施加的影响。一个人通过某种行为所达到的某种目的，可能会给自己带来好处，如受到赞扬和奖赏等；也可能给自己招致麻烦，如受到批评和惩罚等。这两种结果对个体活动均具有影响，也即所谓的强化作用（有积极强化和消极强化）。通过强化，可以使某种特定的社会行为增加或减少。对于侵犯行为来说，强化所产生的作用比较明显。例如，有实验表明，给游戏中讲粗话的儿童予以奖励，就会增加儿童的攻击性语言；如果及时批评孩子侵犯同伴的举动，就会抑制儿童的侵犯行为。

2. 观察与模仿。社会学习理论的奠基者班杜拉（A. Bandura）认为，人类许多行为是通过观察模仿而习得的，侵犯行为主要也是通过这种观察和模仿而形成。如果儿童经常耳闻目睹各种侵犯现象，那么就可能学会各种侵犯行为。在有关的研究中表明，儿童对他人的模仿具有一定的选择性。有三类人物的行为最易被儿童所模仿：第一类是社会重要人物，如英雄、领袖、学者、明星等；第二类是与儿童关系最密切的人，如父母、教师、亲友等；第三类则是与模仿者相同性别的人。

班杜拉指出，个体从观察他人的侵犯行为到自己表现出侵犯行为，需要有三个基本的条件：一是有榜样的示范行为；二是这种行为被判断为是适宜的；三是观察者表现侵犯行为的情境与榜样示范行为时的情境大致相似。班杜拉曾经设计了许多实验，来检验和验证自己的观点。这些实验大都证明，在一定的条件下，无论是成年人或是儿童（儿童具有更为强烈的模仿他人的倾向），都具有从观察和模仿中习得侵犯行为的倾向。

三、对侵犯的预防和控制

如果说侵犯行为是一种影响正常社会生活的行为，或者如威尔逊所说，侵犯行为对人毫无幸福可言，那么我们所面临的问题，就自然会涉及到对侵犯行为的预防和控制。在社会心理学的文献中，出现了许多建议和假说。

（一）宣泄说

一些社会心理学家借宣泄一词，用来说明作为转移和消除侵犯情绪的一种方式。假如一个人有了强烈的侵犯性情感，那么如果让他以某种方式把这种情感释放和表达出来，就能达到消除其实际侵犯性行为的目的。

宣泄作用可以通过不同的方式来实现：比如直接对伤害自己的人进行侵犯，可降低今后侵犯他人行为的发生率；了解到伤害自己的人受到他人侵犯时，也会使自己侵犯情绪的强度下降；把自己所受伤害发泄到其他人或物方面，也能达到使愤怒情绪得以宣泄的效果；通过参加和观看有关的文体活动，例如拳击和竞赛等，也能让强烈情绪得以释放。

但是，用宣泄方式来降低和消除侵犯行为，有着很大的局限性。只是在适当的条件和情境中，宣泄才能起到较好的作用。

（二）榜样说

根据社会学习理论，侵犯行为主要与观察和模仿等习得性经验有关。因此，要控制和预防侵犯行为，应当经常给学习者提供非侵犯性榜样。

许多有关电视节目暴力和犯罪镜头的研究资料，大多证明观看暴力电视节目，确实会增加人们的侵犯行为和犯罪活动。这一结果从反面提示我们：大众传媒应当尽量给观众提供非侵犯性榜样，减少大众观察和学习侵犯行为的机会。在有关实验研究中，给被试提供拒绝侵犯他人的榜样以后，被试也会仿效而拒绝对无辜者进行攻击。

（三）惩罚说

对侵犯行为进行惩罚，在一定程度上能抑制侵犯行为。无论是实际上被实施了惩罚或是预先了解到将可能受惩罚，都能使侵犯行为受到一定程度的抑制。

但是，用惩罚来控制和消除侵犯现象，也存在着某种不足。因为惩罚本身也是一种侵犯，对被罚者可能起到一种负强化的作用。这样，一方面人们害怕受惩罚，用各种方法躲避受惩罚；另一方面，惩罚又能成为人们模仿的榜样，可能使人的侵犯行为变得更为复杂化，甚至可能由于惩罚的严厉性和制裁性，造成更为强烈和极端的侵犯行为。

在对儿童侵犯行为的实验观察中，一些学者发现，对儿童的侵犯行为采取不予理会（或称不予强化）的态度，来避免惩罚方式带来的负面榜样影响，对抑制儿童侵犯行为有良好作用。

（四）置换说

在生活中常常可以见到这种情形，个人由于某种原因受到挫折，但又不能对引起挫折的来源施行攻击，于是便转移攻击目标，寻找替罪羊，来发泄自己的愤怒和侵犯情感。心理学中通常称这种方式为置换或寻找替罪羊。

置换往往在特殊的情况下发生：一是受挫者知晓挫折的来源，但因为对方强大或其他原因，而不能对其实施直接的还击，于是便会寻找与挫折来源相似的目标作为发泄对象。另一种情况是受挫者不能确定使自己受挫的来源何在，也会寻找替换者发泄怒火。例如自家玻璃窗户不知被何人用石块打破了，这时人们一般倾向于寻找一个替罪羊来发泄不满。

置换虽然可以避免直接侵犯行为，但往往造成对无辜者的伤害。

（五）规范说

在儿童发展的过程中，或者是在儿童社会化的过程中，将会内化社会所规定的社会道德规范，使自己的行为符合社会的要求。因而，一个社会化成熟的人，当其产生某种违反社会道德准则的侵犯动机时，同时内心也会产生一种强烈的焦虑和不安，社会心理学称之为“侵犯焦虑”。这种侵犯焦虑会抑制侵犯倾向。侵犯焦虑水平愈高，对侵犯行为的抑制能力也就愈强。因此，儿童期道德品行的培养，在预防和消除人类的侵犯行为中具有积极而重要的意义。

实际上，要全面揭示人类侵犯行为和侵犯现象的本质，并对其进行有效的预防或控制，不是社会心理学一门学科所能够完成的。迄今为止，其他心理学分支学科，如生理心理学、环境心理学、比较心理学、犯罪心理学，以及其他一些相关学科，如文化人类学、社会学、遗传学、伦理学等等，也都在对该课题进行研究和探索，也都在寻求对于侵犯进行预防和控制的途径。

第五节　利他行为

侵犯行为对我们人类的社会生活有着危害，被称之为反社会行为，是需要预防和控制的。但是，在我们的社会生活中，还有另一种较为突出的社会行为，也即“利他行为”。利他行为被称作亲社会行为，是值得提倡与发扬的。

一、利他行为概述

所谓“利他行为”，在社会心理学中一般是这样来定义的，即：一个人所作出的行为对他人是有利的，而对自己则并没有明显的利益。或者是一种无私的行为，只是为了他人的利益。因而，在社会心理学的文献中，与利他行为相近的术语还有“助人行为”和“亲社会行为”等。

社会学奠基者孔德（A. Comte）曾对亲社会性的利他行为进行过最初的描述，用来涵盖所有与攻击、欺骗、谋害等否定性行为相对立的一类行为，如同情、协助、善举、分享、捐款、救难、自我牺牲等。

人类亲社会行为有各种不同的表现方式，从一般性的有益他人的行为到做出自我牺牲。通常，社会心理学家把亲社会行为分为两大类。一类是不期待外来酬赏，给他人带来利益，自发自愿，自动自选进行的行为，通常称为利他主义行为（简称利他行为）。利他行为可能出现在一般情景下（或称非紧急情况中），也可能出现在紧急情况下。在一般情况下出现的利他行为，如在公共汽车上让座、主动打扫公共卫生、为残疾人服务等等，这些利他行为通常是利人不损己的。在紧急情况下的利他行为，往往会带来对自己不利的结果，使利人者自身蒙受某种损失或伤害，如舍身救人、与歹徒搏斗等等，有时行为者甚至要做出自我牺牲。有的学者认为，这后一种利他行为是亲社会行为的最高形式，这类行为在古今中外都是为人们所称颂的。

另一类亲社会行为被称为“助人行为”，助人行为也以利他为目的。在助人行为中由于助人者的动机不同，其表现形式也不尽相同：有的是为了回报曾经得到过他人的好处而助人，于是被称为回报性行为；有的则是为了补偿自己曾使他人蒙受损失而助人，因而被称作补偿性行为。

利他行为和助人行为虽然表现方式不同，但有一个共同之处，都是为了使他人获得利益或予人方便。在社会心理学和其相关学科的讨论中，人们对于利他行为也有着争论，问题一般集中在利他行为是否会有酬赏。有的学者认为，利他行为不需要任何酬赏，不论这种酬赏是来自外部（例如受表扬、获奖品等），或是来自行为者内心（例如产生自我满足、愉快的体验等）。但是有的学者则认为利他行为虽然不需要明显的外来报酬，但是却需要内心的自我酬赏。一般来说，大部分社会心理学家认为，真正的利他行为通常并不期待外来酬赏，但行为之后可带来自我酬赏的结果。

二、旁观者效应

在我们的日常生活中，我们都会遇到，或者是听到一些关于临危不惧、勇斗歹徒，或者是见义勇为、舍己救人的事例。但是，也会听到一些关于临阵脱逃、漠不关心他人的事情。那么，是什么影响或决定着人们的这些不同的行为和表现呢？社会心理学的有关研究，是以"旁观者效应"为起点的。

1964 年，美国《纽约时报》有这样一篇报道：1964 年 3 月 13 日的凌晨 3 点，一位叫吉蒂（Kitty Genovese）的妇女上夜班放工回家，当她停好自己的车，正要走进自己所住的公寓楼的时候，遭到一个持刀暴徒的袭击。吉蒂拼命反抗并大声呼救，挣扎着与暴徒搏斗达半个多小时，最后被暴徒用刀刺死。在整个过程中，公寓楼上至少有 30 多户人听到了呼救声，有的人还打开窗户探头观望，但是竟然没有一人出来相救，甚至也无人打电话报警。

为什么会这样呢？吉蒂事件引起整个社会的关注，同时也引起了许多社会心理学家的关注。美国哥伦比亚大学社会心理学家达利（J. Darley）和拉塔奈（B. Latané），随后便开始了对"旁观者效应"的系列性研究，其中有三个较为典型性的实验：一是观察被试在单独一人或与其他不同类型的人们在一起时，对房间突然冒烟的反应；二是观察被试在单独一人，或与其他不同类型的某个人在一起时，对隔壁一位受伤妇女的反应；三是观察被试单独一人时，或两名被试共处时，对一盗贼（由主试助手扮演）的盗窃行为的反应。

达利和拉塔奈通过一系列的实验研究发现，他人在场是抑制紧急情况下助人行为的主要原因，这也就是最初提出的所谓“旁观者效应”，用来表示他人在场对个体利他行为所产生的负影响或抑制作用。正是由于有许多人同时在场，因而也就导致个人的依赖思想，感到并不一定需要自己承担报警或相助的责任。随后，其他一些社会心理学家，对这种“旁观者效应”进行了更为全面的研究和分析，提出了以下有关的解释。

首先，个人对情境的解释，往往依赖于其他人的反应。在紧急情况下，如果在场的其他人无动于衷，那么就会让人怀疑情况是否紧急，从而采取和其他人一样的态度和行为。在社会生活中，他人的行为和态度往往成为人们解释情境和采取行动的重要依据。因此，他人在场就会产生某种相应的社会抑制作用。并且，当个人愈犹豫不决，无法决策时，他人对情境的态度和表现的影响力也就会愈大，这也是一种“社会影响”。

其次，他人在场可能影响个体对整个情境的知觉和理解。如果在场的人都表现镇静，毫不慌张，则可能产生某种错误的引导，使其他个人认为没有什么危险事情要发生，造成一种认知偏差或理解失误，达利和拉塔奈等人称之为“多数的忽略”。

最后，当他人在场时，个人的见危不救的社会代价，如内疚感、羞耻感和罪恶感会降低，责任感往往扩散到其他人身上；或者说，是把应承担的这种责任感分给了众人，自己责任轻了，达利和拉塔奈称这种现象为“责任扩散”。并且当能提供帮助的人越多时，人们倾向于认为自己的责任越小。

三、影响利他行为的因素

利他行为研究是社会心理学中一个较为重要的研究领域，已有的研究侧重于查明影响利他行为表现的各种因素。一般来说，利他者个人因素、情境因素、以及被助者的特征和社会文化因素等，都会在我们的利他行为，以及亲社会行为中，起到明显的作用。对此，我们可以做如下具体的分析。

(一) 利他者个人因素

社会心理学对于利他者个人因素的研究，涉及到利他者年龄、性别、个性特征，以及其助人机能等等。这些因素对于人们利他行为的产生，都有着直接或间接的影响。

1. 年龄：国内外的社会心理学家，对于儿童年龄和利他行为之间的关系做了许多实验性的研究。大部分研究的结果，都表明利他行为随着年龄增长而稳定上升，自私行为随着年龄增长而明显下降。

2. 性别：在社会心理学家的有关研究中，性别是影响利他行为的因素之一。一般说来，需要较大体力或不适合女性角色的利他行为，往往会由男性完成。此外，在较为尴尬的助人情境中，女性也会比男性更少表现出助人行为。女性会更多地对依赖性较强的求助者给予帮助，男性则更多地对依赖性较弱的求助者给予帮助。

3. 个性特征：有关的研究指出，一个人的自信心和责任感，与利他行为有着某种影响关系。一般来说，社会责任感与利他行为呈正相关。此外，个人的信念和价值观，也都会在利他行为中起着重要的作用。

4. 助人技能：近期一些研究指出，懂得助人技能的人，也就是说懂得如何去帮助别人的人，尤其是懂得在紧急情况下去如何帮助别人的人，要比不具有助人技能的人更可能表现出实际的助人行为。

(二) 情境因素

社会心理学家认为，情境是影响利他行为表现的一种重要因素。而在情境因素中，一般包括所谓的内在情境和外在情境两个方面。

就内在情境来说，主要指助人者自己当时的心境和情绪状态，以及其原来所拥有的助人经历和经验，当时是否有充分的助人时间等等。

关于助人者情绪状态，有研究指出，一个人自己当时的情绪状态，能影响到他的利他行为表现。心情愉快往往会促成利他行为的发生，不过消极心境对利他行为的影响则较为复杂。例如，内疚感是一种不愉快的心境，但却能够增加助人行为的表现。不过如果内疚感能够得到表达，能够得到减少或降低，就会导致助人行为的减少。一般来说，在消极心境很强的状态下，较难发生助人行为。

助人者自己原来的有关经历和经验，对于其目前的利他行为表现也会产生影响。如果一个人曾经在某种情境下有过助人的经历和经验，那么以后遇到类似的情境时，其再度助人的可能性会明显提高。

助人者当时的时间状态，是十分匆忙还是较为空闲，会影响其助人行为发生的比率。有社会心理学家指出，在时间较为充分的情况下，发生助人行为的可能性会明显上升，而时间匆忙则会减少助人行为的发生。

而就外在情境来说，一般指当事者所处的周围环境，其基本的社会风气或社会氛围，以及其他人的榜样和示范作用等。

比如，有研究者发现，利他行为在农村的发生率，要比在城市的发生率高，也可说明外在环境因素对于利他行为的影响。当被害者在人格、文化、风俗、兴趣等方面与观察者或潜在利他行为者越相似时，那么观察者也就越愿意给予及时的帮助。一般来说，在有榜样示范的情况下，人们利他行为的发生率将有明显的提高。同时，社会中对于利他行为的宣传和鼓励程度等，也会明显影响人们的利他行为表现。

（三）被助者的特点

在影响利他行为的实施与表现中，被助者的特点也是不可忽视的因素。在社会心理学家所进行的有关研究中，被助者的特点主要涉及被助者的性别特征、年龄特征和其外部表现特征等。

1. 性别：有关研究发现，女性在紧急情况下受到帮助的机会明显多于男性。那么为什么会这样呢？目前社会心理学家所提供的主要解释有这么几个方面：一是大部分社会中都存在着帮助弱者的社会规范，而按照传统的文化观念，女性属于弱者，弱者理当得到人们的帮助。二是人们通常认为男性和女性相比，应该具有更多的克服困难的能力和勇气，拒绝帮助男性的代价可能会低于拒绝帮助女性的代价，所以一般对男性求助者所给予的支持，低于对女性求助者所给予的支持。三是女性的帮助大多数是由男性来完成的，这其中也会反映性吸引力的作用。因为有一些研究表明：富有魅力的漂亮女性，在发生紧急情况时，得到帮助的机会比长相平常的女性要多。

2. 年龄：从客观上来说，由于老年人和儿童的自我独立能力较差，往往能够得到人们更多的帮助，这或许是因为人类社会始终保留着尊老爱幼的社会规范，个人实行尊老爱幼的行为，则为社会所鼓励，否则就可能遭到指责，所以人们觉得有责任和义务，来帮助年老体弱者和年幼无知的儿童。

3. 外表：社会心理学家在研究中发现，人们的穿着、仪表也是影响他人是否愿意帮助的因素。通常，人们更愿意帮助那些衣着整洁、举止端庄、言行符合当时社会风俗的求助者，而不愿意帮助举止粗鲁、或着奇装异服，行为不符合社会风俗习惯的人。

（四）社会文化因素

任何一种社会文化因素，都对我们的行为有着广泛而深刻的影响。利他行为是一种社会行为，当然也会受到社会文化因素的制约，不同的社会文化背景的人，确实也有着不同程度的利他行为表现。

对此，许多较有说服力的研究，是由文化人类学家，或者是社会心理学家在有关人类学和跨文化的研究背景中所提供的。比如，玛格丽特·米德（M. Mead）曾经比较了新几内亚两种文化条件下长大的儿童的行为，曼都加莫族人不大喜欢管教自己的孩子，往往放任自流，孩子长大后一般也不愿帮助别人；而阿拉培什族人喜爱自己的孩子，孩子长大后同情心很强，助人行为较多。

在70年代，曾经有人对美国儿童和苏联儿童的利他行为进行了比较研究，结果发现，苏联的学校教育强调社会责任，这种责任感促使个人批评那些违反团体规范的人，在客观上导致了人们助人行为的增加。另外，研究者们发现，随着社会经济的发展，在一些国际旅游城市，人们的助人和利他行为也有所增加。

四、对利他行为的促进

许多事实和研究证明，人类个体的利他行为，主要是一种后天的习得性行为。因此，可以通过各种教育和环境的影响力，来促进和培养个体的利他行为。对此，根据目前社会心理学家们的有关研究，我们做如下总结。

（一）鼓励与培养人们的同情心

在社会心理学中，同情心被定义为设身处地来考虑别人的感情，并作出相应的情感反应。一般来说，同情心是我们助人行为和利他行为的一种基础。因而，为了促进利他行为，也就应该鼓励与培养人们的同情心。

我们的同情，会表现为对无助或受害者的关注，对贫困和有难者的关心。而这种关注和关心，将是我们采取实际助人行为或利他行为的前提。有社会心理学家曾经提出一种“同情－快乐”理论，也即当我们对别人表现出同情的时候，尤其是对别人提供了帮助，满足了别人需要的时候，会感受到一种由衷的快乐。而这种同情快乐，成为促成人们助人和利他行为的动机。

在我们健康的家庭生活中，通过母子或父子的亲情，通过兄弟姐妹的手足之情，通过家庭成员的相互支持，一个人的同情心都会得到培养，受到鼓励。而在我们的学校教育和社会宣传中，也应该注重这种对人们同情心的鼓励和培养。

（二）注重对儿童的教育

对于社会中利他行为的促进，应该重视对儿童助人和利他行为的培养。而在对儿童助人和利他行为的培养中，尤其应该注重模仿和家庭的教育力量。

儿童具有很强的观察模仿能力，当看到他人的助人行为时，儿童可能去模仿，学习助人行为。因而，我们应该充分注重家庭中父母的榜样教育力量。如果父母对他人总是采取利己的态度和行为，那么就必然会妨碍儿童利他行为的发生。相反，若是父母对他人经常采取慷慨热情的助人态度和行动，那么孩子往往会模仿学习，对邻里小伙伴或幼儿园小朋友更多地发生助人行为。

同样，在幼儿园和学校等教育机构，教师对小朋友的关心呵护，对学生的关心和爱护，都可以给儿童观察和模仿提供权威性的榜样，促进儿童利他行为的发展。总之，经常不断地给儿童提供助人行为的榜样，就会有助于培养儿童的助人行为表现。有研究表明，多次看到他人把东西分给别人的孩子，比只看到一次把东西分给别人的孩子，表现出更多的把自己的东西分给别人的行为。因而，全社会鼓励助人行为，让儿童在生活环境中经常能观察到各种助人榜样，能有效地促进儿童的利他行为。

（三）强化儿童的利他行为

在对儿童的利他行为的教育和培养中，应该注重对于儿童利他行为的及时强化。根据社会心理学理论，助人行为和其他行为一样，可以通过强化而得到有效的巩固。比如，孩子做了助人的好事，父母和教师给予及时的表扬和鼓励，就会有助于儿童助人和利他行为的发展。

在社会心理学家的有关研究中，发现当人们由于做好事受到表扬和鼓励之后，他们就会逐渐产生一种相应的内在的自我奖励倾向。这时的强化就不单是一种外在的奖励，同时也会表现为内在的自我满足。因而，社会心理学家希望，能够在外在强化，也即在对助人和利他行为表扬与鼓励的基础上，促使人们产生助人后的内心自我奖励和自我满足感，形成较为内在的对利他行为的强化与培养。

（四）有效的助人技能

社会心理学家认为，知道怎样或如何去帮助他人，对于提高人们实际的助人和利他行为，是很有帮助的。比如，见到失火会想到火警，具备防火和救火的常识，知道防火器材的使用等等，都会增加人们对有关紧急情况的处理。

社会心理学家在研究中发现，在现实生活中，许多人本来都会有助人的意愿，可是由于不知道该怎样做，也就未能表现出实际的助人行为。例如，若是在幼儿园见到小朋友摔倒流血了，许多孩子可能很想帮助受伤的小朋友，可是却不知道该怎么办，而未能表现出实际的助人行为。而由于其未能表现出助人行为，也就未能受到由于作出助人行为所受到的表扬或鼓励。

于是，社会心理学家曾经设想，在培养人们助人行为的时候，应该考虑到如何使人们了解必要的助人的方法。比如对于现实生活中经常发生的交通事故、病人突发事故、溺水或煤气中毒事故、遇到坏人抢窃等，如果人们知道了处理这些突发事件的方法，那么就会增加人们的实际的助人行为。

（五）注重社会舆论和宣传

对于利他行为的促进，是需要整个社会都大力协助和积极参与的，绝非社会心理学家单方面的事情。因而，应该注重社会舆论和宣传的作用，调动全社会的力量，鼓励和促进利他行为和助人行为。

目前，我们国内已经十分注重对于利他和助人行为的宣传与鼓励。许多省市，都先后设立了“见义勇为奖”，对见义勇为者的事迹也都作出了相应的宣传和报导，引起了整个社会的普遍关注。这样，人们会以见义勇为为荣，以冷漠无情、临阵退缩为耻，一种见义勇为和助人为乐的良好社会风气正在逐渐形成。

社会心理学不但是一种学术研究，而且能够影响实际的社会生活，也应该影响和改善我们的实际社会生活。因而，通过对利他行为的分析和讨论，我们希望能够引起人们对利他行为的了解，并且能够有助于利他行为的产生，促进社会的和谐发展。

练习与思考

1. 试比较社会促进与社会干扰现象的优势反应强化理论和评价理论。

2. 分析从众现象的心理基础。

3. 服从行为受到哪些因素的影响？

4. 侵犯行为是人的本能行为吗？如何有效地预防和控制人的侵犯行为？

5. 以社会心理学观点分析“助人为乐”现象。

第五章　社会认同

本章提要

○自我概念及其结构
○自信心及其表现
○性别认同与性别差异
○社会化的界定
○社会化的历程

对于我们每个人来说，“社会认同”是一个十分重要的实际问题。当我们要确定“我们是谁?”的时候，当我们要确定“我们做什么?”的时候，当我们要确定“我们自己怎么样?”的时候，都已经涉及到了我们的“社会认同”。我们的社会认同，将我们自己所拥有的自我概念，与我们在社会生活中所获得的种种认同，诸如性别、种族、宗教、年龄、职业等，融合在了一起。在这一章中，我们将围绕“社会认同”，来讨论以下三个方面的问题：自我、性别与角色、社会化。

第一节　自我与发展

当你第一次遇到某人，他或者她向你问道："你是谁?"的时候，你将如何作出回答呢？你可能会说出你自己的名字，或者是你的职业，或者是你的职位等等。正如在社交场合与人初次相见时，我们往往会递上一张"名片"，而上面所反映的也正是你的姓名、职业，以及职位。但是，当我们自己向自己来提出这一问题"我是谁?"的时候，答案就显得更为复杂。实际上，所有的心理学家都是自我的追求和探索者。而自我以及自我所涉及的问题，也是我们所有社会行为和社会生活的真正核心。

社会心理学家认为，我们主要是通过社会活动和社会交往，来获得我们的自我认同，以及我们的自我概念的。自我及其获得，是社会心理学中非常重要的研究课题。在这里，我们将首先从社会认知的角度，来考察当前有关自我的知识。

一、自我概念

"自我概念"，一向被认为是我们心理与行为的核心图式。如果你想描述有关你自己的概念或特征，那么会涉及到一些什么样的信息呢？大部分人都会来描述自己的生理特征，比如身高、体重、血型等等；或者会说出自己的主要性格特征，比如容易害羞、容易焦虑，或者比较冷静、比较主动等等；或者会提到自己的主要生活目标或愿望，比如想多挣钱，想为人类多做贡献等等。总而言之，在这种意义上，自我概念实际上是你自己所拥有的关于你自己的各种信息的复杂集合。就目前来说，在社会心理学的研究与理论中，有以下关于自我概念的经典解释。

（一）自我及其结构

关于自我，尤其是关于自我内在结构的研究，要首推精神分析心理学家们的努力。从弗洛伊德开始，精神分析心理学家就十分重视关于自我及其结构的研究。弗洛伊德在其潜意识观念的基础上，将人的内在自我结构，分为“伊底”、“自我”、和“超我”三个部分。在这三个部分中，所谓的“伊底”是最原始、最难接近的成分，包括了我们人类本性中原始的冲动和被压抑的习惯倾向。而“自我”则是从“伊底”中发展出来的，其目的是为了适应或协调“伊底”的需要和现实环境之间的关系。因而，在弗洛伊德的理论中，“自我”所代表的理性，与“伊底”的情欲形成鲜明的对照。但是，“自我”不能脱离“伊底”而单独存在，其生存的力量来自于“伊底”。于是，“自我”就会在最大的程度上来帮助“伊底”获得满足。这样，也就出现了第三者——“超我”。“超我”是在童年早期发展起来的，主要是通过父母的教养。弗洛伊德假定，父母对于儿童行为的规范——奖励和惩罚，都会被儿童同化或内化。对“坏”的行为的惩罚，会形成儿童的良知，而这种所谓的良知，也就构成了一部分超我；对“好”的行为的奖励，会形成儿童的自我理想，而这种自我理想，将构成另一部分的超我。因此，本来儿童的行为是由父母来控制的，但是一旦儿童形成了自己的超我，那么“超我”就会与“自我”一起，来控制自己的行为。

弗洛伊德的追随者之一，当代相互作用分析的创立者艾里克·伯恩（E. Berne），发展了弗洛伊德关于自我的解释和理论，提出了著名的“儿童”、“成人”和“父母”的自我结构学说。伯恩认为，我们每个人的自我，实际上是由三种基本成分构成的，或者说是由三种自我构成的。所谓的“父母”，是我们自我结构中记录下来的关于外部事件的集合体。对于儿童来说，其外部事件多与父母有关，包括父母的言谈举止，父母的告诫或鼓励等等，所以命名为“父母”。“儿童”主要是自我结构中对自己内部事件的记录，包括儿童的感知与体验。而“成人”则是在“儿童”的基础上，对应于由“父母”所代表的外界信息的加工。当儿童逐渐发现“父母”传来的外在信息，与其“儿童”中的感知和体验不同的时候，他也就积累与发展着与其“成人”有关的概念。

在我们的实际生活中，伯恩的理论也会有所反映。比如，尽管已经是18或19岁的大学生，已经长成了大人，但是我们有时却会像“小孩”一样，几乎完全就是一个“小孩”，还会在父母或者亲密的朋友面前“撒娇”；但是有时也俨然像一位“父母”，会体贴与照顾自己的朋友；而大部分时间则会表现为“成人”，表现出自立、成熟、客观、有自己的主见等等。

（二）自我图式及其认知效果

“自我图式”是在90年代被逐渐接受的一种关于自我概念的理论。在心理学的研究中，所谓的“图式”，实际上是指我们自己内在的关于世界或社会某一方面的信念和情感的集合。因而，我们每个人，都会有一个自己的自我图式，而这种自我图式，也就是我们关于自我认识和自我知识的集合。或者说，这种自我图式，就是一种引导我们如何看待自我的特殊认知结构。在这种自我图式中，反映（包含）着我们过去所有与自我有关的经历和体验；反映着我们目前所拥有的关于我们自己的知识和记忆；反映着我们的自我形象，我们过去是怎么样的人，现在是怎么样的人，以及我们在未来将会是怎么样的人等等。因而，可以这样说，一个人的自我图式，也就是一个人所能够知道或能够想象的，关于他自己或自我的一切。

如果“自我”是我们社会行为与社会生活的核心，如果我们每个人都拥有一个逐渐发展的“自我图式”，那么可以作这样的假设或推断：凡是与我们自己有关的信息，我们都会十分敏感；这种敏感的程度应该远远超过我们对于其他与自己无关信息的敏感。对此，社会心理学家们进行了实验研究。当同时呈现给被试一组内容丰富的信息时，被试记忆以及回忆最多的，是与自己有关的信息。这种现象说明了自我图式的作用，被称之为“自我关联效应”（self－reference effect）。

（三）一个自己，多种自我

弗洛伊德曾经以“伊底”、“自我”和“超我”三种层次和内容来描述我们的自我结构。相互作用分析的创立者艾里克·伯恩，受弗洛伊德的启发，直接提出三种自我的理论，即其著名的“儿童自我”、“成人自我”、“父母自我”的理论。那么，我们同一个人，会有不同的自我吗？

实际上，当我们谈到自己的时候，总是认为“自己”是相对稳定的，是缺少变化的。但是，也会有许多人，能够意识到我们是能够变化的，也是在不断变化的。实际上也是如此，你已经不是10年之前的你；而10年之后，你也必定会发生很大的变化。我们都曾有过幻想，幻想在学校毕业之后会有什么样的变化，幻想结婚之后会怎样，幻想在自己专业领域的未来发展等等。因而，在我们同一的自我概念之中，似乎也会有不同的自我，或其他自我的存在。

玛尔古斯（Markus）等人在1986年前后，曾经对此做过系列性的研究，以确定我们多种自我的存在及其作用。他们认为，当人们遇到新的生活变化，或者是新的生活体验的时候，其自我，以及其自我概念，都会发生相应的变化。在实际的生活中，我们也经常想象，并且也往往采取具体的步骤，想通过健身，通过学习弹钢琴，做新的发型或发式等等，来改变自己，使自己显得变成了另外一个人。同时，我们也可以想象，我们的自我变化有时可能不太理想：比如体重在不断增加，失去了亲人或亲密的朋友，自己身患重病等等。

这种有选择性的多种自我角色，会在某些方面对我们产生实际的影响。首先，它们会影响到我们的动机，因为一种未来的自我形象，其本身便是一种强有力的激励，能够促使一个人努力工作，努力学习，促使一个人锻练身体，或者是戒烟、节省花费等等。因为如果是这样做了，你就有可能在大学毕业之后，成为研究生，或找到满意的工作等等。其次，在我们的自我觉知，和他人对我们的感知之间，往往存在着某种差异。我们所感知的既是现实的自己，也是想象的、未来的自己，或者是可能成为的自己；而他人对我们的感知，则只是现实的我。再者，这种现实的我与想象的或未来的我之间的差别，会给我们带来烦恼或痛苦。或者说，现实的我与想象的我之间的差别越大，我们的烦恼会越大；而差别越小，相对来说则会幸福或愉快。最后，就自我的变化和未来自我而言，会有明显的个体差异。有的人会乐观地对待未来自我的变化，而有的人则对于自我的变化持悲观消极的态度。

有这样一首歌曲说：一个小女孩问自己的妈妈，自己长大后会变得怎么样？会不会很漂亮，会不会很有钱等等。现实的自己与想象或未来的自我，确实存在于我们的现实生活之中。因而，社会心理学家的有关研究是积极而富有意义的。意识到这一点，也即在我们的自我概念中，存在着多种选择性的自我，可能会使得本来已经被认为是复杂的“自我概念”更加复杂。但是，这样也或许能为我们理解我们的自我，提供更为全面的线索和信息。

二、自信心

“自信”或“自信心”，是我们人类心理生活中最基本的内在品质之一，也是我们每个人之“人格”结构中的本质因素，我们每个人内在“自我”的核心部分。自信可以是我们每个人实际的行为表现，自信也可以是我们每个人内在的心理品质；自信心是我们的个性特征，自信心也是一个团体乃至民族和国家的精神面貌。有一种关于“五心”的说法，认为我们每个人都应具有以下“五心”，或称之为“五种心理品质”：忠心、孝心、爱心、关心和信心。这“五心”的“奉献对象”应是不同的，我们应该是将忠心给予国家，将孝心给予父母，将爱心给予社会，将关心给予他人，而将最后的“信心”留给我们自己。在这里，我们就来对这我们每个人应该留给我们自己的“信心”，也就是我们的自信和自信心，对其基本的内涵和意义，做进一步的分析。

（一）概念的内涵

尽管“自信”和“自信心”早已是我们日常生活中的普通用词，但它也是心理学中的一个最基本的“术语”，有着其特定的内涵和意义。

心理学家对自信的定义有许多，我们所选择的是一种最简明的表述：“自信是一个人对自己的积极感受。”对此可以作如下的分析和理解。

“积极”意味着一种态度，一种自己对自己的认可、肯定、接受和支持的态度；“感受”则包含着自己对自己的情绪、感觉、认识和评价。作这样一种解释，可以说“自信”是一个人感受自己的方式，它包括了自己对自己接受的程度，自己对自己尊重的程度。或者说，“自信”表示着一个人自己对自己的看法，自己是不是有能力，自己是不是“有价值”，自己是不是“看得起”自己。

在心理学中，同“自信”相反的词是“自卑”。“自卑”所表现的是一种自我贬低，一种对自己的不信任，一种自己对自己的消极的心态。自卑的人像是自己给自己设置了生活中的种种障碍，凡事都不能够尽力争取，随时都有着退缩的打算，因为自卑的人总是看不起自己的，总是认为自己“不能”或“不会”。然而，自信的人则相反。由于他相信自己，相信自己的能力，也相信自己的价值，因而凡事他也就会尽力争取，有一种“当仁不让”的主动精神。

在日常生活中，还有一个与“自信”有关连的用语是“自负”。自负表面上近似于自信，但是与自信有着本质性的区别。自信的人对自己往往有着一种客观的认识，所表现的是其实际的内在自我；而自负的人恰恰正是缺乏对自己的客观认识，所表现的多是夸张的自己，或是自己幻想中的角色。而实际上，对自己的夸张和炫耀——自负的主要表现之一，本质上正是其不自信或自信心不足的表现。

就“自卑—自信—自负”这三个术语及其关系而言，惟有自信是积极健康的心理品质，而自卑与自负则是不同于自信的两个极端。在自信的内涵中，最为典型的是“自我接受”和“自我价值感”。对此，我们可以作进一步的分析。

（二）自我接受

“自我接受”是自信的主要内涵，它本身的意义是指一个人对自己能否有一种基本的承认、认可，以及自己对自己的接受态度。

我们每个人都是一个独立而特殊的存在，古希腊的哲人说，“天底下没有两片相同的树叶”。那么天底下更没有两个完全相同的人。认识自己的特殊性，认识自己的自我本性，并且接受自己作为一种独立而特殊的个体的存在，便是自我接受的含义。惟有接受自己，我们才能“相信”自己，才能尊重自己，才能体会到我们自我存在的价值。

在著名电影《蝴蝶梦》中，编剧和导演便安排了一个与我们所讨论的“自我接受”有关的情节。一位天真自然的平民姑娘与显赫的曼德里庄园主邂逅，正是这位姑娘自己的天真自然，打动与吸引了曼德里庄园主，但是这姑娘自己却并没有意识到这一点。在结婚后作为曼德里庄园主夫人的最初一些日子里，她刻意去模仿原来的庄园主夫人，希望自己像她一样的高贵，像她一样的有知识和教养，而完全忽略了自己的可贵品质，完全没有意识到如何保持自己的本性，因而整日生活于恐慌与自责之中。只是后来当她发现了问题之所在，勇敢地接受自己，坦然地表现自己的时候，才是她自己生活最为轻松，也是她为曼德里庄园主带来真正幸福的时候。

同样的道理在我们中国古代的寓言“郑人学步”中也有反映。若是不能接受自己，认识不到自己的独特之处和独特的意义，而一味去模仿别人的生活方式，那么所得到的将是失去自我，失去自己本来拥有的独特的意义，既未学会别人的“走路风格”，也忘记了自己原来是如何走路的，只有爬回自己的原处。而作为相反的例子，则可在“王昭君”的身上表现出来。当她身负重托，出嫁匈奴单于的时候，本来是要按照皇宫里的规矩浓装艳饰，作精心化妆的，可是她不想表现为一种“包装的角色”，而想表现她真正的自我。这正如她自己所说的：“淡淡装，天然样，我本来就是这么一位汉家姑娘。”她是诚心接受自己的，她也是自信的；正是她和她的品质，写就了一篇千古流传的动人故事。

有一句英语谚语说：“ Like your self, and others will too ”——“喜欢你自己，别人也就会喜欢你”。同样的道理包括：接受你自己，别人也就会接受你；接受你自己，你也才能够获得自信心。

在强调自我接受的时候，我们所强调的是一种在自我接受的基础上的发展，而不是一种自以为是的僵化固执。发展是自我完善的条件，而自我完善也才是自我接受的真正的意义。既然你自己是一个独立而特殊的存在，那么也就要为这一世界和生活，贡献出你的那一份特殊的意义和价值。

（三）自我价值

“自我价值”或“自我价值感”，是我们自己对自己的感觉、态度、认识和评价，说得直接一些，当你获得某种机会、机遇或“奖励”的时候，你是否会觉得理所当然，是否会觉得自己“值得”。比如说，你获得了一种引人注目的奖励，那么你认为，这是由于你的运气好呢，还是你本来就应该得到；是由于别人对你的恩惠或照顾呢，还是由于你自己所付出的辛勤的努力。

自我价值与自我接受是密切相关的，它们同为自信的基本内涵。我感谢我这份独特的存在，我感谢我所持有的生命，这也就是自信的基本品质和内涵。大家都很熟悉唐代诗人李白的那句名言：“天生我才必有用，千金散尽还复来。”李白是自信的，他的自信也由他的自我接受和自我价值感表现出来。他是绝不会想着放弃或改变自己而模仿或变成别人的，不管那会是什么样的条件和结果，这正如其同代诗人杜甫对他的描述：“天子呼来不上船，自称臣是酒中仙。”

有这样一种虽然普通但是也令我们深深感动的情境，当全家人都付出了一天的工作和劳动，傍晚聚集在一起的时候，父亲或母亲说：“我们该好好地休息一下了，让我们来做些游戏，或者是轻松地来娱乐一番吧！”有工作就应该有休息，这休息是值得的；我们可以自己来奖励我们自己，而这里面也就包含了一种对自我价值的认识和感受。从心理学的角度而言，我们的内在自我总是非常敏感的，他渴望着你的体贴，渴望着你的奖励或者是鼓励。

人们对自我价值的认识，以及对自我价值的表现，有着一定的文化差异。在西方，当学者和艺术家在获得重大奖励的时候，比如获得“诺贝尔奖”或“奥斯卡奖”的时候，即兴的领奖演说总是神采飞扬，大都有当仁不让，“我付出了心血，我应该获得这个奖励”的味道；然而在我们中国，不管是小的表扬，还是大的奖励，受奖人在领奖时，大都是另外一种表现方式，几乎都会说出同一种意思，那就是“我没有什么，我不该受这表扬或奖励”，或者是说“这表扬和奖励仅仅是对我的鼓励……”等等。若是从心理学的角度来分析这种现象，那么可以说西方人的自我价值感是不同于我们中国人的。他们对自我价值的问题会更为敏感，更为注重；而我们则是对集体价值的问题更为敏感，更为注重。但是，从根本上说，自我价值感与集体价值感并不是非此即彼的矛盾体，前者应是后者的基础。惟有一个人人自信、自尊，自我接受和表现出自我价值的民族，才能是一个整体上更加自信、自尊和自强的民族。

三、自信与表现

若是“自信”代表着一种优秀的心理品质和积极的人生态度，那么我们每个人都会希望拥有它。因而，我们应该对自己的自信状态或自信程度有一个基本的了解，同时对“自信心的标准”有一个基本的认识。这样，在理解了自信的内涵及其意义的基础上，我们就可以用所获得和拥有的自信，来充实与完善我们的自我和人生。

（一）自信的评价

心理学具有十分鲜明的学科特殊性，它不仅仅是一门科学，而且是一种职业，是一种生活方式和生活的艺术。根据我们的理解，学习心理学最好是从自身入手，最好是把自己投入到学习与理解心理学的过程中去，惟有这样才能获得真正的学习心理学的效果。那么认识与理解“自信”也应该是这样的道理。下面是一份关于自信心的心理问卷（表 5－1），其中所涉及到的“测验项目”，也都是与自信心有关的实际的生活问题。我们希望借助这份自信心问卷，来增加我们对自信心及其表现的理解和把握。

“问卷”由 25 个问题组成，每个“问题”都由一个“陈述句”表示，都涉及到一种你对你自己的感觉和态度。如果其中有的问题的陈述是符合你自己通常的实际感觉的，那么你就在这个题号前面“像我”栏中打上一个“√”；如果其中有的问题不符合你通常对自己的感觉，那么你就在这个题号前面的“不像我”栏中打上一个“√”。不管你的选择是“像我”还是“不像我”，都无所谓对或错，关键是你的选择要符合你自己的实际感受和实际情况。

表 5－1　自信心测验表

题号	题　目	选择	
		像我	不像我
1	我一般不会遇到麻烦事。		
2	我觉得在众人面前讲话是很困难的。		
3	如果可能，我将会改变我自己的许多事情。		
4	我可以轻而易举地做出决定。		
5	我有许多开心的事做。		
6	我在家里常常感到心烦。		
7	我适应新事物较慢。		

续表

题号	题　　目	选择	
		像我	不像我
8	我与我的同龄人相处得很好。		
9	我家里的人通常很关心我的感情。		
10	我常常会作出让步。		
11	我的家庭对我的期望太多。		
12	我是个很麻烦的人。		
13	我的生活一团糟。		
14	别人通常听我的话。		
15	我对自己的评价不高。		
16	我有许多次想离家出走。		
17	我常常觉得我的工作很烦。		
18	我不像大部分人长得那么漂亮。		
19	如果我有什么话要说，我通常是说出来的。		
20	我的家里人理解我。		
21	我不像大部分人那样讨人喜欢。		
22	我常常觉得我的家里人好像是在督促我。		
23	我常常对我所做的事情感到失望。		
24	我常常希望我是另外一个人。		
25	我是不能被依靠的。		

做完上面的自信心问卷之后，我们可以按照下面的方法来计

算我们自己在这份自信心问卷中的“得分”。

首先，让我们对照“标准答案”来确定自己的得分。“标准答案”如下，你的选择若是与“标准答案”一样，那么你就得一分；若是不一样，就不计分。

评分标准

题号	选择结果		题号	选择结果	
	像我	不像我		像我	不像我
1	√		14	√	
2		√	15		√
3		√	16		√
4	√		17		√
5	√		18		√
6		√	19	√	
7		√	20	√	
8	√		21		√
9	√		22		√
10		√	23		√
11		√	24		√
12		√	25		√
13		√			

对照以上“标准答案”，统计结果可以分两步进行：(1) 先把你的实际得分统计出来，也即你自己的选择与“标准答案”一

致的得分；（2）然后把你的实际得分乘以4，算出一个新的得分。那么这个得分就是你的“自信得分”。

在以上关于自信心的问卷和量表中，得分越多，意味着自信的程度越高。一般来说，得分在70～80分之间的，是属于自信程度正常的范围；得分在80分以上的，是属于自信程度较高的范围；得分在60～70分的，属于自信程度偏低的范围；得分在50～60分的，属于自信程度较低的范围。

（二）自信的特征

需要说明的是，这个“评分标准”只能作为一个参考。在我们的实际生活中，我们是能够体会和体验自信与不自信的，也能够看得出自信的人与不自信的人。在有关自信的心理学研究中，以下“特征”被认为是自信的人所共有的，或者说，是可供参考的自信的标准。

1. 自信的人活泼。自信的人在其面容、姿态和言行举止上，都会表现出一种活泼的生气，显得对生活充满信心。我们可以在自己的生活中，发现和体验心理学家的这种评价。自信的人不但自己充满生气，而且会给其周围的人带来一种生机勃勃的气氛，带来一种乐观的鼓舞。

2. 自信的人坦诚。自信的人总是能够直接而坦诚地说出自己的意见，甚至是自己的缺点。这种坦诚和不掩饰缺点，正是对自己充满信心的表现。自信的人总是说自己想说的话，而不是看着他人的面孔而说别人想听的话。

3. 自信的人虚心。自信的人能够虚心地接受批评，坦然地承认自己的错误。能否虚心地接受批评，能否坦然地承认自己的错误，是衡量一个人自信程度的指标。在我们的生活中，不自信的人恰恰是拒绝接受批评的，在自己明显错误的时候，也总是尽量去作辩解。

4. 自信的人大度。自信的人能够自然和自如地表达自己对别人的赞赏、好感和喜欢，也能够自然和自如地接受别人对自己的赞赏、好感和喜欢。不自信的人容易嫉妒，不希望别人超过自己；而自信的人则恰恰相反，能够大度而坦然地赞赏和接受别人。

5. 自信的人轻松。自信的人在日常言行中，会表现出轻松自如的神态。孔子说，“君子坦荡荡，小人长戚戚”，大概也是在表达同样的意思。做“君子”的心地平坦宽广，而做“小人”的则经常局促忧愁。毫无疑问，自信也是孔子之“君子”的基本条件，他们在日常生活中会表现得轻松自如，而不是终日陷入沉重抑郁之中。

6. 自信的人一致。自信的人言行是一致的，他所说的与其所做的，往往一致而协调；因而，他的容貌、声音和举止，也都会表现出一种内在的和谐气氛。俗话说，“君子一言，驷马难追”，说到就应该做到，这是自信的人所表现和信守的。

7. 自信的人开放。自信的人对生活中的新观念、新体验和新的机会，都会有着一种基本的开放态度。社会在发展，生活在变化，是积极而开放地接受这种发展和变化，还是消极而顽固地拒绝这种发展和变化，将是衡量自信与不自信的另一个指标。

8. 自信的人幽默。自信的人能够以一种幽默的态度来面对具体的生活，包括生活中的失意、紧张和挫折；自信的人也能够自然地发现生活中的幽默，能够在自己或别人身上发现并欣赏幽默。幽默是一种自然而轻松的态度，也是一种敏感和智慧的表现。

9. 自信的人勇敢。由于自信，由于对自己充满信心，包括对自己的人格、自己的能力、自己的命运充满信心，因而，自信的人总是能够以一种轻松自然的态度，来面对生活中复杂的情景或挑战，表现出一种大智大勇的气度。

10. 自信的人果断。自信的人果断，尤其是在重大或关键的问题上，自信的人总是能够表现出一种果断的品质和作风。由于自信的人勇于承担责任，不会因为事关重大而优柔寡断，不会想着逃避不好的结果而瞻前顾后，因而会保持一贯的果断作风。

（三）自信的维护

检查了自己的自信程度，了解了“自信”在生活中的表现，以及自信者的基本特征，我们也就接触到了“自信的维护”。正所谓知其然而向往之，择善而从。我们每个人都是希望自己能够有足够的自信的，不但是因为这样可以更好地抵御心理压力的影响，而且是因为在自信之中，还包含着我们生活中更多的意义和内涵。

借助于心理学的研究和理论，我们将从以下七个方面，来对“自信的维护”，进行具体的分析和讨论。

1. 你的“自我形象”是由你自己来控制的。一个人的自信感觉，在很大程度上受着其自我形象的影响。认为自己的自我形象不好的人，往往具有严重的自卑，深深地影响到其自信心的建立。因而，为了保持你的自信心，你应该充分地认识到，归根结底是你自己在决定着你对自己的看法，是你自己在决定着你对待自己的态度；同时，你也拥有着改变你的自我形象的能力。尽管我们的自我概念和对自己的认识，在某种程度上会受到别人和外在因素的影响，如社会心理学中“社会比较”理论等所揭示的那样，但是，你的“自我概念”或“自我形象”，毕竟是存在于你的内心之中的。从根本上说，它们是由你自己的思维、认知和判断等来决定的。尽管别人会影响你的自我概念，但是你自己将是最终的裁决者。意识到这一点，将大大有助于你自信心的维护。

2. 不要让别人来设定你自己的生活标准。在我们的日常生活中，本来是我们自己的事情，其标准则往往是由别人来设定的。比如，“别人”（包括商业的广告和宣传）不断地告诉我们，应该做什么和不应该做什么，甚至是应该怎样做，以及不应该怎样做等等，例如“你应该去减肥”、“你应该学会跳舞”、“你应该去健身”、“你应该穿牛仔裤”等等。即使是“别人”大都出于好心，甚至所提的也并非坏的建议，但是，别人的“好”的标准，不一定就能够适合你。有这样一句谚语：“一个人的佳肴，也会是另一个人的毒药”，其所揭示的便是同样的道理。自信程度低的人，往往非常容易受别人的影响，往往会轻易地把别人的生活标准接受为自己的生活标准。这样，其自信的成分与内容便会受到冲击和伤害。所以，为了保持或建立我们的自信，我们就应该自己为自己设立生活的标准，或者对自己生活的标准进行认真的思考，选择符合我们自己的思想，符合我们自己的兴趣，符合我们自己的个性，符合我们自己价值观的标准。

3. 认识和调整不现实的生活目标。我们每个人都有着自己的理想和目标，并且会认真而执着地去实现它们。但是，这里也会存在这样一些问题：“你的这些目标现实吗?”“你的这些目标符合你自己的实际条件吗?”有些人已经习惯于向自己提出一种“高标准”的要求，总是要求自己做最高水平的发挥，凡事都要求做最好的，这样常常会显得十分勉强，并且每当愿望不能达到或实现时，就会不断影响或伤害自己对自己的看法，以及自己的自信心。比如，如果你根本不具备基本的条件，而硬要强迫自己去做世界级电影明星；如果你老是想着一夜之间便成为百万富翁；如果你认为自己一定要成为总统或国王……那么，类似不切实际的目标，会使你生活于虚幻之中，会使你迷失自我。因而，换一种角度来看问题，如果你立志于在影视界发展，根据自己的处境和条件，制定考取影视艺术学校，或者是争取从事影视工作，争取参与或扮演好的角色的机会等等较为客观实际的目标，脚踏实地求实发展，那么每当实现了一个目标，便会增加一份自信；增加了的自信，也会帮助你取得更大的成功。

4. 修正消极的自我评价。一个人自己对自己的评价，会直接影响到其自信的程度和自信心的维护。自信程度低的人，往往会陷于种种消极的思维模式中，比如：当他们获得成功的时候，他们可能会把自己的成功归于自己的“运气”；而当他们失败的时候，他们则会深深地责备自己的无能。作为对自信心的培养，我们应该采取相反的态度和方式。比如，本来应该把成功更多地归于自己的努力，从而也把成功看作是自己应得的鼓励；而面临失败时则尽量去考虑导致自己失败的“客观因素”，因为失败有可能并非是你自己的过错。心理学家曾对即将毕业要去求职的大学生，做了一次有关问题的自信心调查。结果发现，当求职被拒绝之后，自信程度低的学生，80%都认为之所以被拒绝，是因为自己“太差了”，“没有吸引力”，“自我形象不好”等等，也即把被拒绝的原因全归咎于自身。这样的“自我评价”对一个人的自信心是会有很大的消极影响的，何况这样对自己的消极评价也并不符合事实，因为即使是被拒绝，也还会有许多其他原因，比如所学专业不对口、用人单位指标有限等，我们不应该凡遇不利的事情，就归之于自身不足；而应该用一种积极的态度来对待自己，来进行客观的自我评价。

5. 看到你自己的长处和力量。自信心较差的人，一般总是不断地抱怨自己的愚蠢，自己的无知，自己的懦弱；总是想着自己有许许多多的缺点，同时，他们又往往视而不见自己成功的力量，往往视而不见自己个性的好的品质。然而，事实上我们每个人都有缺点和不足，也都有自己的优点和长处。作为对自信心的培养，我们应该尽力去改变自己的缺点，同时也要接受那些我们无力去改变的个人的不足。这是一种基本的自我接受的态度，不是说“金无足赤，人无完人”吗？若是自身中的某种缺点是我们无力改变的，比如自己的“长相”，那么为什么不能安然地接受呢？同时，我们也应该学会尽量欣赏自己的长处，欣赏自身好的品质；用这种欣赏和赞美，来增强自己的积极的自我意识，增加自己的自我接受程度和自我价值感，而这样就会保持和增强我们的自信心。

6. 努力提高与发展自己。提高与发展自己，是我们每个人的愿望。这有两个方面的意义，或者说有两种思路来考虑自身的提高与发展，即：从实际生活与工作中来提高自己；以及增强自我认识，从内在心理品质上来提高自己。努力工作，热爱生活，工作中所取得的每一个成绩，以及生活中所获得的每一次新的体验，都会是提高与发展自己的机会；而自信心强的人，也会重视工作与生活给自己带来发展的机会。同时，我们每个人也都需要一种内在的发展，都需要一种内在心理品质的提高。这也正如心理学家所强调的，自我完善是人一生的历程。人的内在的发展和提高，可以通过阅读好的书籍，吸收人类思想的精华而获得；可以通过沉思人生的意义，沉思自己的宇宙的奥秘来获得；也可以通过持续不断的个性培养和人格完善来获得。所获得的这种发展和提高，也都会帮助我们建立与维护我们的自尊与自信。

7. 积极乐观地与人相处。自信心差的人往往看不起自己，同时也往往看不起别人，不能积极乐观地与人相处。由于每个人总是难免以自己主观的标准来评价事物，而自信心差的人对自己又往往过分苛刻，总是在自己身上找缺点和不足，因而他们也很可能以同样苛刻的态度和方式来对待别人。显然，若是本来就看不起自己，同时也看不起别人，以这样的态度与人交往或相处，是很不利的，它会产生与人交往中的紧张关系，也容易被人拒绝，遭到别人的非议。而这种人际交往中的挫折或失败，又会反过来进一步打击和影响一个人的自信程度。因而，作为对自信心的培养，我们应该改变这种不利的社会交往倾向和态度。若是我们用一种积极的、乐观的、多发现别人的优点和长处、也能够欣赏和赞美别人的优点和长处的态度来与人相处，那么就会在这样与人相处的情景、气氛和过程中得到一种对自我的肯定，获得别人的接受和认同。这样，我们就能在具体的生活过程中，提高与维护我们的自信心。

四、自信与自我形象

正如我们在前面所论述的，自信是自我的核心部分之一。其中最为突出的表现，是关于我们的自我形象和自我评价。在社会心理学的研究中，自信心强的人，大都会认为自己是好人，认为自己有能力，有价值感，具有一种积极的自我评价和积极的自我形象；而自信心差的人，则会认为自己没用，认为自己无能，不值得，具有一种相对消极的自我评价和相对消极的自我形象。

当然，我们每个人都希望自己能够有较强的自信心和较好的自我形象。但是，如何能够获得这种自我形象呢？关键在于自己。一个人的自信，一个人的自我形象，最终都将是他自己所造就的。社会心理学家们发现，任何一次做好事，哪怕是一件微不足道的小事，只要是好事，就会提高人们的自我评价，增加其自信，从而提高其自我形象；而任何一次做不好的事，哪怕是一件微不足道的小事，只要是不好的事，也会降低人们的自我评价，从而降低其自信，损害其自我形象。

这里面也有一种原则，或者说是一种规律，也即“天网恢恢，疏而不漏”。在我们的现实生活中，有的人或有的事情，看上去是占了便宜，损人而利己，但实际上，受伤害最大的，恰恰就是那占便宜的当事者。因为他所占的只是一个外在的“便宜”，而受损失的则是其自信和自我形象。

比如，想象这样一个情境：你在路边发现了一个钱包，里面有 100 元钱。我们都知道应该怎么做，如果你将钱包送还，那么你就会为自己感到骄傲，会对自己有积极的评价，体验到较高的自尊和自信，增加你的积极的自我形象。但是，那钱包和 100 元钱，可能也具有很大的诱惑，而你可能将其据为己有。如果是这样的话，任何由于做了错事的内疚感，都必将导致一种消极的自我评价，使你在内心深处感到一种羞愧，使你的自我形象受到损伤。

社会心理学的研究表明，积极的自我评价和较好的自我形象，可以使我们获得许多有益的结果，可以使我们感到内在的充实，使我们感到被别人接受，感到自我价值感，使我们能够体验到真正的幸福。而消极的自我评价和消极的自我形象，则会使我们感到孤独，感到不被别人或社会所接受，感到压抑。下面我们将讨论一些社会心理学家所提出的，关于自信心维护的建议和方法。

五、自我的多重意义

随着研究的不断深入，社会心理学家发现，我们的“自我”，实际上是一种多重的组合，具有多重的意义。在经典的关于自我概念、自我意识，以及自信心的研究之外，目前社会心理学家正将其研究的重点，转向关于自我的新的研究领域，以期更为全面地理解我们的“自我”。以下关于“自我效能”、“自控行为”、“自我关注”等几个方面，是具有代表性的研究。

（一）自我效能

社会心理学中所研究的“自我效能”（Self－efficacy），已经被认为是自我概念的一个主要组成部分。所谓的“自我效能”，其主要的作用是当我们面对一个特定的任务或工作时，对自己能力，或对自己胜任能力的评价。通常，人们也将自我效能作为自信心的一部分，但是其本身也有着特殊的表现和意义。

一般来说，自我效能主要是一种情境性的表现，而自信心则属于一种较为内在的品质。此外，自我效能的表现往往与特定的任务或工作有关，并不像自信心的表现那样泛化和普遍。在社会心理学家的研究中，一个人好的自我效能感，会提高其工作表现，有助于完成工作或任务。

同样，我们的自我效能或自我效能感也会表现在实际的社会交往中。若是一个人对自己社交的自我效能感差，那么他就会感受到较高的社会焦虑。而较高的社会焦虑，又会导致其社交退缩，导致其躲避社交的行为。这样，由于较低的自我效能感，就会使人们失去社交体验，以及学习社交技能的机会。但是，我们的自我效能是可以改变的。每一次的成功，每一次受到赞扬和鼓励，都将有助于我们自我效能的提高。而自我效能的提高，则有助于一个积极的自我评价，有助于自信心的提高。

（二）自控行为

在目前社会心理学的有关研究中，自控行为（self - monitoring behavior）也被认为是我们“自我”的重要组成部分。自控行为或自我控制，主要是指一个人根据外在环境以及别人的反应（较高的自控），或者是根据自己的内在感受（较低的自控），来调节自己行为的程度。

社会心理学对于自控行为的早期研究认为，较高的自我控制，一般与人们的角色行为有关，与期望得到别人的积极评价有关。因而，自控行为往往被认为是政治家、演员或推销员的有益特点，因为这些人的工作性质，都是要尽量赢得人们的好感和好评。最近，有人提出较高的自我控制不但与角色行为有关，而且与特定的行为环境有关。所以，人们一般将根据别人的反应和外在行为来调节自己的行为，称之为较高的自控行为。于是，具有较高自控行为的人，将会表现出对别人或对环境的较多关注；而具有较低自控行为的人，则表现出较多的对自己或自身的关注。

（三）自我关注

“自我关注”（self - focusing）可以解释为一个人对其内在自我关注的程度，主要是相对于人们对于外在环境或事件的关注而言的。费斯克与泰勒（S. Fiske & S. Taylor）在其《社会认知》的第二版（1991）中，对这一概念有较为充分的论述。

根据费斯克与泰勒的研究，“自我关注”总是与记忆和认知过程联系在一起。比如，你可以试想一下，要是有人问你：“你对你自己的社会生活满意吗?”你将如何回答? 若是换一种方式来问你：“你对你的社会生活不满意吗?”你的回答会是一样的吗? 也就是说，当面对这两种不同的问题表达方式的时候，你会受其引导而关注于自己的积极感受或消极感受吗?

因而，“自我关注”也就组成了社会心理学研究的另一个新的领域。社会心理学家所研究的“自我关注”，实际上是一个人自我感的倾向性。我们可能是将自己的注意力更多地集中于自己内在的自我（自我关注），或者是更多地集中于外在的环境。而在这种不同的自我关注倾向中，就会产生不同的社会行为和表现。

（四）自我概念与认知失调

关于“自我概念与认知失调”的研究，主要表现在阿隆森（E. Aronson）对于费斯汀格认知不协调理论的发展中。阿隆森曾致力于使认知不协调理论精确化，因为当费斯汀格最初表述“认知不协调”理论的时候，在概念上是有些模糊的。费斯汀格说：“认知不协调是一种紧张状态，这种紧张状态发生在一个人同时持有两种在心理上不一致的认知的时候。由于认知不协调的发生是件不愉快的事情，所以人们要努力减少它。”① 但是，认知到底是在哪些方面不一致呢？由于费斯汀格的认知不协调理论，所涉及的情境并不是逻辑上的不一致，而是心理上的不一致，所以原初对认知不协调概念的表述就显得不够明确。阿隆森将其重新定义为：“只有当一个人的行为，在违背了自我概念的情境下，才会产生不协调。其具体途径表现在两个方面：自觉或故意地做了一些蠢事；或是做了一些伤害他人的事情。”②阿隆森认为，在一个人的自我受到威胁的时候，其认知的不协调才是最强烈的。他这样纠正费斯汀格对于认知不协调的表达：在实际的认知不协调情境中，不是“我说什么”的认知与“我不相信什么”的认知之间的相互不协调；问题的关键在于，是由于“我说了一些自己都不相信的事情，它可能给别人带来不良的后果”，与其自我概念，也即“我是一个公正、理智和诚实的人”之间的不协调。

继费斯汀格之后，人们针对认知不协调理论做过几百个实验，但是最为明显的“认知不协调”的研究结果，确实都是在那些涉及到了人的自我概念，或涉及到了人的自信、自尊等实验情境中获得的。在阿隆森看来，对于自尊心低的人来说，表现不道德的行为或做某种不道德的事情，与其自我认知是相对协调的；而对于自尊心强的人来说，他可能会尽力拒绝做不道德的事情，

---

① 费斯汀格：《认知不协调理论》，1957 年英文版，第 17 页，New York：Stanford University Press.

② 阿隆森：《社会动物》，1988 年英文版，第 117 页，New York：W. H. Freeman and Company.

因为不道德行为会给他带来许多认知的不协调。据此，阿隆森提出，假如较低的自尊心果真是不道德行为或犯罪的前提，那么，我们就应该尽一切可能，来帮助个人学会自重和自爱，提高其自尊和自信。

第二节　性别与角色

在前面一节中，我们从自我与发展的角度，对社会认同进行了讨论。在现实生活中，我们每一个人都是在一种文化团体或亚文化团体中，来实现我们的社会认同的。这种文化团体或亚团体，包括我们的种族、国籍、宗教、职业、年龄等等。但是，在大部分的社会中，这些文化团体中最为关键的部分，同时也是影响我们社会认同的最基本的因素，是我们的性别：男性或女性。

一、性别与角色的内涵

性别以及在性别基础上所获得的角色，在社会认同中占有重要的地位。长期以来，社会心理学家对此进行了大量的研究。新生儿从降生之日起，就被周围的人确定为男孩或者是女孩。这种性别的确定，不仅反映了他或她本身的重要生理特性，而且必将影响到他或她在今后的社会中的角色认同和角色作用。因而，社会心理学家认为，我们的性别与角色，作为男性或者是女性，构成了我们社会认同中的一个重要方面。

“性别”一词对我们来说是熟悉而常见的，我们会在不同的场合接触到“性别”一词，例如填写表格，或者是面试等等。就目前而言，社会心理学家仍然认为，性别的基础主要是一种基本的生物差别。因为我们的性别是由父母双方所提供的染色体所决定的，若是父母双方都提供了一个 X 染色体，那么就会是一个女孩；若是从母亲那里得到一个X染色体，从父亲那里得到了一个Y染色体，那么就会是一个男孩。但是，我们的性别还将涉及到我们的角色表现，我们的社会行为，以及其他一些与我们性别有关的行为与心理特性。所以，“性别”是一个综合性的概念，其中包含了生物学的意义，也包含了心理学、社会学和文化学的意义。

实际上，“角色”也是我们所熟悉的词汇。人们常会将人生或社会比喻为一个大舞台，比如在北京的广和戏楼，曾有这么一幅对联：“日月灯，江海油，风雷敲板，天地间一番戏场；尧舜旦，文武末，莽操丑净，古今来许多角色。”慷慨激昂之中，也道出了角色与社会的内涵。社会心理学家认为，所谓的“角色”就是个人在社会团体中被赋予的特定身份，以及该身份所应发挥的功能。这样我们每个人都会具有一定的角色，比如做父母的、做子女的，做教师的、做学生的，等等。在角色的概念之中，还包含着社会或文化对于每种特定角色所赋予的期望性行为特征，比如作为父母应该怎样，作为教师应该怎样等等。所以，所谓的“性别角色”，也就是在一种特定的社会文化传统中，人们所公认的男性或女性应有的行为表现。

二、性别认同

性与性别是我们的基本分类，也是我们最基本的社会认同。成年人，尤其是父母，对于新生儿的性别，都是十分敏感的。他们想知道，也会尽快去告诉别人，刚刚出生的是一个男孩还是女孩；他们很快会为新生的孩子取一个男孩的名字，或者是女孩的名字；会根据新生孩子的性别，来为他或她准备衣服，挑选玩具，布置房间等等。例如，父母会为女孩准备色彩明丽鲜艳的衣服，为她买娃娃之类的玩具；而为男孩则买汽车或变形金刚之类的玩具等等。因此，孩子一降生，就会由于其性别的不同，而受到父母或其周围的亲人的不同对待。然而，作为新生的孩子，对于自己的性别却一无所知。因为他们要到了两岁的时候，才会有一些对于自己性别的认识。但两岁的时候，也只是能够知道自己是一个男孩或女孩，仅此而已。根据皮亚杰（J. Piaget，1965）的研究，年幼的儿童都是以自我为中心的，他们会根据自己的身体特征，以及自己的心理感受，来看待所有其他的人。根据后来凯利（H. Kelley，1992）等人的研究，儿童到了 4 岁至 7 岁的时候，会获得一种相对稳定的性别认识。

关于儿童的性别认同，其过程及其意义，在目前的社会心理学文献中，有着不同的理论和解释。

（一）精神分析的解释

精神分析的创立者弗洛伊德，在 1933 年曾经提出，儿童对于性别的认同，主要是由于对于自己同性父母的“自居作用”。所谓的自居作用，也即儿童通过想象，或通过模仿，将自己置身于其同性父母的地位，以他们而自居，模仿他们的行为，包括模仿父母的衣着打扮和言行举止等。在弗洛伊德看来，儿童的这种自居作用，将会提供一种解决“恋母情结”或“恋父情结”的途径，在儿童的社会化过程中起着十分重要的作用。

（二）认知发展理论

认知发展理论是以皮亚杰的研究和其发生认识论为基础的，强调儿童性别认同中的认知因素和所起的作用，认为性别的认同主要来自于儿童认知的发展。儿童在自己的成长过程中，逐渐认识到自己的性别特点和差异，从而进行自我归类，即主动把自己归于男性或女性。一旦当儿童将自己认同于男性或女性的时候，那么他或她也就接受了与其所选择的性别相一致的适当角色。因而，在特定的文化背景下，当儿童了解到作为男性或女性的意义的时候，会有意识地使自己的各种行为，努力合乎相应的性别特征，因而也就出现了所谓的性别类型。

(三) 社会学习理论

社会学习理论是以行为主义心理学为理论基础，在班杜拉的研究与推动下形成的。对于儿童的性别认同，社会学习理论认为，行为的强化起着决定性的作用。儿童性别认同的获得，主要是通过社会、家庭和学校的影响而实现的。具体来说，儿童是通过观察他们父母的行为，并学习与模仿其相同性别父母的行为，也即作出与自己相同性别父母的相符行为，从而获得性别的认同。同时，当儿童作出性别相符行为的时候，也会受到父母的鼓励、支持和赞许；而当其表现出与其性别不相符的行为时，就会受到拒绝、纠正或指责。比如，若是一个女孩表现温柔、安静，就会受到成人的赞许，别人会称她为“乖女孩”；但是她若经常像男孩子一样喜欢打打闹闹，爬树和打弹弓等，那么别人就会称她为“野姑娘”或“假小子”。

以上三种理论，是目前社会心理学中关于儿童性别认同的较为经典的理论。它们从不同的层面，以及不同的理论角度，对儿童的性别认同进行了研究，提供了他们对有关问题的解释。最近，曾经有人将关于性别认同的认知发展理论和社会学习理论，进行了综合，从而提出了“性别图式”理论。其基本的观点是，儿童自身具有一种准备好的状态，可以在其社会和文化背景中，自主地组织关于受赞许的性别行为信息，从而实现其性别认同，获得其性别角色。

三、性别差异

男性与女性存在着十分明显的差异。这种差异不仅仅反映在两者的遗传、生理与体格上，而且反映在性格、形象、能力与体力、家庭分工、职业选择，以及其他一些社会行为方面。在这里我们只是介绍社会心理学研究中较为经典的几个方面。

（一）生理与体格

我们人类具有明显的两种性态，男女的差异首先表现在生理和体格的差异上。比如，男性一般比女性要高，骨骼粗壮，喉结较大，有胡须，肌肉相对发达，肺活量较大等等；而女性则相对矮小，声音较细，脂肪较多，骨盆较宽等等。为什么会产生这种外形或体格上的差异呢？这本身仍然是个有争议的问题。目前人们一般认为，这是人类进化中自然选择的结果，以及男女在生殖与繁衍后代上的自然分工所造成的。

（二）性别形象

社会心理学家曾经对人们的性别观念进行过大量的研究，并且从中总结出较有代表性的男女性别形象。伯姆（Sharon Bem）从 70 年代持续到 90 年代的系列研究，是其中有代表性的。其主要的研究结果如表 5－2：

表 5－2　男性特质与女性特质

男性特质	女性特质
领导才能	慈爱
果断	温柔
统治	怜悯
鲜明个性	热情
力量	同情
攻击	敏感
坚定	抚慰
独立	亲情
冒险	理解
保卫信念	爱护儿童

根据伯姆的研究，人们普遍认为，男性要比女性更具有领导才能，显得更果断，具有统治性等等；而女性则要比男性显得更加温柔，更富有同情心，更具有亲情等等。即使是要求被试评价具有同样高创造活动的男性和女性，根据心理学家拉迪和斯纳尔曼（Raty & Snellman，1992）的研究，参与实验者的评价也颇有差异。高智商的女性被认为具有较高的社交技能，而高智商的男性则被认为具有较高的认知技能。

（三）性别相符行为

在社会认同的过程中，一旦当人们知道将一些特定的行为，与其所属的性别联系在一起的时候，那么他也就倾向于以某种社会或文化中早已固定的性别模式，来表现自己的行为。实际上，这也就是一个人获得了其性别角色。这种性别角色的获得，代表了将其社会或文化中固定的性别行为认识或模式，转化为实际的符合性别要求的行为。

社会心理学家发现，在社会生活的许多方面，确实存在着性别的差异。比如，在人际行为方面，女性比男性更倾向于分享荣誉，也会更加乐于助人。在自我知觉方面，女性比男性更加注重自己的身体形象，同时也更容易对自己的身体形象产生不满。在日常生活方面，女性比男性更加容易发生饮食方面的不适应，女性比男性要更加敏感，更加容易发生情绪低落或产生抑郁情绪等。

若是我们实际考察一下社会上的招工情况或人才市场，那么我们可以看到性别差异的实际表现，可以看到传统性别观念的影响，以及目前社会上仍然存在的关于性别的偏见等等。另外，在我们的家庭生活中，我们也可以体会到由于性别差异及其角色意义的存在。我们所参与的一项关于“家庭分工”的调查研究，也发现了家庭生活中性别角色的不同意义。比如，一般来说，男性更倾向于“倒垃圾”和“维修家具或用具”等等；而女性则倾向于清理家室、做饭和照看孩子等。而一般来说，女性要比男性做更多的家务，所谓的“男主外，女主内”的模式或观念仍然存在。

在人们的传统观念中，男女两性之间除了生理方面的差异，还在个性和社会行为等方面具有明显的不同。然而，随着社会的发展，以及有关研究的深入，人们越来越认识到，女性和男性在各种社会行为方面，比如职业、能力、价值观和性格、兴趣等方面，可能具有更多的相似之处。因而，性别差异仍然是一个开放性的问题。而了解这种差异，也是对作为男人或女人的我们的一种理解，对于我们自身的一种理解。

第三节　人的社会化

当我们有了基本的自我认识，获得了基本的自我概念，并在此基础上获得了自我发展的时候；当我们获得了自己的性别认同，尤其是性别角色认同的时候，也就完成了我们基本的社会认同。而这种社会认同，是我们整个社会化的基础。但是，社会化作为社会心理学，以及社会学和人类文化学的一个重要领域，还有其更为广泛的内涵。

一、社会化的内涵

社会化是我们人类个体发展的一种必然，是我们人类个体发展的一种本质属性。实际上，在社会心理学所涉及的大部分研究领域，诸如态度的形成、社会学习、社会认知的发展，以及自我概念和性别角色等等，都与我们的社会化过程有关，或者都可以看作是我们社会的组成部分。

（一）社会化的定义

在有关的社会心理学文献中，有许多关于“社会化”的定义，其中获得共识最多的，是霍兰德（E. Hollander）在其《社会心理学：原理和方法》一书中所引述的解释。其中是这样描述社会化的：“一个婴儿是带着繁多的行为潜能来到人世间的。这些行为的发展有赖于各种复杂因素的相互联系，包括与他人的相互作用。儿童在人类社会里成长的过程中，学会了抑制某些冲动，并被鼓励获得在特定社会环境中的人所具有的特征和价值。这个过程叫做社会化。”①

霍兰德认为，我们的社会化是作为获得特有的人类特征的手段而开始的，而这些特征的获得，仅仅可能产生于我们与他人的接触。因而，实际上我们的社会化过程，也是我们适应社会生活的过程。所谓的适应社会生活，就是使我们的行为表现符合我们所属的社会文化的规范。比如，尽管饿了是要吃东西的，但是吃什么，以及怎样吃，却要符合社会文化的规范。中国人用筷子吃饭，而西方人用刀叉进餐；长江以北的人以面食为主，而长江以南的人则以大米为主食；广东人可以吃许多北方人不吃的“动物”，其中所表现的就有社会规范或习惯的影响。

因而，社会心理学家认为，社会化包含了对于社会规范，以及对于社会价值和社会态度的学习。比如，对于儿童来说，在其社会化的过程中，就包括了他所学习的所有与社会生活有关的事物。在家庭，他要学会如何对待父母，如何对待兄弟姐妹，如何对待家务；在学校，他要学会如何对待老师，如何对待同学，如

---

① 霍兰德著，冯文吕等译：《社会心理学：原理和方法》，广东高等教育出版社1988年版，第187~188页。

何对待学习；在社会，他要学会如何对待朋友，如何对待老人，如何对待社会生活规则等等。在所有的社会中，都会有组织化的正规形式来保证社会化的进行，例如正规的学校教育。但是，社会和文化传统，或者是社会与文化气氛，民间习俗或社会规范，都会在不知不觉之中影响和作用于我们的社会化过程。

（二）人的生物基础

我们的社会化和适应，都将有赖于生物学因素和社会因素的相互影响。而我们人类社会功能的根基，也是我们自己的生物学。当我们在社会生活环境中遇见我们想要接触或避免的事物时，我们才出现了某种心理的需要。我们个体发展的特征，也会受到基因的遗传模式和特定社会生活环境的相互作用。

遗传在很大程度上将决定我们的生理特征，以及我们行为的生物学倾向。但是遗传并非是注定而不可改变的。即使是基因给我们带来了某种遗传的特质，它仍然可以被环境和教养的效应所改变。例如，人的身高基本上是一种遗传决定的特征，但是通过有效的环境因素，尤其是营养和训练，则可以影响实际的身体生长过程。虽然我们不能改变我们的基因，但我们能够作用于与基因共同发生作用的环境。

在我们生长与社会化的过程中，我们也会逐渐认识我们的食物、我们体力的限度、我们的体格和体重，以及我们的情感和认知活动所带给我们自己的结果。为了理解自身，我们需要了解自己的健康状况。我们需要知道我们的躯体，是如何对生活中的压力、体验的情感、对自己的态度和生活方式作出反应的。而这些，都将是在我们的社会化过程中发生作用的生物因素。

（三）人的心理基础

实际上，我们的心理，是我们人类整体的最为突出的特征。在我们的社会化过程中，变化最大的也将是这种心理特征。因而，对于这种心理基础的理解，是理解社会化发展的前提。

我们每个人都是有感情的存在。在整个自然界中，人的情感是最丰富，也最为多变的。心理学家曾经认为，是我们的情感功能赋予了我们生活的意义。因而，我们要认识到，随着我们社会化的发展，我们将获得更多的机会来体验更为广泛的情感。另外，在我们的社会化发展中，还将伴随着我们认知的发展。我们的认知功能，使得我们能够记忆和回忆我们的过去和经历，使我们能够想象和期待我们的未来。

当然，在我们的心理基础中，还有我们的个性和人格，还有我们的需要和动机，我们的态度和兴趣。随着我们的社会化发展，我们所有的心理品质或属性也会产生相应的变化。这也是我们在了解社会化中，所必须认识和理解的一个方面。

二、社会化的过程

人类学、社会学和社会心理学，都十分重视人的社会化过程和这种社会化的作用，但也都有其不同的侧重点。就社会心理学而言，社会化主要是一个人形成适应于其社会和文化的人格的过程。因而，社会化是人的发展，是人的一生发展的历程。对此，我们可以通过一些较为经典性的研究和理论，来加深对社会化过程的理解。

（一）弗洛伊德与“心理性欲发展”

弗洛伊德对人的心理发展的研究，不但为社会心理学中的社会化提供了最为经典的理论，同时也直接影响了人类学和社会学对于社会化这同一主题的研究和理论。在弗洛伊德看来，儿童的心理性欲发展过程，也即是其社会化过程。

在人类生命发展的第一年中，被弗洛伊德定义为“里比多”的心理性力，主要表现在婴幼儿以口部活动为主的求乐活动中。

任何与嘴有关的东西，都能够成为婴幼儿兴奋和快感的来源。而在这种以口部兴奋和快感为主的活动中，儿童经历着内在心理的发展。弗洛伊德以心理性力的发展及其表现，为考察儿童心理发展和社会化程度的指标，把儿童的心理发展，分为口唇期（0~8个月）、肛门期（8个月~4岁）、性器期（3~7岁）、性潜伏期（5~12岁）等阶段，并区分出各阶段的行为与心理特征。同时，弗洛伊德提出了一种相应的人格发展结构图式，也即其著名的伊底、自我和超我。

在弗洛伊德看来，人的发展常常表现为本能和性欲的漩涡，常常伴随着各种内驱力的冲突。因而，社会就必须对个人本能的发展进行相应的控制，要把基本上是野性、原始和自恋的儿童，转化为一个文明的成年人，而这也就是弗洛伊德对社会化过程的理解。

（二）荣格与“人的后半生”

弗洛伊德关于儿童心理性欲发展的理论，产生了极为深远的影响。但是弗洛伊德很少涉及到我们成熟期以后的发展。荣格（C. G. Jung）作为弗洛伊德之后的精神分析学者，首先将对于我们自身发展的研究，推进到了整个生命全程。

荣格将我们的人生发展分为四个阶段：童年（1~20岁）、青年（20~40岁）、成年（40~60岁）和老年（60以后），并且分析不同阶段的不同特征。比如，对于童年阶段来说，这是一个从内外经验的混沌状态中去领悟意识的时期；对于青年期阶段来说，这是一个发展自我和积累经验的时期；对于成年期阶段来说，其中会遇到物质追求和精神追求的摇摆与矛盾；而对于老年期阶段来说，将会遇到如何关注生命及其意义，以及如何面对死亡。

尽管荣格的发展理论显得简单，但是它同样富有启发意义，并且在生命全程发展理论的形成中，占有一定的位置。荣格尤其重视文明社会化发展中的心理意义，包括我们的自我发现，以及我们从自我发现中所获得的对内在生命的理解。

（三）艾里克森与“心理社会发展”

艾里克森（E. Erikson）是精神分析理论在新的阶段的发展与推动者。他的心理社会发展理论，既继承了弗洛伊德的思想，也发展了荣格的学说。但是艾里克森并不是将里比多或性力作为个性发展的最主要因素，而是在我们的发展阶段中，强调与突出了社会环境或社会文化的影响。艾里克森将人生的发展，理解为个体在特定的社会文化背景中，寻求自我发现和自我控制的持续过程，并据此而提出了其著名人生八个阶段论。

在我们人生的每一个阶段，按照艾里克森的理解，都会面临相应主要的问题或矛盾，而艾里克森也就以这种特殊的矛盾，来作为划分阶段的标志。艾里克森所考察的这种生活问题与矛盾，包括“基本的信任与不信任”（乳儿期）、“自主与羞怯”（婴儿期）、“主动性与内疚感”（学前期）、“勤奋与自卑”（学龄儿童期）、“自我同一性与角色混乱”（青少年期）、“亲密感与孤独感”（成年早期）、“创造性与失落感”（成年中期）、“自我完善与人生绝望”（成年晚期）。

艾里克森认为，在我们人生的每一个阶段，我们都会遇到生活的危机，都会面临必须解决或必须完成的生活任务。如果一个人成功地完成了所面临的生活任务，那么也就意味着成功地解决了生活危机，顺利地通过了阶段性的发展而进入新的发展阶段。

（四）皮亚杰与“儿童认知发展”

我们的社会化发展是与我们的认知发展相互关联的，对此皮亚杰提供了经典性的研究和结论。他把儿童的认知发展划分为四个重要的阶段，也即著名的：“感觉－运算阶段”（0～2岁）、

“前运算阶段”（2～7岁半）、“具体运算阶段”（7岁半～12岁）和“形式运算阶段”（12岁～成年）。

每一阶段都将有适合于该阶段儿童的学习任务，因而皮亚杰认为，不应使儿童强行超越阶段，过早地使他们学习太多的东西；而应使其循序渐进，按其阶段规律发展。强行发展会给儿童带来许多不利的后果，诸如发生儿童的自卑情结，以及导致“匆忙的儿童”等等。

同时，皮亚杰的研究还提出这样一种观点，儿童的整个社会化发展，包括儿童的道德发展，都必然与其认知或认知能力发展有关系。因而，在儿童形成真正伦理道德意识之前，必须充分发展其心理认知的能力。

（五）科尔伯格与“儿童道德发展”

科尔伯格从皮亚杰的研究和理论中，发现了富有启发性的意义和价值，并且继承和发展了其中有关儿童道德发展的研究。从道德发展来考察儿童的社会化过程，科尔伯格提出了其著名的三种水平发展阶段论。

首先是前习俗水平的发展。在这一水平上，儿童的道德判断不是以真正的内在标准为基础，而是依赖于外部的控制。比如儿童之所以避免做错事，是为了不受惩罚，或者是为了获得奖励。其次是习俗化水平的发展，在这种发展水平上，才开始具有内化了的道德判断。这时的儿童就不再只是根据个人的好恶来评价事物，而是能够考虑到社会或大多数人的利益。最后的是后习俗道德水平的发展。这时，好与坏的标准不再像前一水平那样仅仅考虑到社会的准则，而是发自于内在的良心，或人类善良的本性。

科尔伯格与皮亚杰一样，认为儿童道德的发展受到其认知发展的制约，或者说，儿童的道德认识发展是以其认知结构为基础的一种自然的发展。因而，科尔伯格提出，相应的道德教育就要按照儿童道德发展的规律，促使儿童发自内心地认识到社会行为的好坏，主动地遵守社会规范，顺利地完成社会化发展。

三、社会化的启发

作为一种广义的理解，我们的社会化就是我们一生的发展，就是我们的成长过程。当社会心理学家研究社会化的时候，尤其是在以生命全程发展的观念来研究我们的社会化的时候，社会化过程也就展现出了更为丰富的意义，我们也就可以从中获得更多的启发。

（一）生命全程观

发展心理学中“生命全程”观点的出现，对于理解我们的社会化过程提供了有力的帮助。其他学科对于人的发展的研究，以及心理学中传统的发展研究，多是属于侧重于量化的研究，其所强调的是一个人出生、发展和衰老的量变过程。而生命全程观点所强调的，则是我们生命与生长过程中的本质的变化。

就生命全程发展心理学的观点来看，一旦我们人的生命过程展开，我们的需要、愿望和兴趣，在不同的生命发展阶段，就会有不同形式以及不同内容的表现。我们人类是在从生命的一个阶段，向着另一个阶段持续的发展。我们都不会忘记，在孩提时代对于那些美妙的玩具和糖果的记忆，但是对于长大了的我们来说，那些东西却已经不再具有吸引力。我们会逐渐意识到，现在20岁时在我们生活中真正重要的东西，到了30岁时也许已经变得不再重要；而我们30岁时所重视的东西，到了步入中年时也会发生同样的变化。心理学的研究表明，在人的一生发展中，每一个阶段都有其独特的，不同于前一阶段，也不同于其后一阶段的认知和情感特征。

生命全程观所描述的这种质变，预示着我们将会体验现实生活中的多种事件和众多的可能性。作为年龄阶段的结果而产生的质变，将改变我们的认知、改变我们的情感和我们的思维方式、我们的理解力、我们的情感、我们的社会兴趣，以及我们的社会态度和我们的价值观。因而，我们的生命本身是一种自我表达，是一个持续的发展和变化的动力过程。

（二）社会化是一种整体发展

以生命全程发展的观点来考察社会化，不但强调了社会化发展的纵向全程，而且突出了其中的质的变化。同时，也不再仅仅将“社会化”只作为儿童社会性学习或社会性的获得，而是将社会化与我们的情感发展、个性发展、以及认知发展和道德发展等相互联系起来，将社会化看作是一种人的整体的发展。

因而，在社会化之外，社会心理学的文献还会出现诸如“人格的发展”、“社会性发展”、“社会态度的形成”，以及“社会角色的获得”等概念，它们所表达的也是社会化的具体内容，或者说也都是社会化的组成部分或方面。同时，在相关的学科研究中，我们还会见到“政治社会化”、“民族社会化”、“法律社会化”和“道德社会化”等术语，同样表达着社会化的不同的内容和方面。

人的社会化是共同性与个别性的统一。也就是说，通过社会化过程，我们既获得了共同的社会性，也完成了个性与自我的发展。社会化是随着每一个人所具备的条件，包括其基因和遗传特性，其生理特征和心理需要等，而有选择地形成的。我们每个人在社会化的过程中，一方面要根据自己的性别和性别角色，根据自己的年龄，以及根据自己所处的社会文化规范来行动；另一方面还必须解决自己所面临的生活与心理问题或任务，以实现自身的发展。

（三）发展意味着变化

发展意味着变化，当这种变化来临的时候，我们会作出某种特殊的行为反应。比利时学者阿诺德·吉纳普（A. vanGennep）曾经提出过一种“生活的礼仪”的学说，用来描述我们社会化发展过程中的变化。

阿诺德·吉纳普对于我们人类的社会化发展做过独到的研究，他在其《生长的礼仪》一书中，总结性地考察了人类历史以及现实生活中，对于出生、生长、成熟以及婚姻等变化的反应。吉纳普发现，在原始部落生活，以及现代文明生活中，都有关于这种重要生活变化的明显形式，吉纳普称之为“生长的礼仪”。这种“礼仪”使得人们以某种特殊的形式，来庆祝生活中的变化，促使个体在生活环境中适应各自的新地位。

吉纳普认为，我们发展中的这种生活阶段变化，常常是以某种特定的行为表现为特征，因而相应的生长礼仪也就有了公众欢庆的气氛。比如，像一些文化传统中普遍存在的“洗礼”、“割礼”、“婚礼”，甚至是“葬礼”，以及“成人仪式”等等，这些生长的礼仪，不但影响着我们的社会化发展，而且在一定的程度上，其本身都已经作为社会化的形式或标志。

（四）变化之中的阶段

就社会心理学家对于社会化过程的研究而言，在我们社会化发展的过程之中，除了发展中所出现的变化，还有这种变化所呈现出来的阶段性。这种阶段性有着十分特殊的意义。对此我们可以来领略一下著名学者勒维森（D. Levinson）所提出的“生活的季节”学说。

所谓的“生活的季节”，主要是勒维森用来描述我们社会化发展过程中的阶段性变化的。同荣格一样，勒维森也把我们的社会化发展分为相应的四个阶段；所不同的是，勒维森特别强调在这四个发展阶段中的重叠期。比如，我们的童年期是从出生到

22 岁，而成年期是从 17 岁到 45 岁，中年期是从 40 岁到 65 岁，老年期是在 60 岁以后。那么，在这四个阶段的交替过程中，都有一个 4～5 年的重叠期。

勒维森认为，正是在这些重叠期中，我们开始体验到自己生活中特殊的发展与变化；其中，我们的生理与心理品质都会发生重新组合。勒维森将其称为跨阶段的转换，或生活的季节。而在这种特殊的阶段或季节中，我们的发展也会面临特殊的任务，或重大的抉择。因而，勒维森将我们的社会化发展，理解为是我们的生命为了迎合生活变化的需要，适应社会的价值和期望，从而组合、分裂、重组我们生活风格的一种持续发展过程。

（五）让儿童拥有童年

如果我们从弗洛伊德、艾里克森，以及皮亚杰和科尔伯格等心理学家的研究和理论中学到了什么的话，那就是我们的童年经历与成年的体验有着很大的差异。我们不能够期望儿童会具有成人的智力和情感，他们是在按照其自身的规律在发展。因而，作为儿童，就应该像儿童那样来理解事物，像儿童那样来游戏和玩耍，像儿童那样天真烂漫。在他们进入情感、社会和智力发展的下一个阶段之前，我们不能对他们有过高的要求。

儿童的发展，包括儿童的社会化，都是一个逐渐发展的过程，如果我们人为地改变这种过程，那么就有可能“拔苗助长”，在“促进”他们发展的同时，也给他们带来焦虑和恐惧。不要强求儿童像成人那样“诚实”，应该认识到处于皮亚杰“前运算阶段”的儿童，所具有的是前习俗的道德，更多的是为了不受“惩罚”。其更高水平的道德发展要在以后才能出现，不要企求一下子就能解决孩子所有的问题。正是由于儿童能力的不足和不平衡，才激发了他们智力和情感的适应。作为成人，我们所要做的是鼓励儿童接触生活，帮助他们去体验他们自己的生活现实，只要这种帮助不过分就行。与此有关的心理学原则是，让儿童去发现他自己能够完成的事情，我们只是做恰如其分的帮助。

练习与思考

1. 什么是自我？对自我的结构有哪些看法？

2. 试分析自己的自信心状况。

3. 试比较有关性别认同的几种理论。

4. 怎样看待性别差异问题？

5. 关于人的社会化历程，有许多不同的划分阶段和标准，你比较倾向于哪种观点？列举出你的理由。

第六章　人际交往

本章提要

○人际交往的界定及其功能
○人际交往的心理基础
○人际交往的工具
○人际交往中的相互作用
○人际关系及其发展模型
○影响人际关系的因素
○人际关系的测量方法

自从有了人类社会，人际交往就成为人类社会的重要活动方式之一，并对社会的发展起着十分重要的作用。因而，人际交往也在社会心理学研究中，占有十分重要的位置。在这一章中，我们通过对社会生活的实际分析，来讨论社会心理学中的社会交往。

第一节 人际交往概述

尽管在现实生活中，我们每个人对于“人际交往”都并不陌生，但是，当社会心理学家对于这种社会生活现象进行研究的时候，已经给“人际交往”这一概念赋予了丰富的心理学的内涵。

一、人际交往的内涵

社会心理学中所使用的“人际交往”，一般是指在社会活动中人与人之间进行信息交流和沟通情感的联系过程。人际交往是人类社会活动的重要方式，它是每时每刻都在进行的一种实际活动。比如，个人与个人、个人与团体，以及团体与团体之间，都是通过这样的活动，从而使自己的种种社会性需要得以满足的。

人际交往是人的各种社会关系（包括人际关系）得以实现和发展的手段，也就是说，交往是人与人之间所有关系的一种表现方式。因此，交往就必须在各种各样的人际关系条件下进行，即人际交往不仅在人与人关系良好时才能得以进行，即使是在关系不好时，人际交往也会随时发生。当然，积极的、良好的人际交往，会有助于一个人的身心健康发展；而不良的人际交往，则会妨碍一个人的身心正常发展，导致各种消极的心理后果。

一般来说，当社会心理学中提到人际交往的时候，往往要涉及到我们交往过程中的相互吸引。在这里，社会心理学家会研究人们为什么会相互喜爱，如何相识，又如何成为朋友，以及作为朋友的亲密程度等等。

二、人际交往的意义

人际交往实际上是一种人类的基本机能，是人的一种本质性的存在形式。社会在人际交往中发展，个人在人际交往中成长，团体也是通过人际交往而形成，并且通过人际交往来影响个体的行为。

作为最基本的分析，人际交往是人类社会存在的方式，是人类实践活动的一个要素。人类实践活动需要借助于多种形式才得以实现，人际交往则是最基本、最重要的一种形式。从某种意义上说，人际交往直接影响与推进着社会的发展。在当代信息化的社会里，伴随着人际交往形式的多样化，人际交往的作用也越来越明显，越来越重要；同时，人际交往也表现出了新的特点和新的作用。如借助电子邮件、交互网络等，人与人之间的相互了解，尤其是国际间和远距离的沟通变得更为容易也更为迅速。以现代科学技术为手段的人际交往，正在改变着社会，也改变着每一个人的思想和观念。据报道，最近北京某所大学的几位大学生，利用电脑“交互网络”，使一名患怪病的同学得以确诊。另外，西欧某些国家的新纳粹分子，则在利用电脑“交互网络”相互联系，传播其思想和观念。这些事实，都说明人际交往在当代社会发展中所起的作用。

从另一种角度来看，人际交往是个体社会化的基础。从某种程度上说，社会化过程就是个体在不断交往中完成的，马克思曾经有过这样的分析和论述：社会——不管其形式如何——究竟是什么呢？是人的交往作用的产物。我们都知道，“人的本质是其社会关系的总和”，也是马克思曾经表达过的一种思想。在社会心理学的文献中，人的社会化是个体适应社会的重要体现，通过社会化过程，可将一个自然人变成一个社会人。因此，个体社会化既是个体的需要，也是社会对个体提出的要求，而把这二者有效地结合起来，就必须借助于人际交往和人际关系。实际上，社会化过程就是以人际交往为基础，它是个体与社会相互联系和相互作用的结合点。

三、人际交往的功能

即使做一种日常生活的考虑和分析，我们也都能够说出自己对于人际交往功能或作用的理解。例如孔子说“有朋自远方来，不亦乐乎”，以及我们所知道的“人生得一知己足矣”的说法，实际上也是在反映人际交往的功能。不过，接下来我们所讨论的，则主要是有关社会心理学的研究和分析。

（一）满足个体的心理需要，消除孤独感

人不是孤独的生物体，而是“社会性的动物”，但是人又最怕孤独，最容易形成孤独，对孤独有一种本能的恐惧感。于是，为了避免孤独，人们想出了种种方法和对策。其中，人际交往也就成为最基本、最有效地消除孤独感的方法和途径。

在社会心理学家的研究中，一般认为孤独是由人与人的往来体验中产生出来的。也就是说，孤独实际上是我们在日常生活中，在人际关系中所感受到的东西。当人们认为自己孤独时，那就是表明他处在想和他人接触和交往的状态之中。

若是进行具体的分析，可将孤独分为两种，一种是想方设法去逃避的孤独，一种是自己所需要的孤独。然而，不管是哪一种孤独，它都会对我们的生活带来困惑。于是，孤独——这样一种人人为此担忧的现象——会经常影响我们的工作、学习和生活。解决这一问题有许多方法，其中开放自我和积极活动是两种主要方式，而它们都和人际交往有着极为密切的关系，它可以使人获得友谊，从而摆脱孤独。

（二）传递信息，增加个人的知识经验

个人的活动范围总是有限的，因此所能获取的信息也是有限的。要在一定时间内掌握尽可能多的信息，增加个人的知识经

验，方法之一就是通过人际之间的相互交往。俗话说，“与君一席谈，胜读十年书”，所表达的也就是这种人际交往和交流，对于传递信息和增加个人知识经验的作用。

即使是在电脑网络的使用中，也并非取代了人际交往，而只是为人际间的交往和交流，提供了新的方式和新的途径。电脑和网络是交往的形式，其所反映的本质，仍然是人与人之间的思想、情感和知识的交流。

(三) 人际交往与团体内聚力

内聚力是任何一个团体生存与发展的前提条件，它是团体成员之间的一种相互联系和交往的心理倾向。社会心理学的有关研究表明，影响团体内聚力的主要因素之一，便是人际互动，即团体内聚力是在人际交往的基础上形成的。因此，形成和提高一个团体的内聚力的有效途径之一，就是通过加强人际交往，向团体成员提供相互往来、交流的机会。

实际上，即使对于班集体来说，人际交往所起的这种作用也是十分明显的。同学之间的交流和交往，对于班集体的内聚力来说也是至关重要的。此外，团体是社会的基础，团体内聚力的增加，与社会的有效运作是相互关联的。实际上，积极的人际交往，良好的人际关系，是任何一种社会都需要的。

(四) 人际交往与人际调节

我们每一个人，在实际的生活中，都会希望与他人、与自己所属的团体保持一致，而有效的人际交往，便可以帮助人们实现这一愿望或目标。人际交往可以使个体对社会形成较全面的认识，对各种社会现象有较为深刻的了解和理解。当团体成员之间发生矛盾时，人际交往又可以及时地消除误会，沟通思想，缓和矛盾。一般说来，人际交往的调节功能表现在两个方面，一是协调团体成员之间的情感，使情感需求得以满足。二是协调相互之间的行动，使其相互理解和达成统一。

（五）人际交往有利于形成良好的气氛

在一个良好的氛围中，团体才能顺利地运转，团体成员之间才能建立和睦的关系，才能相互协调，共同完成任务。而良好气氛的形成，取决于个体之间在人际交往中形成的共同价值和共同情感。所以，人际交往状况如何，直接影响到良好气氛的形成。目前，一般的组织和企业，都试图通过各自的“企业文化”，举办各种形式的活动，建立良好的气氛，从而提高生产效率。当然，人际交往并非是形成良好气氛的惟一因素，但的确是一个十分重要的条件。

第二节 人际交往的心理分析

尽管人际交往是一种普通的生活现象，但是其中却包含着深刻的心理学意义。在社会心理学的发展史上，人际交往和人际关系，一直都是相当重要的研究领域。因而，也就积累了关于人际交往和人际关系的研究成果和理论。借助于这些研究和理论，我们就可以对实际的人际交往过程，进行分析和讨论。

一、人际交往动机的分析

关于人际交往动机的分析，涉及到人们为什么要进行交往，以及是什么样的内在需要，促使人们进行这种交往的。社会心理学认为，人际交往是我们人类的一种内在需要，同时，我们的交往与我们的自我表现和自我实现有关。对此，我们可以做如下具体的分析和讨论。

（一）人际交往是一种内在需要

在我们人类社会中，每一个人都注定要与他人建立一定的关系，而我们每个人本身，也都有一种亲近、接近他人的欲求，即亲和动机。所谓的亲和动机，是指“个体与他人结群、交往并希望有人陪伴的内在需要”。美国社会学家G. 霍曼斯（G. Homans）在他的社会交换理论中指出，个体除了有维持生存的物质需要之外，还要有其他一些需要，其中有的需要是只有他人才能提供的，比如说社会性的需要。也就是说，只有在人际交往的活动中，社会性的需要才能得到满足。同时，霍曼斯还认为，我们的社会行为也是一种类似于商品交换的行为。尽管霍曼斯对人的社会行为的解释有经济学化的倾向，然而，其“社会交换理论”对人与人之间为什么要进行交往，作出了较为深刻的解释。霍曼斯指出，人际交往实际上是个体适应社会、发展自身的一种重要手段。如果没有人际交往活动，就不可能有个体的和社会的发展。可以说，人际交往是个体和社会正常发展的重要动力。

（二）人际交往与自我表现

从某种程度上说，人际交往过程是个体借助于交往来认识或证实自己，从而表现自己的过程。同时，我们每个人也都通过人际交往来影响和支配他人的思想和行为。美国社会学家戈夫曼（E. Goffman），用其独特的“拟剧论”，来解释人际交往中的这种自我表现。戈夫曼指出，在我们的人际交往中，个体不仅彼此向对方表现其自我，而且还努力进行特殊的印象处理，通过控制自己表现出来的姿态，以求在一定的社会场景中给人们留下某种特殊的印象。在这样的一种理解中，也就提出了社会舞台和社会角色的主张。每一个社会成员，都会在社会舞台上扮演自己的某种角色，通过这种角色的扮演，来完成自我的表现。实际上，我们每个人在人际交往活动中不断地表现自我，同时也是在不断地提高自我。

（三）人际交往与自我完善

正如前面所提到的，我们的人际交往过程，实际上也是一种不断社会化的过程。因为我们的社会化是一个长期的过程，或者说是伴随着我们一生发展的过程。这样，我们每个人都在这种长期的社会化过程中不断发展与不断完善。

社会心理学家认为，我们每个人总是通过与他人的交往，来增加对自己或自我的认识。这种自我认识不但是一种外在的要求，而且是一种内在的需要，并且这种自我认识的需要满足与否，与一个人自我完善的程度有关。也就是说，通过人际交往，能够增加我们的自我认识，而增加了的自我认识，有助于我们的个人发展和自我完善。

二、人际需要与人际反应

所谓人际反应是指在交往中个体对活动状况的评价。人际反应涉及到个体对人际交往做出的一系列认识、情感等方面的反应，如肯定－否定、喜欢－厌恶、参与－逃避等等。人际反应的基础是人际需要。所谓人际需求是指在社会实践活动中，每一个人都存在着与别人交往，以建立一定关系的倾向。人际需求有物质需求和心理需求。在人际交往中，由于人与人之间在需要、动机、兴趣、价值观等方面的差异，人际需求表现为多种多样，从而人际反应的基本倾向也多有所差异。

有一种心理学的理论，将人的人际需求分为三类：包容的需求、控制的需求和感情的需求。包容的需求是指希望与别人交往，愿意与他人建立和维持和谐的关系。包容需求存在于人的任何一个年龄阶段，以及任何一个职业中，它是人际关系最基本的要求。控制的需求是社会的每一个成员都有的，并非身居高位的人才有这种需求，在儿童的游戏、家庭生活、经济活动和政治活动中，都存在着控制需求。感情需求是指在情感上与他人建立良好的关系。感情需求是贯穿于人的整个一生的，但在不同的年龄阶段其强度不一样，有的阶段强些，有的阶段弱些。一般来说，婴幼儿期、青春期和老年期感情的需求比较强烈。

根据人际需求的类型和人的性格类型，心理学家对人际反应的基本倾向进行了研究，将人际反应倾向分为六种（表6-1）：

表6-1　人际反应的基本倾向

需求类型	主动型	被动型
包容需求	主动与别人交往	期待他人容纳自己
控制需求	支配他人	期待他人引导自己
感情需求	对他人表示亲切	希望他人对自己亲切

心理学家认为，每一种类型的人，其反应倾向不尽相同。若是一个人的包容需求动机很强，同时又是行为的主动者，那么他一定是外向的人，喜欢活动，积极参加各种社会活动。如果是一个感情需求很强的人，则不仅喜欢与他人相处，而且还会关心他人，同情别人，爱护他人，容易获得别人的爱戴拥护。

三、人际交往的工具

人际交往必须借助于一定的手段才能进行。人际交往的工具多种多样，其中符号系统是人际交往的主要工具。在心理学的文献中，一般将符号系统分为语言符号系统和非语言符号系统。

（一）语言符号系统与语言交往

语言是一种以社会文化为背景的约定俗成的符号系统。语言的社会功能主要表现在两个方面，一是思维的功能，二是交际的功能。语言的交际功能既体现在人们凭借语言交流思想，同时也体现在凭借言语交流感情。

语言符号系统是人际交往的最重要的工具，是其他交往工具所无法代替的。在认识交往中，除了语言工具外，还有手势语、旗语、电报代码等，但这些都是在语言文字的基础上产生的，它们只能起辅助的作用。

社会的发展以及科学技术的进步，都在不断地推动着语言的发展，语言和词汇都不断得到更新和丰富。比如，新的科技发展滋生出许多新的专业词汇，成百上千的新词从今天的科技领域，包括计算机、医学、食品和商业等领域中横空出世，增强了语言交往的功能，促进着语言自身的发展。

（二）非语言交往的手段

非语言交往一般指个体运用动作、表情、体态、语调等方式进行的交往活动。在一定的条件下，非语言符号系统可以独立地完成一些交往活动。而在某些特殊的情况下，也只有借助非语言符号系统才能更好地完成交往活动，即有时非语言符号系统是人际交往的必要形式。

关于非言语行为，我们在本书的第二章已经做了较为详细的介绍。从人际交往的角度来看非言语的作用，可以将其分为动态无声的非言语交往、静态无声的非言语交往，以及有声的（副语言）非言语交往等三种形式。

所谓动态无声的非言语交往，主要包括面部表情和手势等所起的交往作用。尽管它们都是无声的，但却是不断在发生变化的，因而被称作是动态的。至于静态无声的交际，则主要指人们的体形、穿着，以及空间距离等。以上这些非言语交往的组成，都是在静态中传达信息，起到交流和沟通的作用。所谓有声的非言语交往，主要包括说话时声音的音量、音调、变音转调、节奏和停顿等。实际上，辅助语言也在人际交往过程中起着重要的作用，因为语调、音量大小、说话速度的快慢等，都能影响一个人情感的表达。即使是语言不通，也可根据语调等方面的情况来进行判断。

四、人际交往中的信息沟通

信息的沟通是人际交往中的一个重要组成部分和关键环节。在一些社会心理学的文献中，往往把信息沟通作为人际交往三大组成要素之一，也即认为人际交往主要由沟通、社会认知和人际互动三大因素构成。所谓信息沟通，主要是指人与人之间传达思想、交流感情、互通消息的过程。

（一）信息沟通的一般模式

在我们的人际交往过程中，信息沟通的具体模式是多种多样的，它可以在通讯设备之间进行，也可以在人与人之间进行。但是，信息沟通有一个基本的模式，任何信息沟通都必然与这一基本模式有关。

信息沟通的基本模式，可以用下图来表示：

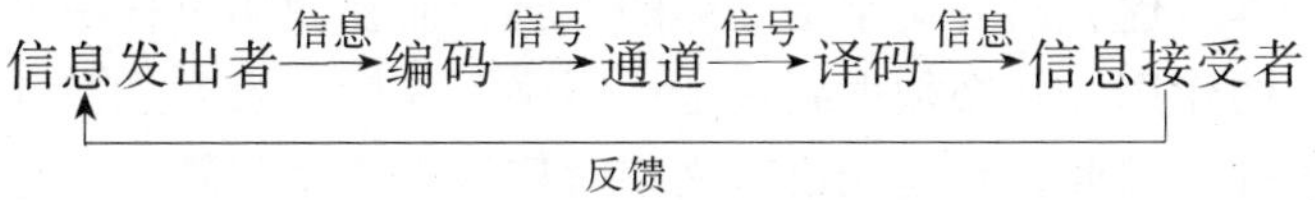

理解信息沟通的基本模式，应注意以下几个问题。第一，选择有意义的信息，即准备发出信息的内容，应根据有用、新颖、健康、真实的原则，这样有意义的信息才具有相应的价值。第二，由于信息的特性，必须借助一定的媒介（编码）才能为他人所理解、接受。在信息的传递过程中，采用文字、图像、声音、色彩、动作等作为信息的载体，这就是所谓的编码，而编码后的信息即成为信号。第三，信息传递的通道有对话、演讲、广播电视、报刊、广告等方式，而每一种方式都有其长处和不足，可以根据内容和对象特点，选择一种或几种方式将信息传递出去。第四，信息接受者必须通过译码，才能将信息内容还原，然后以自己的认知模式对信息进行解释和接受。第五，信息接受者还必须对信息做出评价，并把评价结果返回给信息发出者，这就是所谓的反馈，而反馈是信息沟通得以持续进行的重要保证。

（二）信息沟通的条件

人际交往的信息沟通过程与其他信息沟通的过程有所不同，它有其自身的特殊性。人际交往中的信息发出者和接受者，都是具有主观能动性的个体，因而在信息沟通过程中，心理因素起着重要的作用。人际交往中的信息沟通，一般是在几个人之间进行的，它不单纯是消息的传递，同时更重要的还包括情感、思想、态度、观点等的交流。因此，人际交往中的信息沟通，可能由于心理因素而出现特殊的沟通障碍。因而，信息沟通要顺利进行，必须具备以下条件：

第一，运用正确的语言文字和表达方式，是保证沟通顺利进行的基本条件。语言文字是交际的工具，而在使用过程中要发挥其工具的作用，就必须做到规范、明确、易懂。没有规范性就没有准确性。因此，在运用语言文字时应注意两个问题，一是要符合语法规则，二是表达方式必须是双方可以理解和接受的。

第二，若是要使沟通顺利进行，交往的双方应该具有共同的经验或体验。因为就沟通过程中的基本要素，也即沟通的内容来说，当其被表达的时候必须是双方都可以理解的，这就要以交往双方的共同经验或类似的体验为条件。如果缺乏基本的共同生活体验，甚至缺乏共同的语言，那么沟通就会受到明显的阻碍。

第三，为了保证沟通的顺利进行，在沟通过程中要重视信息的反馈。信息沟通过程中的信息反馈，可以提高信息交流的速度和质量。信息沟通总是在不断反馈中持续进行的，也正是有了反馈才有了真正意义上的信息沟通。没有反馈，就不可能构成一个完整的信息沟通过程。

当然，为了保证沟通的顺利进行，沟通双方还要有诚意，要创造一种相互信任的气氛。由于每一个人的思想观点存在着差异，对同一个问题可能有不同的看法，而信息沟通就是或者求同存异，或者通过双方的交流而达成一致。因而，宽容与诚恳的态度，也都有助于人际交往中沟通的进行。

五、人际交往中的相互作用

在人际交往过程中的双方都已不再是单纯的个体，而是与他人紧密地联系在了一起。我们每个个体，总是在与他人的相互作用中交流与沟通信息，表达与增进情感，同时使自己与他人的行为也都发生相应的变化。心理学家埃利奇·伯恩（E. Berne），提出了一种相互分析理论，借助于这种理论，我们可以增加对人际交往中的相互作用的理解。

（一）交往中的三种自我

伯恩认为，我们每一个成年人，实际上都拥有三种内在的自我，也即成人自我、儿童自我和父母自我。从对日常生活的观察，我们也可以得到类似的体验。比如有的成年人，像大学生，平时的学习和生活，更多的是表现为一个成年人的；但是在有的时候确实又很像一个小孩，尤其是在其父母面前的时候；同时，在有的时候，他又会扮演一种父母的角色，对同学的关心，就像是父母在照顾孩子。

在伯恩的分析中，我们的这三种内在的自我，有着不同的心理内涵。父母自我所表达的，是我们在童年时，将自己父母的言谈举止、奖励惩罚、鼓励和限制等有关信息进行有选择储存的结果。儿童自我是作为儿童的个体，对于其自己内部事件的记录与储存的结果。儿童本身是一个信息接受主体，他有其所见、所闻、所感和所知，有其自己的愿望，有其表达愿望和行为的方式。于是，父母自我的内容，比如对儿童的限制，与儿童自我的内容，比如儿童自己的愿望，往往是相互矛盾的。而一旦发展中的儿童意识到了这种矛盾，那么也就逐渐形成了其成人自我。伯恩认为，成人自我通过检验哪些是正确的，哪些是不正确的，来更新父母自我中所记录的信息；同时，通过确定哪些情感可以公开表达，哪些情感不能公开，来更新儿童自我中的信息。

我们的这三种自我，在我们的人际交往过程中，有着完全不同的表现，其不同表现，也会产生完全不同的意义。对此我们可以进行如下的分析。

（二）三种自我的线索

在实际的人际交往过程中，交往双方都会发生许多变化，或者说是发生一种总体性的变化。因为其表情、言语、手势、姿态等同时都会发生变化。通过这些变化的线索，我们可以判断三种内在自我的表现与作用。

比如，父母自我的表现线索：双手叉腰、皱起眉头、指指点点、摇头叹气、去拍别人的脑袋等等，以及诸如“你要永远记住”、“我不能同意”、“我要是你的话”等等，都被认为是父母自我表现的主要线索。

儿童自我的表现线索：噘起嘴巴、放声哭泣、抠鼻子、弄耳朵、咬指甲等等，以及“我的要更好”、“我才不呢”、“我愿意”、“我不干”等等，都被认为是儿童自我的主要表现线索。

成人自我的表现，应该是符合其社会规范的表现，比如说话时注视对方以示尊重，保持与谈话者的正常距离，以及采用较为礼貌的方式与人交往等等，成人自我常常使用诸如“为什么”、“是什么”、“什么时候”、“怎样才能”等等语言。

对于上述三种内在自我的表现线索有了基本的了解，我们就可以分析这三种自我在人际交往中所起的作用。

（三）相互作用分析

借助于三种自我的表现线索，我们就可以在人际交往的相互作用中，确认自己以及他人的三种不同自我。一般来说，在正常的人际交往中，若是以二人的交往为例，其各有三种不同的自我，那么就会演变出许多种不同的交往方式来。

伯恩对此提出了其基本的交往规律，我们可以参照下图来进行分析。

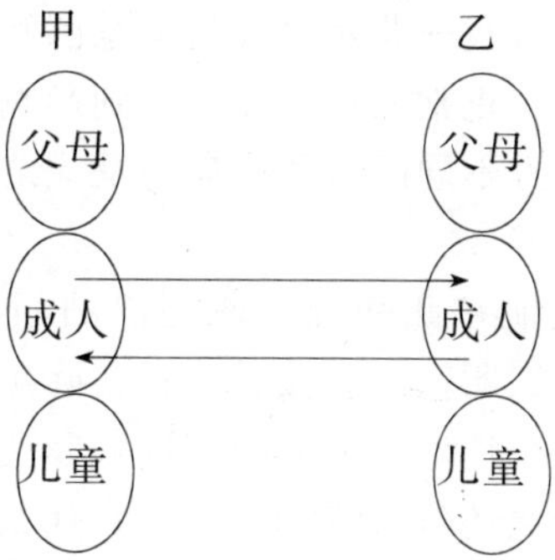

如上图所示，如果在交往双方的相互作用中，表现为两条平行线，那么就说明其相互作用是互补的，可以有效地持续进行下去，这是伯恩相互作用分析的第一交往规律。这种平行可以是成人对成人，父母对父母，儿童对儿童；也可以是一方的成人对另一方的儿童，并且有从其儿童返回的平行关系。

但是，甲乙双方的交往，也可能会出现交叉，如下图所示：

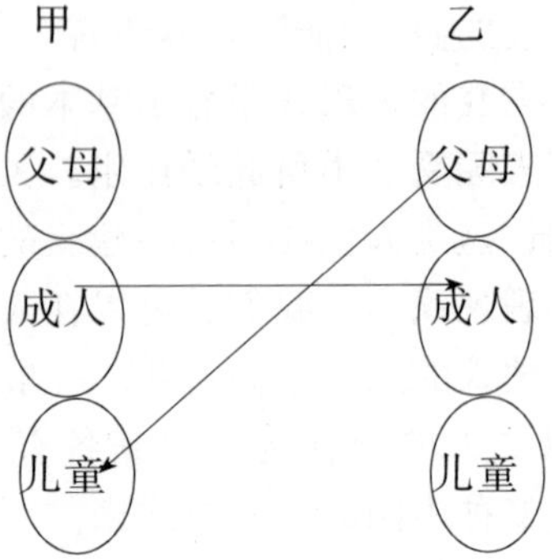

伯恩认为，这种交叉或交错的相互作用，往往会导致交往双方的纠纷，影响交往的正常进行，这也就是伯恩的第二交往规律：在父母自我—成人自我—儿童自我的关系图解中，当刺激与反应交叉或交错进行时，正常的交流便会受到影响。同样，这种交叉或交错，也可在双方不同的自我刺激与反应之间，表现为多种形式。

伯恩的图解，以及他在此基础上所提出的相互作用分析理论，被许多社会心理学家所认同和接受。在实际生活中，我们可以运用这种相互作用分析理论，来对我们的人际交往进行有效的分析。同时，伯恩的理论还告诉我们，应该在什么时候，采用怎样的自我，才能够保持相互作用的有效进行。或者说，若是我们的相互作用发生了问题，那么一定是交往双方的自我表现出现了偏差与交错。

第三节　人际关系

人际关系是人与人之间相互交往的结果，它属于社会关系的范畴。社会关系可以分为三个层次：第一是生产关系，这是在生产过程中，人们彼此之间的物质形态的关系，是一切其他关系的基础，并决定其他关系的性质；第二是意识形态关系，它是在社会生活中形成的，如正直关系、道德关系、宗教关系、法律关系等等；第三是人际关系，这是人们在活动中建立的直接的、可观察到的人与人之间的心理关系。

一、人际关系概述

人际关系是人们在交往活动中建立起来的相互联系，是一种心理关系。人际关系包含着三个密切相关的因素：行为、感情和认知。行为因素主要指活动的结果、举止动作、表情、手势和语言等；情感因素包括各种情绪状态、情绪的敏感性、对他人或自我的满意程度；认知因素指与认知有关的心理过程，是个体对人际关系状态的了解。

我们每一个人，在我们的一生中，总是要与许多人在一起，与许多人发生交往。其最后的结果，又总是要建立起各种各样的人际关系。这些人际关系在维持的时间，以及相互接受的程度和强度上，都会有所差异。比如，我们可以想象一下，对于商店里的服务员，对于单位里的同事，对于自己亲密的朋友……在社会心理学的有关研究中，我们的一切人际关系，都有其自身发生和发展的规律。

比如，随着人际交往的发展，任何一种形式的人际关系都会发生某种相应的变化：诸如相互之间接受的程度，相互之间的喜欢、信任和依赖感等等。其中最为关键的，便是交往双方对于交往过程的涉入或投入。在此基础上，我们可以通过以下图示，来对人际关系的发展，给以综合性的评价。

人际关系发展模型

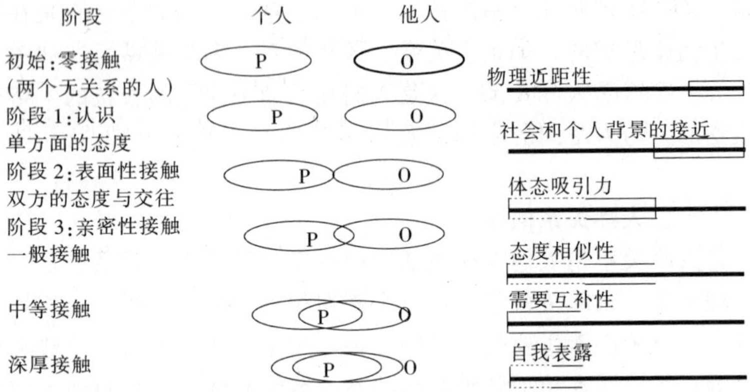

以上“人际关系发展模型”，描述了从相识、接触到亲密的发展阶段，并且列举出在不同的阶段，影响人际关系发展的主要变项，也即物理近距性、社会和个人背景的接近、体态吸引力、态度相似性、需要互补性和自我表露等。接下来，我们可以对人际关系的发展，进行具体的分析和讨论。

二、人际关系的发展阶段

根据前面的“人际关系发展模型”，我们可以将人际关系的发展，区分为单方相识、表面性接触和亲密性接触等三个阶段。

（一）单方相识阶段

单方相识阶段的人际关系，实际上只包含交往双方一些简单的接触，只是交往的一方单方面了解另一方，尚未形成有效的沟通和交往。在我们的现实生活中，我们的许多社会性活动与关系是属于这种类型，对于许多人我们仅仅是单方面的认识，比如乘坐公共汽车时坐在你身边的乘客，在大街上与你擦肩而过着装奇异的人，人们所喜欢的影星或球星等等，这些都属于单方面的相识。我们对别人进行观察，并且作出一些评价和反应，比如赞许、喜欢或不喜欢等等，但是一般不发生相互之间的交往。

在一些特殊的情况下，单方相识阶段也会产生其中一方的深深投入。比如影迷对于影星，以及球迷对于球星等所保持的关系。但是在一般的情况下，这第一阶段的人际关系，往往是表面性的、短暂的，对双方都不会产生太深的影响。在有关的社会心理学的研究中，人们认为这种单方相识阶段，有可能成为双方人际关系发展的一种基础。那么是什么力量促使人际关系的进一步发展呢？对此我们可以来分析人际关系第二阶段的形成。

（二）表面性接触阶段

在我们个人的社会性交往中，大部分关系都将保持在表面性接触水平。这种水平的人际关系，双方涉入与投入的程度都很低，实际上都是在以相应的角色来进行交往。比如，我们与商场里的售货员，与银行里的职员，与上门的产品推销员等等，都属于这种第二水平的人际关系。在这样的人际交往或人际关系中，我们往往是将他们看作是某种角色的执行者，我们与他们所发生或保持的关系，并非完全是个人化的关系，而是类似于一种职业化或角色化的关系。

但是，在这种表面性接触阶段，有些因素可以促进人际关系的进一步发展，而这些因素大部分属于可以直接观察到的表面因素。比如，交往者的穿着、体态魅力、语言的感染力、面部表情以及其他非言语的表现等等。由于表面性接触的人际关系大多与我们社会性交往中的商业或公务活动有关，因此，对方一般都会受过专业的角色训练，使用礼貌文雅的语言，表现热情友好的态度，总是会给别人以好的印象。

（三）亲密性接触阶段

在我们的日常生活中，当我们提到自己的“人际关系”的时候，实际上所指的大都是属于这种亲密性接触阶段的人际关系。只有在这一阶段，交往双方才会有真正的投入，真正的涉入到交往的亲密性。

在亲密性接触阶段，我们与交往的一方在认知、情感和行为上，都会产生一定程度的一致性，比如说双方具有同样的认知和情感，以及表现出同样的想法和行为等等。人际关系此一阶段的发展，主要是由于交往双方的自我表露，其基本态度和价值取向的一致性，以及其个性品质相互接受程度等因素所促成的。由于双方的自我表露，以及彼此接受对方，因而在亲密性接触阶段，双方会产生强烈的感情联系。而这种感情和感情联系，是我们人际交往和人际关系发展中一个最重要的指标。

三、影响人际关系发展的因素

根据前面展示的人际交往和人际关系发展模型，我们已经分析与介绍了人际关系发展的阶段。在我们人际交往和人际关系的发展中，有一些因素在起着明显的促进作用，也即在模型的右边所列举的事项，对此我们可以做进一步的分析和讨论。

（一）邻近性

邻近性是指人与人之间由于居处相邻，或者是由于工作和活动等空间距离上的邻近，彼此之间可以增加相互吸引，有助于建立与促进相互之间人际关系的发展。比如，在我们的实际生活中，人们往往都会感到居住在同一地区，同在一个学校学习，同在一个单位工作的人，就容易相互认识和了解，感情上也容易接近。这就是所谓的邻近性，也是为什么同学、同事、邻居之间容易建立良好的人际关系的原因之一。

对于这一问题，许多社会心理学家都做过不同形式的研究，并且取得了较为一致的成果。比如，人们在研究中发现，在一个城镇里几乎所有的朋友都住得很近，同样，大部分住得很近的人也都较容易成为好朋友。另外有一项较为经典的研究，在一些类似夏令营或培训班的情况下，按照学员名字的笔划排列顺序制定课室座位和宿舍。由于这样安排，名字的笔划顺序接近，在课内外接触的时间就越多。一段时间以后，研究者要求每个学员写出他们在这一阶段的活动中，自己认为最要好的朋友。结果发现，这些学员所列举的要好的朋友，大部分是与其名字的笔划顺序相近的人。因而类似的实验表明，正是由于同住一个房间，或者是课室座位上的接近，就可以建立比较密切的关系。

空间距离的邻近性因素之所以对人际交往和人际关系产生重大影响，其原因是多方面的。第一，接近能够增加熟悉感，而相互熟悉了解是建立密切关系的前提。第二，接近可以使彼此之间有更多时间来探讨某些常见的问题，从而寻找到共同的语言、兴趣和观念等。第三，物理距离上彼此比较接近的人，比那些离我们很远的人更“可接近”。也就是说，彼此之间距离上的接近，可以使人消除羞怯感。同时，从周围的人那里获得信息也比较容易和方便，容易产生沟通。第四，邻近性容易在彼此之间达成认知上的一致。弗利兹·海德（E. Heider）曾经提出这样一种观点，即在团体里有某种驱力，驱使我们去喜欢必须在一起的人，以及试图与喜欢的人接近。

然而，邻近性对人际吸引的作用是有条件的。距离相近也并不是越近越好，有时候由于众多因素的影响，距离相近也可能会产生消极的作用。比如，也许由于地域相近，朝夕相处，而利益各不相同，情绪各异，即使是邻居，也可能会发生摩擦和冲突。当代社会由于人们对精神生活的追求，在一些发达国家里，人们越来越喜欢呆在家里，深居简出，这种情况也会造成邻里关系比较冷漠。当然，一般来说，在我们的人际交往和人际关系发展中，这种邻近性表现为一种规律，对于我们的人际关系发展具有促进作用。

（二）交往频率

交往频率是指人们相互接触的次数的多少。一般来说，交往的频率越大，越容易形成密切的关系。因为交往频率的高低，对交往双方是否产生共同经验，是否产生共同思想，以及其相互之间的了解程度和情感体验的深度等，都会产生直接影响。

在现实生活中，两个人从不相识到相识再到关系密切，交往的频率往往是一个重要的条件。没有一定的交往，如果像俗话所说的“鸡犬之声相闻，老死不相往来”那样，则情感、友谊就无法建立。当然，交往频率也并非越大越好，俗话说“久聚难为别，频来亲也疏”，所以，交往频率只是促进人际关系发展的一个客观条件。人际关系的程度和质量，还取决于交往的内容、目标等其他一些因素。

（三）相似性

根据社会心理学的有关研究，交往双方如果有较多类似的地方，那么相互之间的吸引就容易产生，同时也就会促进其人际关系的发展。相似性包括交往双方的年龄、性别、地位、职业、观点、态度、行为，以及民族、文化等方面是否具有共同的特点。

我们每个人都喜欢与自己相似的人的原因是多方面的，日本心理学家古铀和孝认为有三个因素。第一，一般情况下人们都希望自己在态度上与大多数人保持一致，从而使内心获得一种稳定的感觉。第二，交往的相似性，是使我们的预期目的得以实现的关键。因为在一个与自己相似或类似的团体中活动，阻力就比较小，活动容易进行。第三，类似的东西常被作为一个同一体而感知，从而使自己与其他类似的人组成一个团体。由此可知，人们试图通过建立相类似的团体，以增强对外界反应的能力，保证反应的正确性。

（四）互补行为

在现实生活中我们可以观察到，不仅特征相似的人会产生相互吸引，而且彼此之间存在着较大差异的人也能够建立密切的关系，如脾气暴躁的人和脾气温和的人，主动型和被动型的人都可以成为好朋友。这表明人不仅有认同的倾向，而且也有从对方获得自己所缺乏的东西的需要，这就是互补性。具体来说，互补性就是指在需要、兴趣、气质、性格等方面存在差异的人，可以在活动中相互吸引的关系。它是以双方都得到满足为前提的，正是有了互补性，社会生活才更加丰富，充满着生机。

有一位心理学家在研究中发现，在 25 对结婚有一定年限的夫妻中，夫妻之间需求的互补性是婚姻关系得以持久的基础。另一位心理学家在对已建立恋爱关系的大学生的调查中也发现，对短期的伴侣来说，推动吸引的动力主要是相似的价值观，而驱使长期伴侣发展的动力，则主要是需要的互补。因而在有关的心理学文献中，曾经提出这样的一些评论：在选择爱情对象时，会出现互为补充的对立气质的相互吸引。恬静的人缺乏积极性和主动性，因此活泼型的人会对他产生吸引力。与此相反，活泼型的人需要一些抑制，而恬静的人经常会给予他这种影响，从而达到心理上的平衡。暴躁型的激烈和爆发的气质，会被忧郁型的柔顺和犹疑所冲淡。这样，在爱情中能够产生一系列的有利组合。

然而，我们应注意，需求的互补性是导致活动双方在需要上的满足，如果不能实现这一要求，那么某些相反的特性就不能够产生互补，如高雅与平庸、庄重与轻浮等等。所以，互补性是有条件的，它不是绝对的。能否互补还需要看它们是由哪些人格特征构成的，因此互补性的实现将在一定程度上取决于一个人的人格特征。

（五）容貌与仪表

在人际交往之初，人们易为对方的容貌、仪表所吸引，在其他条件大致相同的情况下，漂亮的人更易被人喜欢，更容易促进其人际关系的发展。我们知道以貌取人是一种偏见，也都认为人不可貌相，但实际上，人们还是在不知不觉中受到它的影响。

心理学家在研究中发现，不仅在成年人的交往与人际关系发展中会有这种受容貌和仪表所影响的现象，而且在儿童阶段，同样也存在着这种情况。所以，外表漂亮者在社交情境中占上风，容易引起异性的注意和喜爱，交际较广而容易成功。同时，容貌漂亮的人也比较容易说服和影响他人。研究表明，从表面上看男性比女性更为重视对方的容貌，而实际上女性比男性对容貌更为看重。正是基于这个原因，女性比男性更注意自己的容貌。

为什么漂亮的人易受人们的喜欢？根据社会心理学中的有关研究，至少有以下四个原因。第一，舆论宣传的影响。由于电影、电视等宣传的影响，使人们形成只有漂亮的人才值得爱的偏见或成见；第二，同漂亮的人在一起，容易得到他人的好的评价；第三，认为漂亮的人还附带有其他方面好的属性；第四，对漂亮的人看着比较顺眼，给人以愉悦的感觉。将以上四点归纳起来，可概括为两个方面的原因。一是容貌的晕轮效应，即认为容貌漂亮的人同时也具有其他良好的特征。比如，哲学家席勒曾说过："美丽的容貌反应着内在的美，灵性与道德的美。"其二是漂亮的散逸效应，它是指一个人让别人看到他和一个漂亮的人在一起时，能够提高他的形象。

但是，有关的研究也表明，绝不能夸大容貌与仪表的作用。一般说来，在人际交往之初，容貌的作用较大，但随着相互认识的加深，容貌的作用则不断降低。也就是说，在实际的人际交往和人际关系发展的过程中，容貌与仪表的作用是有限的。

（六）能力与吸引力

毫无疑问，我们的容貌与仪表，能够对我们的人际交往和人际关系的发展起到一定的促进作用。但是同时，在我们的容貌和仪表之外，我们的一些内在品质，比如我们的能力或智慧等，也会在我们的人际交往和人际关系发展中，起到积极的促进作用。

即使是从日常生活的观点来看，那些有才能、有智慧、有所成就的人，要比那些没有能力、不聪明、无成就的人更有吸引力。因而，在有关的社会心理学研究中，人们发现，与能力有关的智慧，在实际的人际交往和人际关系发展的过程中，所起到的作用，犹如容貌和体态魅力所散发出来的光环，其吸引力的强度，甚至比容貌和体态更为强烈。

当然，任何事物都有其利和弊，能力与吸引力的关系也是如此。比如，非常有才能的人也可能并不受周围人的欢迎，因为他们的能力或许会被别人看作是一种威胁，从而受到拒绝。

（七）人格品性和吸引力

若做更为内在的分析，那么一个人的品质和品性，将在其人际交往和人际关系的发展中，起到非常重要的作用。根据社会心理学家的建议，要想维持和提高自己的持久吸引力，培养自己的良好品质和品性是一个非常重要的条件。俗话说“君子之交淡如水”，人与人之间的吸引，归根到底取决于一个人的优良品质，它是一个基础，没有这个基础，不可能建立起真正的朋友关系，而只能是“酒肉朋友”。所以在结交朋友时，人们都会十分看重对方的品质和品性。表 6－2 是一份我们所整理的人际吸引效应品质表，希望能够给大家一些参考，加深对品质和品性在人际交往和人际关系中所起作用的理解。

表 6-2 人际吸引效应品质表

最值得喜欢的	优点与缺点参半的	最不值得喜欢的
真诚	固执	作风不好
诚实	循规蹈矩	不友好
理解	大胆	敌意
忠诚	谨慎	多嘴多舌
真实	理想化	自私
信得过	容易激动	眼光短浅
理智	文静	粗鲁
可靠	好冲动	自高自大
有理想	好斗	贪婪
体贴	腼腆	不真诚
可信赖	猜不透	不友善
热情	好动感情	信不过
友善	害羞	恶毒
友好	天真	讨厌
快乐	闲不住	虚伪
不自私	空想家	嫉妒
幽默	追求物质享受	冷酷
负责任	反叛	邪恶
开朗	孤独	自以为是
信任别人	依赖性	说谎

四、人际关系的测量

人际关系的测量，一直是社会心理学中受人关注的一个研究领域。尤其是对于团体中的人际关系，它有着十分重要的实际作用。因为通过人际关系的测量，可以反映一个团体的内聚力，以及一个团体的生产力和工作效率等。接下来，我们就向大家介绍一些较为经典的人际关系测量方法。

(一) 贝尔斯测量法

美国社会心理学家 R. F. 贝尔斯（R. Bales)，对群体互动进行了长期的观察研究，提出了一种分析团体内人际关系的方法。这种方法是在对研究对象有了一定认识的基础上，对团体人际互动的行为表现进行实验和观察性的研究。贝尔斯在其研究中发现，团体内的人与人相互作用的行为表现可以分为 12 种，即恭维、同意、帮助、给予指示、给予方向、给予资料、问资料、问方向、问指示、问帮助、不同意、有些敌意。

贝尔斯将这 12 种行为表现或动作，又分为两大类，每一类都规定有正负方向。一类是可以满足对方的交往需要、感情需要的动作，它包括恭维、同意、帮助、不帮助、不同意、有些敌意。其中恭维、同意、帮助起着整合作用，不帮助、不同意、有些敌意起着分离的作用。恭维、有些敌意这两个动作的力量最大，它们把团体维持在一起，或者是使其产生分离。贝尔斯区分出的另一大类包括给予指示、给予方向、给予资料、问资料、问方向、问指示等，它们都对团体中的人际关系，起着协调性的作用。

贝尔斯指出，团体中的每一次人际交往过程，都具有以上 12 种动作，在不同阶段这些动作的强度不一样。贝尔斯还指出，对于不同性质团体中的人际交往和人际关系来说，这些动作的分布具有不同的特点，在有的团体中协调动作会多一些，但是在有的团体中感情交流则占主导地位。

（二）社会测量法

社会测量法又称团体成员关系测量法，是美国社会心理学家莫雷诺（J. Moreno）创立的，它是一种运用比较广泛的测量方法。用莫雷诺的社会测量法，一方面可以了解个体在团体中的地位、领导能力、适应性以及团体成员彼此之间的心理关系；另一方面也可以了解团体的特性，如团体的构造、团体的文化、团体的领导作用、团体内聚力，以及团体气氛等等。

莫雷诺认为，团体成员相互作用的关键在于彼此好恶的情感，即相互之间是吸引还是排斥，他依此制订了一种由团体成员自行填写的调查表，根据填写的内容将其分为三类行为：吸引、排斥、不关心。莫雷诺的社会测量法可以分为三个步骤进行。

第一，确定测量选择的标准。在进行测量时，必须提出各种问题，以便让被试进行选择。在测量中最多可用 5～7 个标准。在确定标准时，要注意强标准和弱标准的搭配，否则就无法准确地测出团体成员的关系。所谓强标准是指起长期作用的，与个体的生活、学习等有密切关系的标准。所谓弱标准是指与被试生活、学习、工作等没有重大联系的标准。在研究中，一般把角色标准、认知标准、职能标准等作为强标准。

第二，确定被试选择的数量。在实验中一个被试可以选择多少个对象，可分为两种情况。一是选择没有规定数量，被试任意选择自己所要选的人数，它一般使用在群体人数较少的情况，如团体人数在 10～15 人；二是选择要规定人数，它是在群体数量较大时使用，否则会影响统计的正确性。此外，应注意不管是哪一种规定，都要求被试确定选择的顺序，即首先选择谁、其次选择谁、再次选择谁等等。

第三，做好测验准备工作。在已做好前面两个工作后，还不能马上进行测量。测量之前应有一个准备阶段，它包括一是主试要了解被试的情况，与被试建立良好的感情；二是向被试说明进行测量的目的和意义等。

莫雷诺对于其人际关系的测量结果，通常采用两种方式来表达，其一是人际关系矩阵图，其二是人际关系结构图。

（三）社会测量矩阵

社会测量矩阵又称人际关系矩阵，是指一种标识人际关系状况的行列表。社会测量矩阵首先要求对团体进行编号，然后按照编号将每一个成员的选择填在答案纸上，最后填入矩阵图里。矩阵图的张数应与选择的标准相等，即每个选择标准就应有一个矩阵图。矩阵图的形式如表 6－3。

表 6－3　社会测量矩阵

选择者	被选择者						
	A	B	C	D	E	F	……
A		3	2	1	－1	－2	
B	3		2	1		－2	
C	2	1		－2	3	－1	
D	2	－1	1		3	－2	
E	3	2	－1	1		－3	
F	1	－1	2	－2	－3		
分类合计	＋11	＋6/－2	＋7/－1	＋3/－4	＋6/－4	－10	
总数	11	4	6	－1	2	－10	

从表中可知，A最受欢迎，F最不受欢迎。这样，从社会测量矩阵表中的数字，就可以使人们了解到一个团体内人际交往和人际关系的基本情况。

（四）社会测量图示

把团体内成员之间的吸引或排斥的关系用图来表示，称为社会测量图。社会测量图比社会测量矩阵更明确，也更为直观。社会测量图的模式很多，以下是其中较为经典的测量图示。

人际关系图示

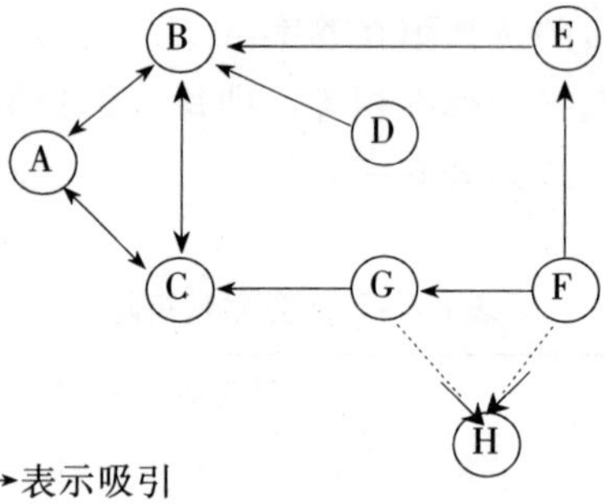

注：——→表示吸引

……表示排斥

从上图可以看出，B最受他人欢迎，H是孤独的人，A、B、C三者联系密切，E、F相互接近但不为他人所接受，E、D和F、D彼此没有联系。

练习与思考

1. 人际交往有哪些功能？

2. 试分析人际交往中的需要、动机、认知、反应等心理现象。

3. 人际信息沟通的效果受哪些条件制约？

4. 回忆和分析你是如何一步步与某人成为好朋友的。

5. 人际关系的发展变化受到哪些因素影响？

6. 运用社会测量法对中小学某个班级的人际关系进行分析和评价。

7. 思考中国人的人际关系是否有自己独特的特点。

第七章　团体心理

本章提要

○团体的基本特点
○团体的功能与类型
○团体吸引力及其影响因素
○集体意识的形成
○团体决策的社会心理
○领导者的角色和素质

社会心理学研究社会情景中的个体行为，而团体便是一个典型的社会情景。同时，团体还有其自身的特点，对于我们人类的行为有着特殊意义。在本章中，我们将主要讨论团体的本质、团体的吸引力、集体意识、团体决策和团体领导等问题。其中团体本质、团体吸引力和团体领导，将是本章学习与讨论的重点。

第一节　团体的本质

俗话说“物以类聚，人以群分”，在现实的生活中，我们每个人都必然归属于某种团体，不管这种团体是家庭、是学校，还是朋友和同事。在马斯洛的需要理论中，我们的这种归属倾向，被归为人类的五种基本需要之一。我们每一个人都在团体中生活，也离不开团体。那么应该如何理解团体的本质呢？

一、团体是个体的有机组合

团体是个体的有机组合，这是我们理解团体本质的第一个命题。个体是具有特定个性——自然属性和社会属性——可以独立活动的实体。就其物质属性而言，个体具有动物所有的一切属性：新陈代谢、从外界吸取养分以维持有机体的生命活动。从社会系统来看，个体（个人）是社会的细胞，正如马克思所说，在现实性上，它是一切社会关系的总和。因此，人们所处的社会关系不同，他所具有的个性也不一样。

（一）团体不同于人群

在社会心理的研究中，团体是有着特殊内涵的。并不是任何聚集在一起的人们，都能够称之为团体。也就是说，团体与一般所见的人群是不同的。

团体与人群是不同的，因为人群是个体无序的聚合。偶而在一起乘电梯的几个人，在马路上围观某一事物的人们，凭票进入电影院看电影的观众，都是游离的个体无序的聚合，都可以称为人群。然而，团体则是由于某些相同的社会、心理原因，以特定的方式组合起来的人群，如民族、社区、家庭、家族、学校、班级、社团、工作单位等，它们都可以称为团体。团体不是个体无序的聚合，而是个体有机的组合。

（二）团体中成员的相互作用

团体成员的相互作用，是团体产生和存在的基础与条件。团体是个体的有机组合，人们之间的相互作用是促进这种组合的粘合剂。人们为了进行共同的活动，需要彼此间的相互作用。相互作用，不仅促进了人们之间的相互合作，也使人们逐渐形成了共同的态度和情感。

诚然，许多正式团体的建立，都必须符合组织规范的要求。从某种意义上说，也反映了上级主管部门的“意见”。然而，上级主管的意志，可以把一些人集合在一起，也可以指定其中的一些人充当一定的角色，但这种集合起来的人们，既不具有共同的态度和情感，也没有共同的目标和一致行为。这仅仅是一种归类，无异于把全世界最优秀的足球运动员的名字排在一起。只有当集合起来的人们，有共同的目标和活动，并且为了活动的协调而相互作用，在相互作用中产生了相互的了解和信任，形成了共同的态度和情感以后，才能够说真正形成了团体。

（三）团体是个体活动的舞台

团体，是人们生活、学习和工作的舞台，团体的活动是人们生活的基本方式和基本内容。个人只有属于一定的团体，才能获得生存和发展。

我们每一个人，从呱呱坠地的第一天起，就是特定团体——家庭——的一个成员；稍大以后，他进入了学校成了学生，于是他又归属于一定的学校和班级；成年以后参加了工作，他又归属于某一单位。他是某一民族的一分子，归属于特定民族；他在特定的社会关系中生活，又归属于某一个阶级（阶层）。不仅如此，参与团体的活动是人们社会生活的基本方式和基本内容。个人只有归属于一定的团体，才能参与社会生活，才能获得生存和发展，才能完善自己的人格，才能实现自己的价值。因此，社会心理学家认为，尽管每个人的行为千差万别，形形色色，但归根结底离不开社会生活条件和社会关系，离不开团体。

（四）团体的基本特点

团体不同于人群，团体是个体有机的组合。在这种理解的基础上，我们可以分析团体的基本特点。

1. 团体的成员具有共同的社会心理特点

凡是同一团体的成员，都必然具有某种或某些相同的社会心理特点。比如，具有某种共同的社会文化背景，具有某种共同的心理需要，具有某种共同的态度和情感，或者具有“我们同属于一个团体”的基本感受。

2. 有共同的目标和活动

在任何一个团体中，该团体的成员都将具有某种共同的目标和共同的社会行为。团体目标是团体生活的一个关键，有时也是团体之所以存在或形成的基本理由。为了实现共同的目标，团体成员的行为可以高度一致。

3. 有一定的组织结构

团体不是个体无序的聚合，是按照一定的规范建立起来的有机的组织系统。它不仅有一定的组织结构，并且每个成员都被按照一定的要求组织起来。在团体中每一个人都处于一定的地位之中，充当一定的角色，承担着一定的责任，享受一定的权力。

4. 有调节行为的规范

团体为了使全体成员有一致的行为，对行为允许的范围有一定的规范。团体中的规范，对团体成员有着很强的约束力。团体规范的违反者，不仅会受到集体舆论的谴责，严重的还会被团体孤立起来或受到一定的惩罚。团体的组织纪律、作风、传统、守则、活动目标、操作规程等，都是调节团体成员的规范的体现。

5. 成员之间心理相容程度比较高

在团体中，尤其是在运作正常的团体中，团体成员之间的相容与接受程度较高，成员之间不仅能够在生活、学习、工作等方面相互关心、相互帮助、相互尊重、团结协作，而且在思想、感情和观点、信念上，都趋向于一致，对团体都富有责任感、荣誉感、自豪感、依恋感等肯定的情感体验。这些都表明成员之间的相容程度比较高。

总而言之，团体是个体的有机组合，个体是组成团体的细胞，没有个体就没有团体。团体心理是个体心理的集中表现，团体的社会职能也只有通过个体才能实现。但是，团体却不仅仅是个体心理的集合，而是有着团体自身的心理特性或特点。

二、团体是社会的基本单位

社会是一个大的系统，各种团体都是它的子系统。作为社会的子系统，它的生存和发展，都必然受制约于社会这一大系统。团体的组织结构、团体的性质、团体中的人际关系、团体的规范、团体的活动等等，都必然要受特定的社会政治和经济状况的影响，是特定的社会政治和社会经济的反映。作为一个子系统，任何团体都具有自己的个性、独立性，每一个团体都是承担着特殊社会职能的结构单位，都具有自己的组织结构，都有相对的独立性。

团体又是社会的基本功能单位。团体的功能既是其自身存在的必要条件，又是社会对团体的要求。根据有关团体研究的社会心理学文献，一般来说可以将团体的功能，分为如下四个方面：组织、激励、调节和教育。

（一）组织功能

团体的组织功能，主要表现在承担社会分工和组织指挥成员活动两个方面。团体是承担社会分工的基本主体。任何一个团体，首先必须承担一定的社会分工，否则它就没有存在的必要，也没有存在的价值。社会为了自身的生存和发展，必须进行物质生产、精神生产以及劳动力的再生产。各种团体都是社会生产的承担者和实现者。

团体，是团体成员活动的积极组织者和指挥者。它不仅能把游离的个人集合起来，而且能把个人的智慧、能力凝聚为一个整体，通过团体的目标和团体的规范，对个人的活动实行指导，能作出更好的决策，并有利于促进创造发明，因而能更好地完成组织的任务。

（二）激励功能

团体既是个体的有机组合，同时还是个体活动的舞台和场所。在团体中，不仅为个体提供了更好的生活、学习，以及工作的条件，而且能够满足成员的安全、归属、社交、友谊、尊重和成就等多方面的需要。

因而，团体对于个体的行为，对于个体的工作和创造，具有激励和促进的作用。团体能够给个体提供其施展才能、实现自己抱负和人生价值的机会，因而也就使个人的积极性和创造性得到了发挥。

（三）协调功能

团体是个体的有机组合，也是个体相互作用的产物。因而，在团体中，人们可以有更多的交往，有更加协调的人际关系，也就是说，团体能够协调团体成员的人际关系，促进团体成员人际关系的发展。

从另一个角度看问题，由于团体的存在和团体的作用，人们长期在一起生活、工作，人与人之间不可避免地会产生这样或那样的冲突，而团体可以通过协商、对话、制定规范等方式，来有效地协调成员之间的关系。

（四）教育功能

由于人的社会化，以及人的发展，都将是一个终身的过程，因而，从某种程度上说，团体将是个体终身接受教育的学校。

首先，社会组织可以通过各种团体，给社会成员进行有关规范和制度的教育。其次，团体成员之间可以相互学习、取长补短，在知识、能力等方面得到提高。第三，团体本身就是一种教育手段。团体的纪律、团体的规范、团体的舆论等，都能够有效地调节成员的行为，激励团体成员奋发向上，培养他们的组织性、纪律性、责任感、荣誉感、归属感等优良品质。团体中的人际交往和人际关系，还可以使得团体成员学会如何与别人交往和相处；使团体成员养成关心人、尊重人、理解人、助人为乐等优良品质。

三、团体的分类

我们可以从各种不同的角度，对团体加以分类。比如，按照团体的形成方式来划分，可将团体分为自然团体和规范团体。

所谓自然团体，是由于社会心理原因、历史原因或时间和空间上的联系等，自然而然形成的团体。自然团体可以分为大型自然团体和初级自然团体。大型自然团体，一般来说成员之间没有直接的接触，相互间的联系不太紧密，有共同的规范，但是共同的态度和情感、共同的活动则不多。一旦遇到特殊情况，团体的共同利益受到威胁时，团体所属成员相互间的联系就会变得紧密起来。阶级、民族、社区等都属于大型自然团体。初级自然团体是人们在共同的生活中形成的自然团体。这类团体人数不多，其成员在利益上、情感上联系比较紧密。初级自然团体按其性质可以分为血缘初级团体、地缘初级团体、业缘初级团体和趣缘初级团体等。非正式小团体是初级自然团体的一种特殊形式。非正式小团体的成员之间，心理相容程度往往超过规范团体。

规范团体是根据社会分工要求而组织起来的团体。这类团体有特定的组织结构和固定的编制，有统一的纪律和规范，成员之间有一定的分工，每个成员在团体中都充当着一定的角色，享有一定的权利，也承担着一定的义务；成员之间不仅有情感上的联系，而且还有组织上、工作上的联系。

规范团体按照组织的严密程度，可以分为松散团体和严密团体。松散团体成员之间联系不太紧密，共同活动不多，如各种“社会团体”、“学会”、“协会”等等，其成员来自不同的单位，虽然有共同的目标、任务和共同的活动，但并不是每个成员都必须承担。

严密团体按其规模的大小和人数的多少，可以分为大型团体和小型团体。在小型团体中，成员之间不仅有共同的目标和活动，而且还有面对面的接触和经常性的联系。但在大型团体中，成员之间直接的联系不多，多数情况下是以间接的方式发生联系。

根据上面讨论，可以把团体分类用系统图表示如下（图 7－1）：

图 7－1　团体的分类

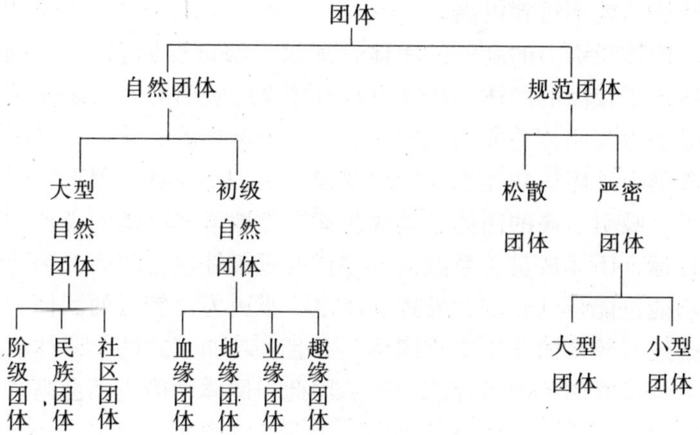

第二节　团体的吸引力

就心理意义来说，团体对团体成员的吸引力是一个非常重要的问题。因为在现实生活中，尤其是当个体有选择团体的自由的时候，那么一个团体的吸引力，就成为该团体存在和发展的基本条件。

一、团体吸引力的含义

所谓团体的吸引力，主要是指团体对成员的凝聚力，以及团体使其成员加入并保持成员身份的一种影响力。团体的吸引力看似无形，实则存在，而且影响团体的活动效率。一个高吸引力的团体，不仅团体成员对团体有着归属感、责任感、荣誉感、自豪感，而且团体中成员之间关系融洽和谐，内部成员也能遵循团体的规范和目标。如果引导恰当，就能充分发挥成员的积极性，从而使活动效率得到提高。

团体吸引力的高低是团体发展水平的重要标志。一般地说，发展水平较高的团体，往往也具有较高的吸引力，反之亦然。团体吸引力与团体功能的发挥，有着十分密切的关系。可以说，团体吸引力是团体功能发挥的重要因素之一。在其他因素相同的条件下，吸引力高的团体，其成员能自觉地遵守团体的规范和团体的目标，团体成员关系融洽，工作的积极性也比较高，因此，团体功能也能得到较好的发挥。反之，吸引力比较低的团体，团体内部还有较多的非正式小团体，并且，各非正式的小团体活动往往会与正式团体的目标不一致。因此，团体功能也不会高。

二、影响团体吸引力的因素

既然团体的吸引力在团体生活中占有如此重要的地位，那么这种团体的吸引力是如何形成的呢？影响团体吸引力的因素都有哪些呢？这些问题自然也受到了社会心理学家的密切关注。以下几个方面，是我们根据有关的研究和文献资料，所整理的影响团体吸引力的主要因素。

（一）团体的领导

团体领导或领导班子的特点，主要领导者的作风和领导方式，以及领导班子成员的整体素质等，都会直接或间接地影响到团体的吸引力。

如果领导和领导班子齐心协力，而团体主要领导人又有较高的威信，则团体对成员就会有较强的吸引力；反之，如果领导班子自身不团结，“内耗”严重，团体便无核心可言，其团体对成员的吸引力也不会高。团体领导和领导班子成员的作风公正廉洁、以身作则、惜才爱才、对团体成员关心体贴，那么其团体对成员就具有较强的吸引力。

领导方式对团体的吸引力有着重要的影响，一些经典的社会心理学研究都已经揭示了其中的道理。一般来说，民主性的领导方式，能够提高团体的吸引力；而专制性的领导方式，则会降低团体的吸引力。领导班子成员的素质高，领导能力强，则能给团体和团体成员带来希望和成功，因而该团体成员对其团体就会有较高的认同感和荣誉感，这在很大程度上提高了该团体的吸引力。

（二）团体的外部压力

团体所遇到的外部压力，也能够在一定的程度上促进其吸引力的提高。有关的社会心理学研究证明，来自团体外部的压力，无论是积极的（如各种荣誉性竞赛、竞争、评优活动等）还是消极的（如领导者对团体的批评、处分或惩罚），都会较为显著地提高团体的吸引力。但是，积极性的压力会产生较高的吸引力，并且具有相对的稳定性，能维持较长的时间；而消极性的压力所产生的吸引力，则可能是暂时的，有时也是不稳定的。

（三）团体活动的定向

团体活动既可以集体定向，也可以个体定向。一般来说，集体定向（团体成员所承担的任务相互联系，形成一个目标体系）有利于团体吸引力的提高，而个体定向（团体成员所承担的任务联系不大或彼此孤立）则不利于团体吸引力的提高。

此外，团体的奖励方式也能够影响与促进其团体的吸引力；而个人奖励方式则可能增加团体成员之间的竞争力。团体成员的目标、任务如果紧密关联，并且与团体目标相一致，那么就会提高与促进团体的吸引力；如果团体成员的目标、任务互不关联，则会降低团体的吸引力。

（四）团体成员的集体意识

团体成员的集体意识，是指团体成员对团体的态度和接受与认同的程度，主要包括团体成员对团体的归属感、责任感、荣誉感，以及作为团体成员的成就感和满足程度等。

如果团体成员对其团体有着较强的归属感、责任感、荣誉感和成就感等，那么该团体成员之间就会互相支持、团结协作，因而其团体的吸引力就会提高。但是如果一个团体中的成员不具备基本的归属感、责任感、荣誉感和成就感，那么其成员的向心力就不高，该团体的吸引力也会很低。

（五）其他因素

除了上述几种因素之外，还有其他一些因素，对于团体的吸引力有着不同程度的影响。比如，团体的规模、团体规范、团体的气氛、团体的形象和团体的社会地位，以及团体成员的个性特征、知识水平、对团体活动价值的认识和认同等，都会在不同程度上影响到团体的吸引力。

三、提高团体吸引力的途径

在对影响团体吸引力因素进行分析的基础上，我们可以进一步讨论如何才能够提高团体的吸引力，也就是说，若想提高一个团体的吸引力，主要应该从何处入手，主要应该做哪些工作。

（一）搞好领导班子建设，施行民主领导

领导及其领导方式是影响团体吸引力的直接因素，因而要提高团体的吸引力，首先必须搞好领导班子本身的建设，领导者要以身作则，不断提高自己的知识水平、人格修养、工作能力和管理水平，实现民主领导。

（二）适当组织合作和竞争

团体内部的合作与团体之间的竞争，有助于团体成员之间的沟通和提高心理相容程度，有助于提高团体内部的一致性，有助于提高团体成员对团体的向心力，有助于促进团体吸引力的提高。

（三）实现目标管理

目标管理既是调动团体积极性的管理方法，也是提高团体意识的杠杆。团体领导者要针对团体的具体情况，提出切实可行的努力目标，并且把团体目标与个人目标结合起来，从而激发团体成员对团体的向心力。

（四）提高团体成员的主人翁意识

团体的领导应该强化团体成员的主人翁意识，让每个成员都意识到自己在团体中的主人地位，都来关心团体的生存和发展。领导对每个团体成员发表的意见和建议，都应该积极听取，给予适当的鼓励和支持。作为领导应该从善如流，主动采纳那些建设性的意见来改进团体的工作。

（五）重视情感激励

情感是人际吸引的支点，因此，重视“情感投资”有助于提高团体对团体成员的吸引力。领导者对自己的下属要真诚、热情、民主、公正，设身处地为下属着想，这样才能够有效地提高团体成员的归属感和认同感，提高其团体意识。

（六）强化团体规范

没有规矩则不成方圆，既然团体本身是一种有机的组织，那么强化团体的规范和制度是十分重要的。团体规范能够强化团体成员的团体意识，维护团体的内聚力。因而，团体应该建立、健全各种规章制度，为团体成员提供参照的标准，使每个成员都感到自己的权利和责任。

（七）组织团体活动

活动是团体存在的基本条件，也是增强团体吸引力的杠杆。团体的活动，不仅可以促进团体成员之间的交往和合作，而且可以促进团体成员形成一致的认识和态度，增进团体成员之间相互了解，融洽团体成员之间的关系，从而形成良好的人际关系。因此，组织有意义的活动，不仅对提高团体的吸引力具有重要意义，而且对团体的巩固和发展也具有重要的作用。

（八）利用外部影响

外部的影响和压力，无论是来自其他团体的（如竞赛）还是来自上级的（如检查、评优、表扬、批评等），都可以有效地促进团体吸引力的提高。因而，有效与适当地利用外部压力，可以增加团体的内聚力，提高团体的形象，促进团体的吸引力。

第三节　团体中的集体意识

团体中的集体意识，对于团体的生存和发展，以及对于团体中的成员，都具有十分重要的意义。同时，通过集体意识，也有助于我们加深对团体本身的理解。

一、集体意识的含义

若是从广义上来理解，集体意识就是集团意识或集群意识。但是在这里，我们所使用的"集体意识"，主要是指与团体发展相关的"集体"——这一特定团体范畴相联系的团体心理状态。

因而，在这种意义上，集体意识是团体成员对团体以及自己与团体关系的认识、情感和行为倾向的总和。

个体对团体以及自己与团体的关系的认识，是形成集体意识的基础。对团体的认识，包括对团体的目标、活动、规范、团体的组织性质等方面的了解和评价；对自己与团体关系的认识，包括自己在团体中所担任的角色，自己在团体中的地位，自己与其他成员的关系，自己对团体的责任、义务和权力等的了解。

一般来说，情感是在认识基础上产生的心理状态或感受，而集体意识中的情感，也是团体意识的核心部分，是认识转化为行为的中介因素。个体对团体的情感，主要表现在团体归属感、认同感、责任感、荣誉感和义务感等方面。

行为倾向就是行为的准备状态，集体意识中的行为倾向，也是集体意识中的主要动力。在行为倾向的激励下，团体成员便能够以自己的实际行动来履行自己对团体的责任和义务，自觉维护集体的利益和荣誉。

二、集体意识的形成

集体意识是团体和团体生活的一种发展，培养团体成员的集体意识，需要长期的努力，更需要做许多有关的工作。

（一）参与团体活动

集体意识形成的过程，也是团体向更高水平发展的过程。只有在游泳中才能学会游泳，也只有在参与建设团体的活动中才能形成和发展团体成员的集体意识。因此，团体的领导者应该积极组织丰富而有意义的活动并引导团体成员积极参与活动，使他们在建设团体的实践活动中，形成和发展集体意识。

（二）教育引导，提高对个体与团体关系的认识

团体成员对个体与团体关系的认识，是形成集体意识的基础。要使团体成员形成团体意识，首先要提高团体成员的认识，使他们认识自己与团体的关系及意义，认识自己对团体的责任和义务，以及团体带给个体的意义和价值。领导者应该在提高团体成员认识的基础上，进一步引导团体成员处理好个体与团体的关系，引导他们积极承担团体的义务，关心团体的利益和荣誉。

（三）制定集体主义的行为准则

合理、可行的集体主义的行为准则，对集体意识的形成有着激励与促进作用。因而，制定集体主义的行为准则，并引导团体成员把行为准则转化为主观的集体意识，对于提高与强化团体成员的集体意识是十分重要的。因为即使最完善的行为准则也不能等同于集体意识。行为准则是对行为的客观要求，集体意识是调节人们行为的一种心理倾向。外部因素只有转化为内部的集体意识时，才能自觉地调节自己的行为。因此领导者要引导团体成员把行为准则转化为主观的集体意识。

（四）建立良好的团体氛围

建立良好的团体氛围，包括建立良好的团体评价、团体舆论等激励措施，对于提高团体成员的集体意识是有所助益的。团体的社会评价和舆论对集体意识的形成有着促进与导向的作用，激励措施对集体意识的形成有着强化作用。因此，借助于这些手段可以有效地促进集体意识的形成。

（五）发挥集体意识的能动作用

集体意识一旦形成，便会产生实际的影响和作用。集体意识能够使团体成员真正懂得团体规范的本质，激发他们实践规范的自觉性；能够使每一个成员都成为团体活动的真正主体，让“个体”融化在团体之中，自觉地为团体作出各自的贡献。这样，即使在没有规范制约的情况下，团体成员也能自觉地按集体主义的原则调节自己的行为，真正发挥集体意识的作用。

第四节　团体决策

团体决策是有关团体的社会心理学研究中，发展最为迅速也最引人关注的一个领域。自从库尔特·勒温（K. Lewin）在本世纪30年代开创团体动力学，并且开始了对团体决策的研究以来，到目前已经形成了较为成熟的关于团体决策的理论。

一、团体决策的意义

团体决策在实际的团体生活中，具有十分重要的意义和作用。它涉及到团体发展的目标，涉及到团体活动的成败，涉及到团体的社会形象。同时，任何一种团体决策，都必然对所有的团体成员产生影响。因此，好的决策与不好的决策，对于团体的存在与发展都具有举足轻重的作用。

（一）团体决策的含义

一般来说，决策是确定行动目标、制定行动方案的一种过程。正如个人在生活中也都会面临选择和决策，团体也会有团体的决策。团体也是一种活动的主体，决策是其活动的前提，因而决策的好坏将直接影响到团体活动的成败。

在有关的研究资料中，人们一般将团体决策的过程区分为问题识别、问题诊断和作出决定三个步骤：

1. 问题识别：分析问题的性质和产生问题的原因，提出解决问题的方案。

2. 问题诊断：由团体成员提出各种可以解决问题的设想，通过讨论、分析，归纳出几种可供选择的行动方案。

3. 作出决定：通过团体的讨论或辩论，分析与比较各种方案的利弊，然后决定团体的行动方案。

三个阶段的区分只是相对的。在实际的决策过程中，诊断问题的阶段往往会渗透着选择解决的方法，以及讨论与协调；而在讨论与协调的过程中，还要反复分析问题的性质和产生的原因。

在团体决策过程中，每个成员都是决策的参加者，都可以畅所欲言，充分发表自己的意见和见解，通过讨论来达到统一的认识。这不仅有利于提出最好的意见和作出选择，而且还可以使参加讨论的人认识到选择决策的原因，因而能提高执行的自觉性。同时，由于决策由大家讨论产生，因此，所作的决策实际上是一种大家通过的团体规范，对团体成员的行为有导向作用和约束作用，从而保证了方案的实施。

根据决策的条件不同，团体决策可以区分为确定型和非确定型两种。确定型决策的客观依据比较明确，因而决策的结果不会有风险。非确定型决策的客观依据不确定，因而决策比较困难，决策结果的风险也比较大。

（二）团体决策的效果

任何团体决策都会产生实际的作用，都会对团体生活、对团体成员产生种种不同的影响。但是，若是一种好的或有效的团体决策，则应该具有以下特征和效果。

1. 准确性高。团体决策是经过团体成员充分讨论作出的决定，综合了各方面的长处，剔除了不合理的意见，相对而言，作出的决定准确性比较高。

2. 富于创造性。经过团体讨论作出的决策，不是各方面意见的算术“平均数”，而是集中了各种意见的精华，既具有创造性，也具有可行性。

3. 团体成员能了解决策的依据和意义。由于决策经过团体成员的充分讨论，因而，团体成员都充分了解决策的依据和意义，从而不仅可以提高团体成员对决策的确信程度，增强执行决策的自觉性，而且能激发团体成员的责任心和义务感。

4. 有利于激发团体成员的创造动机。团体决策给团体成员提供了显露自己才华、发表自己意见的机会，满足了他们自尊的需要，提高了他们对自我价值的认识，从而激发了他们的创造动机。

5. 有利于增强团体的吸引力。团体决策是团体成员进行信息交流的过程。通过讨论和辩论，会增进团体成员之间的相互了解，并且使团体成员在共同的目标下统一起来，因而可以促进团体吸引力的提高。

二、团体决策的形式与方法

团体决策往往是通过一些较为固定的形式和方法产生的，对于这些形式和方法的了解，也有助于我们对于团体决策本身的认识和理解。

（一）团体决策的形式

一般来说，团体决策的形式，主要表现为协商、集体论证和综合分析等。

协商是指广泛征求各方面的意见，然后确定一种统一的行动方案，因而协商是一种比较广泛的决策形式。而集体论证往往是提出问题，在部分人中间征求解决问题的意见和建议，筛选出有价值的和切实可行的意见，然后提交另一部分人讨论，确定其中最优秀的行动方案。集体论证的方法常用于制定科技活动的决策。

而团体决策中的综合分析，是把各方面有价值的意见结合起来，形成一个统一的决策方案。一般来说，综合决策过程有三个步骤：(1) 让团体成员充分发表意见，提出建议；(2) 发动团体成员进行讨论；(3) 通过讨论或辩论，采取大家公认的最佳方案。这三个步骤如下图所示：

实际上，综合分析决策已经包含了协商和集体讨论两种决策形式，也是一种运用较为广泛的团体决策形式。

(三) 团体决策的方法

正确有效的决策，往往与所采用的决策方法和方式有关。在有关的社会心理学文献中，对于团体决策的方法，有如下建议：

1. 确定问题性质。有效的决策来自对问题性质的正确判断。确定问题的性质首先要分析问题产生的原因，以及问题发展的态势；其次要辨明是常规性的问题还是新发生的情况；最后根据问题的性质来讨论决策。

2. 确定解决问题的规范。决策是为了解决问题，要使问题得到正确的解决，就应确定解决问题的规范。如果不预先确定解决问题的规范，就可能作出错误的决策。

3. 确定行动步骤。将决策转化为行动，是非常关键的一个环节。一项决策如果没有制定具体的行动步骤，并把步骤具体落实，那么，再好的决策也只不过是纸上谈兵，不能够充分体现决策的意义和作用。

4. 注意收集反馈信息。从某种意义上说，决策是由一些假设和设想组成的，决策的正确性与有效性，要通过实践来检验。在执行决策的过程中，要及时注意搜集反馈信息，修正决策中的不足之处，从而使决策更加正确，也更加符合实际。

三、与团体决策有关的问题

在团体决策过程中，会遇到种种需要解决的问题。而为了保证团体决策的正确性和有效性，还必须解决所遇到的影响团体决策的其他问题。“定型思考”和“极端性转移”，便属于这类问题。

（一）定型思考

定型思考又叫团体定型思维。所谓“定型思考”是指讨论决策时，团体成员的思路被纳入某种轨道或框架的现象。定型思考会造成一种特殊的气氛，这种气氛会限制团体成员的思路，压制创造精神；堵塞言路，使讨论不能充分展开，形成一种表面一致的假象，从而导致错误的决策。

定型思考有多种表现：比如，在决策过程中，为了维护某一观点，即使有错误也会文过饰非；为了尽快作出决策，会出现多数人对少数有不同意见的人施加压力的现象；如果领导者自己首先表态，容易把自己的意见强加给团体，其他团体成员会慑于领导权威而盲目附和或保持沉默；某些人自以为一贯正确，对不同意见采取排斥的态度，使持不同意见的人不愿表达自己的意见等等。

导致定型思考的原因主要有以下几个方面：

1. 团体吸引力。团体吸引力愈高，产生定型思考的可能性也就愈大。高吸引力的团体，在讨论决策时有一种追求一致的气氛，为了维护团体的统一，团体成员往往会不自觉地放弃和大家不一致的意见，其他成员也会不自觉地对持不同意见的人施加压力。

2. 团体的“封闭性”，也即一个团体与其他团体的关系。愈是处于封闭孤立状态的团体，导致定型思考的倾向性也愈大。一个封闭孤立的团体，缺少与外界的沟通，缺少外界的压力和批评，因而往往会作出自以为是的判断。一个开放的团体，能充分了解外面的情况，能经常感受到外来的压力和批评，决策时就会考虑来自各方面的信息，分析各种情况，因而也能做出比较正确、合理的决策。

3. 领导人的权威和领导作风。权威高、权力大而又专制的领导，不允许下属发表不同的意见，因此很少有人愿意或敢于公开反对。这种领导所控制下的团体，定型思考往往比较严重。

4. 决策的重要意义。如果决策具有重大的社会意义，对团体或团体成员有重大的切身利益，则往往不敢采取新的决策而陷于定型思考。

那么，在团体决策的过程中应该如何克服定型思考呢？根据社会心理学家的研究和建议，在决策时应注意以下几点：（1）决策时广泛搜集各类信息，积极鼓励团体成员提出自己的看法，特别要欢迎那些不同的意见。（2）要先把问题交给群众讨论，先小组后大组，先群众后干部，先基层后领导。讨论时权威人士不要轻易表态，否则，就可能束缚群众的思路，从而限制不同意见的发表。(3）鼓励团体成员标新立异，提倡与鼓励以批判的态度来进行思考。

（二）极化反应

极化反应又叫极端性转移。极化反应是指在团体决策时所产生的趋向两极——冒险或保守——的倾向。

产生极化反应的原因主要来自两个方面：（1）责任分散；(2）社会规范的压力。有关的社会心理学研究表明，极化反应现象常常取决于团体中多数人的偏执或偏爱。如果多数人在讨论一开始就偏爱冒险的决定，则作出的决策也往往比较冒险；如果多数人讨论开始时倾向于保守决策，实际的决策也会比较保守。

团体决策是一个智慧汇集的过程，从理论上说，作出的决策应该比较正确和有效。于是，就必须注意防止可能出现的决策错误和决策偏向。

第五节　团体的领导

在团体生活和团体过程中，领导始终居于特殊的地位，对团体担负着决策、指挥和管理等重大的责任。团体领导的作风和言行，不仅直接影响着团体的方向，也影响着团体成员的行为和团体的效能。现实生活中有许多这样的事例：领导班子及其成员的素质好、作风正、团结协作，则能够使原来素质水平低的职工队伍得到提高，团体的面貌得到改观，甚至能使一些原来后进的团体变得富有生机。反之，领导班子及其成员的素质差、工作推诿、以权谋私，不仅无法充分发挥团体成员的积极性和创造性，而且还会使职工队伍的素质降低，人才外流，甚至使团体难以生存。因此，团体领导水平的高低、团体领导作风的好坏，对于团体和团体成员的生存和发展具有十分重要的意义。

一、领导与领导角色

那么，既然领导在团体生活中具有如此重要的作用，应该如何理解领导本身呢？领导这一角色有什么内涵或含义呢？

(一) 领导概念的含义

在有关的社会心理学文献中，领导这一概念，被理解为是影响个人或团体在一定条件下实现某一目标的一种行为过程。处于领导地位，行使领导权力和实现领导行为的人，即被称作领导者。接受影响的人或团体，则是所谓的被领导者。

上述的定义，表达了如下的基本思想：第一，领导是一种行为，是领导者对被领导者（个人或团体）施加影响，改变被领导者的思想和行为的过程。第二，领导行为的实施，必须依赖于团体内部和外部的条件，离开了具体的条件，领导行为就难以实现。第三，领导是一种动态的过程，领导的方式方法要随条件的变化而改变。第四，领导行为的目的，在于实现一定的目标。

由此可知，领导是一种行为，一种活动过程，是团体中人与人之间和人与工作之间关系的一种表现形式。因此，“领导”与“领导者”这两个概念之间是有所区别的，不能够简单地予以等同。

(二) 影响领导的主要因素

领导问题的关键，并不在于谁是领导者，也不在于领导者权力的大小，而在于领导者的行为，在于领导者对被领导者的影响力。由以上讨论可知，领导行为可以用一个数学公式来表示：

领导行为 = f（领导者 × 被领导者 × 团体环境）

由此可见，领导行为是一个由领导者、被领导者和组织环境三个因素所组成的复合函数。有效的领导行为，既受领导者本身的特点的影响或制约，也与被领导者特点和环境变化等有关。

1. 领导者本身的特点。领导者本身特点是影响领导行为的首要因素。领导者本身的特点包括领导者必须具备的社会心理条件和身心条件，这些因素主要有领导者的资历、品格、能力、知识以及与被领导者的关系等。

资历：资历是领导者的资格和经历，是领导者过去的情况。人们对资历深的领导，往往有一种敬重心理，因此愿意接受他的领导。

品格：领导者的品格，包括其道德、品行、人格、作风，是领导者的领导思想、领导作风、领导方法产生的基石。只有品格优良的领导者，才能有正确的领导思想，才能有优良的领导作风和领导方法；也只有品格优良的领导者，才能使下属对他产生敬爱感，才能成为下属仿效的榜样，他的言行对下属能产生一种潜移默化的作用。领导者必须懂得：一个领导者如果没有良好的品格，即使正确的领导行为也难于被下属所接受。

才能：领导者的才干和能力，是实现有效领导的关键因素。领导者的才能，不仅表现在决策和活动的组织上，更重要的是反映在活动的结果上。只有能给团体带来成功的领导者，才是有才能的领导者。因此，一个领导者，在关键的时刻，要善于决断；在困难面前，应该是一个强者；在事业的道路上，应该是一个胜利者。这样的领导者才能使下属感到钦佩，从而自觉地接受他的领导。

知识："知识就是力量"，知识和技能，是领导者事业获得成功的必要条件。丰富的知识、熟练的技能、独特的专长，不仅是实现内行领导的必要条件，而且会使下属心悦诚服地接受其领导。一个有知识、有专长的领导者，在权力的使用上，能增强其影响力。因此，一个领导者不可不重视提高自己的知识素养。

领导者与被领导者的关系。领导者与被领导者发展良好人际关系，是做好领导工作的重要条件。一个领导者，如能理解自己的下属，待人和蔼可亲，经常关怀、体贴下级，与群众关系融洽，他的影响力往往比较高。因此，领导者应该做到：放下领导的架子，克服官僚主义，改进工作方法，与群众建立良好的人际关系，关心群众的疾苦，在自己权力允许的范围内，合情、合理地满足职工的需要。

2. 被领导者的特点。有效的领导行为必须符合被领导者的特点。领导方式方法的运用，不仅应考虑被领导者能力、性格等方面的特点，还要考虑被领导者教育程度和知识经验的差异，同时也应该考虑被领导者的成就动机等方面的特点。

3. 团体内外的环境。团体内外的环境，是制约领导行为的客观条件。领导者只有考虑并依据团体内外环境进行活动，才能获得预期的结果。

团体内外的环境包括宏观和微观两个方面。从宏观来看，一定的领导行为是特定的社会政治和经济的反映，由于政治和经济条件的不同，领导体制、领导作风、领导方式等都会有所不同；政治和经济条件的改变，领导体制、领导作风、领导方式也都会随其发生相应的改变。如我国中、小学的领导体制，自建国以来有过六次较大的变革：

1949～1952 年，校务委员会制；

1952～1957 年上半年，校长负责制；

1957 年下半年～1963 年，党支部领导下的校长负责制；

1963 年～1967 年，当地党委和教育行政部门领导下的校长负责制；

文化大革命时期，革命委员会制；

文化大革命以后，党支部领导下的校长分工负责制。

目前，随着政治、经济体制改革的深入发展，我国学校的领导体制也正在酝酿着新的改革与变化。

从微观的角度来看，领导行为要与团体的性质和特点相适应。团体性质，团体中人、财、物等资源，团体的管理幅度，各种管理人员的职责和权力等，都直接或间接影响与制约着领导者的活动及其活动的效能。因此，适合于企业单位的领导，不一定就能够适合于事业单位；领导军事团体的方法，也不一定能够直接用来领导非军事团体。

（三）领导角色和角色规范

领导角色是行使领导职权、实行领导活动的主体。任何一种社会角色都必然有一定的角色规范。所谓的角色规范也即在角色中所包含的一定的责任和义务，当然也包含着一定的权力。获得某一角色的人，其活动都必须符合其角色规范，既应该按照角色规范承担责任和义务，也应该按照规范使用权力。

领导居于对团体及其成员的领导地位。任何人只要获得领导角色地位，就必须对他所领导的团体负责，对团体的生存、发展负责，对团体的成员负责。职务越高，承担的责任也越大。领导角色还意味着一种义务。我们是社会主义国家，居于领导地位的领导者是人民的公仆，不论职位高低都是人民的勤务员，一切都要从人民的利益出发，一切对人民负责，勤恳地为人民服务。领导为了更好地承担其责任，发挥其领导的作用，必须由组织赋予一定的权力。这些权力包括：决策权、指挥权、本单位的人、财、物调配使用权，对下级的监督、检查权以及奖惩权等。没有权力的领导者将无法实施其职责和使命。但我们不能把领导与权力等同起来，领导者权力的运用要讲究艺术，不能滥用职权，更不能以权谋私。

社会主义社会的领导角色，其行为应符合以下要求：

1. 公正廉明，以身作则。公正廉明，以身作则是领导角色的基本要求，一个领导者只有办事公正，作风廉洁，才能获得群众的拥护和信赖，才能成为群众学习的榜样，才能增强部属的向心力与认同感。那种见利就上、见义就让、不能成为团体成员表率的领导者，不仅不能发挥领导作用，还将被部属所抛弃。如果领导者的品行受到怀疑，则将无法发挥榜样潜移默化的积极作用，甚至造成团体成员的反感和抵制，产生消极的影响。

2. 身先士卒，勇于承担责任。处于领导地位的领导者，必须身先士卒，吃苦在先，享受在后，面对现实，尽心尽职，勇于承担责任，努力达成团体的目标。那种遇事相互推诿，不敢负责，不求有功，但求无过的领导者，是难以胜任领导角色，难以领导团体成员实现团体目标的。

3. 待人宽容。领导者的“宽容”，既是领导者应有的美德、情操，也是领导者获得群众拥戴的一种领导方法和艺术。“宽容”包括两个方面：一是宽厚待人，二是善于接纳别人。

就宽厚待人而言，团体领导人要宽厚大度，虚怀若谷；要善于原谅他人的过失，要以发展的眼光看待犯过错误但已经改正了的人；要原谅那些反对过自己但被实践证明反对错了的人。

就善于接纳别人而言，领导者既要能“容”人之长，又要能“容”人之短。对于比自己能力强、学识高的人不妒嫉；对于有潜力的人，应创造各种机会和条件，使他们脱颖而出，充分发挥其才干。接纳人也包括接纳别人的缺点，世界上没有十全十美的人，作为团体领导，对被领导者不要求全责备。

4. 知人识才，求贤爱才。“知人识才”是领导者的基本功，“求贤爱才”是领导者应具备的思想品质。团体领导者有求贤爱才之心，方能知人识才。这就要求团体领导者充分了解下属的德、识、才、学以及体质、性格、志趣等情况，做到心中有数。

5. 精于授权。授职必授权，权职相称，方能才职相适。若领导者事必躬亲，则将疲惫而事倍功半。把职务、权力、责任、目标四位一体授予适合的各级负责人，是用人之要诀。大权集中，小权分散。不要用多余之人，一人能完成的事，不要分给两个人去干。要用人不疑，疑人不用，只要政治上没有问题就应大胆使用。领导者应“用人之心，用人之才，用人之胆”。荐才有功，嫉才有愧。此外，还要允许下级犯错误，不允许别人犯错误，就是鼓励大家不干工作，遇事绕道走。

6. 关心部属。领导者要能关心团体中的每一个成员，了解他们的需要，尽最大努力满足他们各种合理的需要，从而最大限度地激发团体成员的工作热情。爱人者，人恒爱之，若领导者时刻设身处地为部属着想，分担其忧愁，解决其困难，顾及其利益，则部属当涌泉回报。

7. 言而有信，坚持原则。领导者必须重信誉，既然已经承诺部属之事，必须全力促成，不可朝令夕改，随时否认自己的决定或承诺。这样做，部属方有信心。否则，自己言而无信，则会失去部属的信任。此外，领导处事要坚守原则，不可随意屈服于外来压力，致使章法大乱。部属无以为依，则生怨言。

8. 任劳任怨。领导工作非常辛苦，成功的团体领导，必须能适应劳苦与挫折，意志坚韧。应该能够做到在困难面前不灰心、不退却；面对指责和怨言时，则必须坚定信心，不屈不挠，以赢得最终目标的达成。

9. 不断学习，重视研究。当今是知识发展迅速的时代，团体的领导者，必须不断学习，才能胜任工作。由于领导者并不是全知万能的，因而还应重视专家和学者的意见，以协助团体整体目标的完成。此外，领导者还要重视研究，借用新的研究成果，推广新的经验等，使团体领导工作不断改进。

二、领导者应具有的素质

领导者素质主要是指担任领导班子成员的素质。近年来，我国的一些专家、学者，根据我国的具体情况，参考了国外关于领导的理论，提出了我国领导者或领导角色应具备的基本素质，这些素质包括德、识、才、学四个方面。

（一）领导者的“德”

领导者的“德”一向是受人特别重视的，我们大家都知道国内在选拔干部时所强调的是“德才兼备”，往往将德放在首位。因而，德是一个团体领导首先应该具备的条件。我们国内对于德的要求，一般来说主要表现在以下两个方面：

1. 正确的政治方向。领导者要符合基本的政治条件，坚持正确的政治方向；忠于自己的国家，忠于自己的事业。同时要做遵纪守法的典范，敢于同各种歪风邪气和错误作斗争，敢于坚持真理，修正错误。

2. 高尚的情操。要有强烈的事业心和责任心，要敢于承担责任，不怕风险，要克己奉公，不谋私利，公道正派，襟怀坦白。对同志要诚恳、谦虚、团结、宽容，善于团结那些犯过错误或反对过自己的人。敢于自我批评，实事求是，不要言过其实。

（二）领导者的“识”

领导者的“识”，主要表现在其胆识和远见方面，有“识”才能高瞻远瞩，才能够勇于开拓。因而，识是当代领导者成功的必要条件之一。

随着现代化教育事业的发展，缺乏远见，缺乏开拓精神的领导者，已不能很好地适应改革形势发展的需要。而只有那些能高瞻远瞩、勇于开拓的团体领导者，才能看清时代前进的方向，抓住推进团体发展的关键问题；才能具有创新的精神，敢于冲破习惯势力和传统的束缚。现代团体中的领导，必须培养自己成为高瞻远瞩、勇于开拓、有胆有识的战略家。因此，作为团体领导必须努力学习新知识，接受新经验，不断调整自己的知识结构；要经常研究和探讨客观环境的变化，不断接受新鲜事物。只有这样，才能使自己成为有远见卓识、勇于开拓的领导者，才能站在时代的高度来观察事物，分析问题，使自己胜任团体中的领导角色。

（三）领导者的"才"

领导者的"才"，主要指其能力和才能，这也是领导者事业获得成功的必要条件。一个优秀的领导者，应该具有较强的分析能力、计划决策能力、组织指挥能力、社会活动能力、创新和创造能力，以及扎实的专业技术能力等。

（四）领导者的"学"

领导者的"学"，主要表现在领导者自身的学习和修养方面。领导者要实现科学的领导，必须用现代科学知识武装自己的头脑。作为现代的团体领导，应该具备以下三方面的知识：

1. 辩证唯物主义和历史唯物主义的知识。辩证唯物主义和历史唯物主义的知识，能够给团体领导提供科学的世界观和方法论，从而可以使团体领导在认识问题和分析问题时避免主观性和片面性。

2. 领导管理知识。包括社会心理学、管理科学等方面的知识。现代管理学认为，人、财、物、时空和信息是管理的五大要素，领导者既要管人，又要管理财、物、时空和信息。但在任何时候，人都是最重要的因素，要实现组织目标，关键就在于调动人的积极性，而人不仅有思想、有情感，而且处于一定的社会关系之中，是社会关系的总和。因此，一个团体的领导者，不仅要懂得人心、了解人情，而且要善于协调人与人之间的关系，充分发挥被领导者的才干。这就要求团体领导必须具备社会学、社会心理学以及现代管理科学等方面的知识。

3. 专业技术知识。相应的专业知识，包括专业技术和技能方面的知识，是领导者影响力的一个重要因素，也是领导者解决工作中疑难问题，实现内行领导的先决条件。随着社会的发展，专业性的领导将是一种发展的趋势。

三、领导活动的职能

领导活动的职能，同时表现为领导作用的发挥，我们通过如下的分析和讨论，可进一步加深对领导和领导活动的理解。

（一）领导的作用

在任何一个团体中，领导都能够发挥以下三个方面的作用：

1. 领导是群体生存和发展的决定因素之一。无论是国家的兴衰，民族的存亡，企事业的发展，领导都是其中关键的因素。随着社会的进步和科技的发展，我们能够创造出愈来愈丰富的物质文明和精神文明，然而无论物质文明的创造还是精神文明的创造，都离不开决策、管理、指挥和组织等领导活动。否则，不仅寸步难行，还会陷于无政府主义的混乱状态。

2. 领导是保证实行团体职能的首要条件。团体存在的基本条件是能够承担社会分工。团体要实现自己的社会职能，就要充分发挥人、财、物、信息等资源的优势，要充分调动团体成员的创造性和积极性，因此必须要有领导来统一各方面的意见和要求，协调各方面的关系，进行统一指挥。

3. 领导是团体的灵魂。在一个团体中，其团体领导的水平、领导的方式、领导的作风等等，不仅每时每刻都会影响着团体成员的工作动机、工作热情、工作能力、创造精神以及对未来的期待，同时也影响着团体的吸引力和团体规范的作用等。

（二）领导的职能

领导是领导者或领导角色进行活动的体现。就领导的职能而言，主要有选用人才、计划决策、组织管理、控制指挥和教育激励等五个方面。

1. 选用人才。选好人才，用好人才是团体事业成功的关键。汉高祖刘邦之所以能打败项羽而取得政权，一个十分重要的原因就是他任用了张良、萧和、韩信等人。他在取得政权之后，曾对大臣们说：若说运筹帷幄，神机妙算，决定战略，我不如张良；若说坐镇后方，安抚百姓，保证前方粮草的供应，我不如萧何；若说统帅千军万马，战必胜，攻必克，我不如韩信。这三人都是少有的人才，我能起用他们，这是我能取得天下的关键。而项羽对待唯一的谋士范增还不能重用，这就是他被我打败的重要原因。

领导选用人才是一个动态的过程，其中包括选才、任用、教育、培训等几个方面。

选才。选才的前提是要对人才作全面的了解，领导者要对可用之才的德、识、才、学、体质、性格等进行全面的考察，对人才的优点和缺点、成绩和错误、长处和短处等进行历史和辩证的分析。切忌以个人好恶论人才，也不要把曾经对自己提过意见的有用之才打入另册。

任用。任用是选择合适的人才委以职务和责任。领导者在用人时，应该坚持以下原则：一是要知人善任，用其所长。金无足赤，人无完人，对人不能求全责备，不能要求人才没有缺点，只要政治上没有问题，就要用其所长。二是要任人唯贤，任用德、才兼备的人才。在人才的选用上要出于公心，秉公办事，不徇私情。三是要信任。对经过考察委以职务的人才，不要持怀疑的态度，应充分信任他们；对尚存怀疑的人，应暂时不用。四是要宽容。人非圣贤，错误是难免的，不要因为曾经在工作中犯了某些小错误就撤职查办。

培训。社会的发展和科技的进步，要求我们每一个人都必须不断地学习和提高。作为负责某方面工作的人才，则更需要这种学习和提高。领导者要为他们提供进修提高的机会，更要鼓励他们通过自己的努力来成才。

2. 组织管理。团体内的管理包括物的管理和人的管理两个方面，人的管理是团体管理的重点。领导工作就是搞好人的组织管理，最大限度地调动团体成员的积极性和创造性。

3. 计划决策。团体是社会的一种职能单位，承担着一定的社会分工。领导活动要经常研究团体内外的条件，并根据这些条件来制定团体活动的目标和活动方案；要经常研究新情况、新问题，并根据新的情况调整活动。

4. 教育激励。团体领导的基本任务之一，是要调动团体成员的积极性，这就要求对职工进行多方面的教育，提高职工的思想觉悟。启发职工的教育激励主要应做好以下几项工作：对团体成员进行思想政治教育，提高团体成员的工作热情；领导者应该把团体的目标与团体成员的个人目标统一起来，充分发挥团体成员的积极性和创造性；努力创造良好的社会心理环境（包括物质环境和人群环境），提高团体成员的活动效率等等。

练习与思考

1. 如何理解团体的本质？
2. 团体有哪些功能？
3. 怎样提高团体的吸引力？
4. 试比较团体决策与个人决策。
5. 领导者应具备哪些基本心理素质？

第八章　社会心理学中的人与社会

本章提要

○人口的社会心理分析
○心理健康与社会心理健康
○环境的心理学意义
○个人空间与人际距离
○工作的需要、动机、态度、士气
○生活质量及其评估
○生活满意感模型

社会心理学是对于人们社会心理和社会行为的研究，其目的和任务是理解人的社会行为，促进人的发展。依照比较传统的看法，社会学取向的社会心理学比较重视社会环境，尤其是社会集群对个人的影响，对于社会成员的共同生活经验和态度，有较浓厚的兴趣；而心理学取向的社会心理学，侧重于对社会个体社会学习的过程的研究，对个体的心理学行为的社会认知、情感、社会化、社会适应等较有兴趣。社会心理学的这两种取向是有差别的，但都重视个人与社会的心理观点。从某种意义上讲，社会是由个人集合而成的，研究个人，以及个人与社会的关系，是社会心理学等人文社会科学的基本起点。

社会心理学着眼于个人的目标及其研究，一方面符合人与社会发展的根本目标——人的全面自由和谐的发展；另一方面也反映出社会心理学的人本精神，一种以人为中心的学术思想和科学研究作风；此外，也体现了社会心理学的现实主义，社会心理学更要重视研究社会个人的现实心态，以及社会生活中那些个人普遍的、典型的、与他人及社会相互作用频繁的社会心理及行为事件。

本章分别对社会心理学中有关人口、健康、环境、工作以及生活质量的研究进行分析和论述。选取这五个方面作为社会心理学与个人和社会的联结点，自然是因为这些问题的重要性和代表性，当然，它们并不是社会心理学关于个人与社会研究的全部。

第一节　人口的社会心理

什么是人口？马克思称之为“是一个具有许多规定和关系的丰富的总体”[①]，人口作为一个生物群体，具有生命过程的全部机能；人口又是社会生活的主体，具有社会属性；同时，人口具有数量和质量的特征。人口是构成社会的基本要素之一，没有一定数量的人口，便没有社会。

对于人口的心理学研究，大多是社会学者或倾向于社会学的社会心理学者完成的，也就是说，人口社会心理学研究的显著特点，是十分关注人口的社会影响层面。我们从中国国情和人口特点的实际出发，主要探讨人口心理素质、人口变迁心理、人口与

① 《马克思恩格斯选集》第二卷，人民出版社 1972 年版，第 103 页。

婚姻家庭、老龄社会心理以及计划生育心理等问题。

一、人口心理素质

人口的心理素质，是人口素质的基本要素之一。人口素质是与社会制度和历史条件相联系的一个综合概念，是指在一定的生产方式下，一个国家或地区人口群体所具有的各种特质的总和，其核心成分是人们认识和改造自然的能力。

构成人口素质的要素是多层次、多侧面的，除了心理素质之外，还有文化素质、思想道德素质、身体素质等等。人口心理素质作为国民人口素质的一项重要综合素质，不仅反映出一个国家的文明进步程度，而且关系到一个民族能否健康顺利地发展。

那么，人口心理素质包含哪些内容呢？或者说人口心理素质的指标体系如何确立呢？一般来说，可依据人们对心理现象的系统划分而做出相应的划分，人的心理可分解为知、情、意、个性等诸方面，人口心理素质也应包括认识品质、情感品质、意志品质和个性品质等。作为单一个人的人口心理素质，可称为个体人口心理素质，是个体所具有的遗传素质，在其所处的环境和所接受的教育的影响下，在社会实践活动中逐渐形成和发展起来的独特心理特点。总体人口心理素质，也即国民人口心理素质，则是在共同的自然物理环境和社会文化精神氛围的作用与影响下，所形成的共同的心理特点。

人口心理素质具有几个基本特点：第一，人口心理素质既有共性又有个性。共性是指一部分人口的心理素质具有共同的典型特性，如民族性、阶级性、地域性等，它是由于人们具有共同的政治经济背景，共同的社会文化传统，共同的风俗习惯以及共同的生活环境等等。人口心理素质的个性，通过每个人的独特的具体的心理品质而表现出来，主要由于个人有别于他人的生活环境和教育条件所造成，与遗传亦有关系。第二，人口心理素质具有稳定性与可变性。心理素质不是在短时间内就可以形成的，而是在长时间内形成的，一经形成，一般都不易改变；但人口心理素质也并非静止不变，它具有可塑性，在教育、环境的影响下可由低水平向高水平发展；在个体遇到重大生活事件之后，亦可能发生较大的变化。第三，人口心理素质具有社会延续性。人口心理素质的形成，受社会历史条件的制约，在漫长的共同生活和相互影响之下，一代人的心理素质逐渐形成，并成为文化传统的组成部分，直接影响下一代人口的心理素质的形成。第四，人口心理素质，既是社会文明的有机构成要素，影响着社会的文明与健康状况，又能影响和作用于社会诸方面，推动或阻碍社会的进步发展，此为人口心理素质作用的两面性。

中国人口心理素质的现状如何？目前还没有专门的研究结论，但一些社会心理学者在进行有关中国民族性、中国人的国民素质、中国人的国民性等课题的研究中，涉及到心理素质问题，其中涉及中国人性格特征的较多。比如，沙莲香在研究“中国人民族性格和中国社会改革”的课题时，通过对 13 个省市 1838 人的调查，指出当代中国人性格结构的特点具有双重性和匀称性[①]，双重性主要表现在理想人格与实际人格之间的明显差异、对立、排斥和均衡、调和、弥补等，匀称性主要表现在中庸心理与行为取向上。欧阳仑在关于“当今时代的中国人”的研究中，也曾就中国人的价值观念、求实精神、人际关系、自我意识、民族自豪感等性格特质进行过较为系统的分析。[②] 杨国枢对中国人

① 沙莲香：《中国民族性（二）》，中国人民大学出版社 1990 年版。
② 欧阳仑：《中国人的性格》，陕西人民教育出版社 1987 年版。

的性格及其形成、蜕变进行过较全面的探讨。[①] 但比较科学、比较系统地对中国当代人口心理素质全貌进行研究，还是一项需要中国的社会心理学者、人口学者等来继续努力的重要工作。

二、人口变动的社会心理

人口不是一个静止的总体，它永远处于错综复杂的运动变化之中。人口的变动主要包括自然变动，迁移变动和社会变动等三种形式，在此三种变动形态中，其涉及的心理现象以及规律是不同的。

人口自然变动是人口变动中最重要的形式，因为它与人口的自然属性即生物本性密切相关，是指人口作为一个生物群体，所必然发生的出生和死亡而引起的人口数量的增减，以及人口性别年龄构成变化的过程。出生和死亡是人口自然变动中最基本的现象。

社会心理学关心人们的生育动机，以及影响人们生命的诞生或终结的社会心理动因。影响人口出生和妇女生育率变动的因素有自然因素、心理因素和社会文化因素等，虽然社会文化因素起着决定性的作用，但心理因素是不可忽视的。育龄妇女的智力状况（受教育的程度）、职业特点（主要是工作方式）、态度与价值观念（特别是生育观）、心理承受力，以及气质性格等个性特征和心理因素，都对生育有着重要影响。人口出生时的性别特征以及性别角色的社会化，在社会心理学中一直是一个重要的问题，这在本书的第五章中有较为详细的介绍。人口的出生顺序是第一胎、第二胎或其他，会产生生物学、社会学和心理学方面的不同

---

① 杨国枢：《中国人的性格与行为：形成与蜕变》，载《中国人的蜕变》，台北桂冠图书公司 1988 年版。

后果。[①] 生长统计表明，头胎生的孩子比以后生的孩子生长得较快，但在长大后兄弟姐妹间并没有什么身高之类的不同。从社会学角度看，出生顺序能导致子女有很大的差异，在有些文化中，长子或长女有较多的特权（如财产、爵位的继承权），但也要承担更多的家庭责任。有社会心理学家（贝尔门和马鲁拉，Belmont & Marolla）曾对荷兰的青少年进行过调查研究，结果表明男人如果出生顺序靠前，则其在智力测验中的得分相对较高；头胎出生的孩子一般心理调节能力较好。关于生育动机的问题，将在后面计划生育心理一节中论及。

死亡表示生命的停止，同出生一样，在本质上都是一种自然现象。人口死亡的变动受人口性别年龄构成的影响，也受社会经济因素的影响，当然也受心理因素的影响。社会心理学对死亡的注意，一般集中在心理因素上。许多研究表明，人的健康状况（包括心理健康状况），人们对职业及经济状况的满意度，人们的文化教育水平与心理素质，人们的婚姻状况及心理体验（未婚、丧偶和离婚对人们的心理、生活和生理方面都会产生不利影响，从而导致这部分人群的死亡率高于有配偶的人群的死亡率），以及人格的正常与异常等等，都对死亡率有着直接或间接的影响。

人口的迁移变动又叫人口的机械变动，指人口在空间上的位置移动，包括改变定居地点的永久性移动，也包括临时寄居的暂时性移动。不论是何种类型的人口迁移，都伴随着特殊的社会心理问题。例如，在作为迁移主要形式的人口城乡间迁移活动中，农业人口转为非农业人口（亦有从城市迁移至农村的），迁移过程中就涉及角色的转换，生活习惯的改变，价值观念的适应等心

① 《简明国际教育百科全书·人的发展》，教育科学出版社 1989 年版，第 367 页。

理问题。在区域性人口迁移中，国内迁移比国际迁移所涉及的心理变化相对要少一些。国际迁移中跨文化的心理调适强度更大，时间周期更长，迁移前后人口的整体变化更多。我国的人口迁移，大多数为有组织的相对集中的集体性迁移，以户口随迁为标准，有工业开发型、农业开发型、智力开发型和经济开发型四种，[①] 每种移民都必然在迁移前后有较大的变化，其中移民的社会心理问题逐步被政府和学者们所认识。在三峡库区移民的社会心理研究方面，国家还立项组织专门的研究。[②] 从总体上看，关于人口迁移的社会心理学研究还有待加强。

人口的社会变动，是指人口社会结构的改变。所谓人口社会结构，是人口在社会机体中的组合状况，如阶级结构、职业结构、文化结构等等。随着社会政治、经济、文化的发展和改变，人口社会结构都会发生相应变化，而人口的阶级构成变动中，当人口不再属于原有阶级而称为新阶级的一分子时，其社会地位、角色规范、行为标准、心理状况亦都会发生相应的转换与变动，其中包含大量心理变化；人口职业构成、教育程度构成的变动，也自然引发出新的社会问题和心理问题。随着我国市场经济体制的逐步确立和完善，随着现代化进程的加快，人口的社会变动也日益加速，而改革开放带来的许多心理问题，已引起普通大众和学者、政府工作人员的注意和重视。

三、婚姻与家庭社会心理

人口与婚姻家庭有着直接的联系。婚姻是男女双方以性行为

---

① 张开敏主编：《人口学知识》，劳动人事出版社 1988 年版，第 47 页。

② “三峡库区移民的社会心理研究”，为 1994 年国家社会科学基金立项课题，主持人为佐斌。

为基础而形成的一种比较稳定的结合关系，是人类自身生产的社会形式，是产生家庭的前提。家庭是婚姻缔结的结果，是以婚姻为基础，以血缘为纽带的社会细胞，是人口再生产的基本单位，是由夫妻、父母子女、兄弟姐妹和其他亲属组成的社会生活共同体。

有关性爱心理、婚姻心理、家庭心理的研究，大部分都属于社会心理学的范畴。由于这方面的内容较多，我们只讨论几个主要问题。

（一）婚姻的动机

在一夫一妻制的婚姻制度下，心理学家关心的一个问题是人为什么要结婚？戴维斯（Davis，K. B.）最早对人们的结婚心理进行了研究。在本世纪上半叶，类似的研究在美国十分常见。日本社会心理学家津留宏、泉宇佐曾对青年男女结婚的意义进行过研究，结论是结婚对于人来讲具有四个方面的意义：身体、生理的意义（为了健康及获得性欲满足）；精神的意义（满足爱与被爱、独立、承认及依赖的需要）；物质、经济的意义（获得财产及共同创造财富）；社会的意义（获得社会及法律的承认，生育子女，为社会作贡献等）。我国有学者将婚姻动机归纳为：满足性欲的要求，性爱专一性和排他性的要求，生育子女的要求，物质生活的要求，以及精神生活的需要等。

（二）择偶的条件与标准

人为婚姻而择偶是有条件的，除了受阶级、民族和种族、宗教、血缘关系的特定限制之外，还会受个人的具体条件及个性心理的影响。日本的村中兼松，曾提出过夫妻缘分即幸福婚姻条件的立项假说：（1）如果把男性的虐待狂倾向作为正，把女性的被虐待狂倾向作为负，则其和为零的夫妻为理想；（2）在幼儿或青少年期所形成的稳定的性印象的方向与对方正好一致；（3）兴趣的方向一致；(4) 感受性程度相同；(5) 道德方面差异不显著；(6) 智力差别不大；(7) 双方的个人要求被对方满足的程度越大越好。事实上，择偶的标准在不同时期有不同的倾向，但有没有爱情，以及当事人条件相当的程度，是十分重要的。所谓条件相当是指双方在身体条件（健康、容貌、年龄等）、心理条件（认知、情感、意志、性格、气质等）、经济条件（收入、职业等），以及教育程度等方面大体相当。当然，婚姻中破除"门当户对"者亦十分多见，在现代社会，择偶时的心理与情感相悦性（如"一见钟情"），越来越占有重要地位。

（三）婚姻心理过程

从一夫一妻制婚姻的历史与现状，人们归纳出三种婚姻公式：(1) 求婚-订婚-结婚；(2) 求婚-订婚-恋爱-结婚；(3) 恋爱-结婚。从第1种到第3种，反映了婚姻过程从传统向现代的转变。在现代婚姻过程中，恋爱是十分丰富而又有阶段性的心理行为，一般可分解为"相识-初恋-热恋"三个环节，每个环节的心理是不尽相同的。恋爱以性的吸引和爱情体验为心理特征，它不仅导致"结婚"，而且还贯穿在婚姻的全过程中。

（四）家庭的心理功能

家庭在社会生产和生活中具有多种职能，主要有生育、生产、消费、教育、赡养及精神生活等方面。从心理学角度看，家庭具有两项重要功能：其一是可以满足家庭成员的多种心理需要，如性、爱、交往、独立自主、安全的需要；其二是家庭成员，特别是儿童的社会化，在家庭中极为重要，家庭教化使成员能够更好更快地适应环境、适应社会。在中国的家庭中，子女对上辈尽孝是十分重要的。有学者指出，孝是一套中国人特有的社会心理与行为，而孝的心理学意义还在于孝的心理功能，中国人之所以竭尽孝道，最主要的是为了报答父母的生养之恩，以能应乎世间天理，顺乎家庭伦理，平衡个人的心理。

四、人口老龄化的社会心理

人口老龄化是当今世界人口发展的一种趋势，也是各国所普遍关注的重大社会问题。人口老龄化与社会保障的社会学研究已有相当的结论，而对于老龄社会中的诸种心理问题，发展心理学和社会学都有一定的探索。

（一）老年社会心理学

年龄在60岁以上的人口，即为老龄人口或老年人。社会心理学着重研究老年群体的社会心理特征及其对老年个性的影响，并发展出老年社会心理学这门应用分支。老年社会心理学从社会的角度研究老年心理，如老年人由于离退休、丧偶、减少甚至脱离社会活动，从而引起老年人的抑郁、焦虑、孤僻等个性的变化，这些研究的目的，是促进老年人心理健康，发挥余热，安度晚年。

（二）老年期的三大问题

社会心理学家认为，在老年期，人们通常会面临三方面的问题。第一，他们必须适应身体与健康的逐渐衰退；第二，他们必须适应退休、离休，认同工作的人必须重新定义自己；第三，他们必须面对即将来临的死亡。对于第一个问题，有些人专注于自己的身体状况，对于变化十分敏感，一点不适就引起烦恼；有些人则认为身体改变是必然的，从而发现建立与他人的关系是愉悦的，并从事较不需体力与精力的活动。对于第二个问题，有的人因失去工作角色而变得沮丧，有的人则努力去培养认同“新”的角色，诸如配偶、祖父母，或者其他。对于第三个问题，有的人面对死亡心生恐惧、愤怒、憎恨而认命，有的人则以有意义的生命来面对，有的人寄托于宗教信仰等。老年期的三大问题，都是社会心理学家和心理学家们十分关注的。

（三）老年人的个性发展

由于身体趋于老化，因而稳定、成熟、可塑性小是老年期个性心理的主要特点，自尊心强、衰老感及希望做出贡献传于后世，是老年期个性倾向性的明显特点。老年期个性中的消极因素，主要是自我中心、猜疑多虑、缺乏适应能力（变弱）、不易听取反面意见等。老年人的个性也有很大的差异性，大致可分为四种类型：(1) 稳定型，这类老人能以积极的态度面对现实，参与社会活动，正确对待衰老和死亡，满足现状，不过高奢望；(2) 安乐型，这类老人承认并接受现实，对别人的帮助心安理得，对工作没有兴趣，自得其乐；(3) 防御型，这类老人不能正视现实，回避衰老，并企图借助不停的工作来排除心理上的不安，嫉妒年轻人；(4) 易怒型，这类老人回避衰老的现实，恼恨没有达到人生的目标，将挫折、失败、恼恨发泄到别人身上，表现出敌意和攻击性行为，自我封闭，对事物失去兴趣。

（四）老年人的社会心理适应

心理适应有两种：一种是外在适应，指适应外界环境的变化以及他人和社会对自己的评价；二是内在适应，指个人适应自己的需要变化、情感变化，消除自己的不愉快程度。大多数老年人对外界适应良好，但对内在的种种变化却难以成功地适应。许多社会心理因素影响着老年人的适应。有研究表明，个人的早期经验、需要的实现程度、他人的社会态度、个人身心健康状况、生活与收入状况等，对老年人的心理适应都有着不同程度的影响。老年人社会心理适应的成功与否，有两种相互对立的行为学说来解释："活动学说"认为个体必须尽力维持中年期的态度与活动，然后去发现适当的活动来取代要放弃的活动；"解脱学说"（又曰"自由学说"）强调随着老年期的到来，个体应从各种社会工作中解脱出来，减少中年期所从事的活动，减少与他人的接触，这样才能不受任何外在因素的影响，悠闲自在地生活。

五、计划生育的社会心理

世界上大多数国家，都已经或开始认识到人口问题的重要性，都在力求从本国的实际出发，制定自己的人口政策，以便对人口发展以及人们的婚姻家庭、生育行为、人口分布等进行有效的影响和干预，目的是实现社会的进步与发展。我国现阶段的人口政策是“限制人口数量，提高人口素质”，国家推行计划生育，提倡一对夫妇只生一个孩子。计划生育政策的实行，涉及许多心理学问题，因此，社会心理学研究人们的生育动机、计划生育中的种种心理是十分重要的。

（一）生育心理的发展阶段

生育心理在生育活动中起着重要的作用，人的生育行为的发端、维持、改变和终止，都受生育心理的支配。有研究指出，人类生育心理的发展演进存在着各具特点、依次递进的四个阶段。

1. 集体生育意识阶段：集体生育意识是支配早期人类生育活动的一种生育心理，在此阶段，个体并没有为了自己而生育的需要与动机，生育是不期而遇的，许多妇女甚至惧怕生育。但是氏族和部落作为一个集体，为了自身的延续与发展却渴望多多生育，部落首领的愿望更为强烈。即集体存在着热切的强烈的生育动机，个体生育心理只是集体生育意识的映射。此阶段的生育心理特点为：（1）尚未意识到生育需要；（2）性生活与生育割裂；（3）生育厌倦情绪滋生；（4）种族延续的生育动机。

2. 悟性生育心理阶段：这是人类从氏族社会进入君主社会后，所经历的生育阶段。在这一漫长的阶段中，人们已经摆脱了集体生育阶段心理上的无知和浑噩，直观地领悟到生育对家庭宗族的价值。个体有了明确的生育需要与动机，但对生育的社会意义及其规律，尚无明确的理性认识。此阶段的生育心理特点显示出：(1) 需求自觉性；(2) 政治指导性；(3) 性力驱动性；(4) 社会文化性。

3. 抑制性生育心理阶段：此一心理阶段出现在社会工业化已经完成，经济发展达到较高水平，人民生活比较富裕之后。其特点表现为：(1) 生育动机微弱；(2) 亲子情感淡化；(3) 女性重新认识自身价值；(4) 生育本能异化；(5) 抗社会指导性的逆反心理。

4. 计划生育心理阶段：此为最进步最合理的生育心理。在社会对生育进行有效预测和调控时，生育者的生育观念也发生了根本变化，其特点主要表现在“宽广的同类意识与集体精神”、“个体自我意识外包涵扩大”两个方面。

(二) 生育动机

生育动机是个体从事生育活动的心理原因及动力机制。生育动机既具有个体差异，人们的生育动机并非完全相同；又具有社会文化差异，不同社会、不同民族、不同文化背景下的人们，其生育动机的内容有整体性差异。

1. 一般生育动机：人们为什么需要生儿育女，需要后代呢？一般是由于下述原因：(1) 延续生命，包括延续种族和家族的生命；(2) 扩大人生经验，通过生育了解人的行为，体验新的生活，丰富人生的经验；(3) 功能主义，生养后代的目的是为了增添劳力或获得财物，或出于其他个人目的；(4) 实现父母之爱，通过生育才能最直接地给他人（后代）以父母之爱；(5) 社会责任感与尊敬感；(6) 自然主义，由性欲满足而导致新生命的产生，由性欲满足而导致生育孩子的顺其自然。

2. 不愿生育的原因：随着社会的现代化，不愿结婚成家，或者成家但不要孩子的人（尤其是妇女）日益增多。日本学者曾调查那些完全不要孩子的夫妻，得到有关不愿生育的一些主要理由：（1）不想因为孩子而使夫妻一方或双方放弃工作，或工作受妨碍；（2）想进一步享受只属于夫妻二人的自由生活；（3）不想降低眼前的经济水平；（4）妻子体弱，经不起分娩和哺育幼儿的劳累；（5）对孩子不感兴趣，或哺育幼儿没把握；（6）周围人不欢迎有孩子。

3. 中国人超生的动机分析：我国虽然实行计划生育的人口政策，但仍有一部分人，尤其是农村人口，普遍出现超生的现象，如抢生、偷生、流动生育等。人们为什么要超生？归纳起来，主要与这样一些心理动机相关：（1）传宗接代。中国传统观念中就有“不孝有三，无后为大”的思想，生一个不太保险，多生几个可避免断“香火”；（2）养儿防老，父母在老年时有多个子女依靠；（3）劳动力需求；（4）价值补偿。“多生几个，总会有个聪明娃”，这个聪明娃就可能出人头地，实现父母没有实现的愿望；（5）惟生殖性婚姻。婚姻的目的是生儿育女，性生活的生殖功能是惟一的功能，不愿避孕而且导致多生；（6）社会服从。自己本不愿多生，但“入境随俗”，或在长辈压力下而不得不服从；（7）逆反心理。由于某些计划生育工作人员方法措施过激，而激起一些人的逆反心理，产生“对着干”的现象；（8）巩固家庭。孩子能增进家庭和睦，维持夫妻感情，一些中国人往往“看在孩子的面子（情分）上”而维持着没有爱的婚姻；（9）多子多福；（10）重男轻女或重女轻男，头胎不是男孩（女孩）时便超生。

第二节　健康的社会心理

人人都十分珍惜自己的健康，社会也希望并努力促进社会成员的健康。然而，对于“健康”的概念并不是所有的人（包括决策者、医务人员和人民群众）都有正确的认识。关于“健康”的权威性定义，是世界卫生组织（WHO）的界定：“健康不仅仅是没有疾病或不虚弱，而是身体的、心理的和社会适应上的完善状态或完全安宁。”由此定义可知，健康概念大大超出了疾病的范围，而把人体的健康与生物的、心理的和社会的关系紧密联系起来。因此，健康不单是个人的问题，也是社会的问题；对健康的研究，既有生物学、医学的研究，也应有心理学、社会心理学的研究，还应有社会学、伦理学的研究。社会心理学对健康的研究，涉及到多个方面，并力图形成一门应用分支——健康社会心理学。本节仅就主要问题加以论述。

一、健康、疾病与心理的一般观点

大量的科学研究包括社会心理学的研究，已经揭示出人的健康或疾病同心理、环境等有密切的关系，在医学社会心理学的研讨中，他们对健康中的心理和生理的关系，心理和环境的关系，心理刺激的致病及治病功用，以及心理的适应调节能力问题等建立了一定的理论体系，归纳起来，主要有四个基本观点：

（一）身心相互影响论

一个完整的个体包括“身”与“心”两个部分，两者相互影响，并以“心”为主导。心身作为一个整体系统而对外界环境的刺激进行反应。因此对个体的健康或疾病进行分析时，应该注意心身两个方面。

（二）个人环境相互作用论

人即是生物人，有着细胞器官等组织；又是心理人，有着情感个性等特征；还是社会人，有着各种社会角色。而从本质上看，人是一个社会人。人总是生活在特定的社会环境之中，处在不同层次的人际关系网络之中。家庭成员、同事、邻居、集体等等微观人际关系，对个体身心健康都会产生影响；而社会制度、文化背景、教育、经济、职业等这些宏观社会环境，对人的心身健康的影响也是不可否认的。当然，自然气候、地理特点、阳光、空气、水分等自然环境，对人的健康的影响也是客观存在的。人与环境的交互作用是社会心理学的基本观点。

（三）心身因素中介说

社会因素能否影响人的健康或导致疾病，并不完全取决于社会因素的性质和意义，更重要的是取决于个体对外界社会刺激的认识与评价，即社会因素必须通过心理的中介作用化为心理刺激后，才能对健康和疾病产生影响，既能致病也可能治病。例如高考落选、失恋等社会事件，对有些人来说会引起强烈的悲伤甚至绝望，从而有损身心健康；而有些人却能正确对待，吸取教训，承认现实，重振旗鼓或转移。

（四）主动适应和调节论

个体在成长过程中，会对外界刺激形成特定的相对稳定的反应模式，即个性或人格模式。这一模式和特点，使个人在与周围人事的交互作用中保持着动态平衡。而其中心理的主动适应和调节，是使个人行为与外界环境保持和谐一致的主要机制，是一个人保持健康和抵抗疾病的极为重要的力量。

二、心理健康的定义及标准

心理健康是人的整体健康的一个重要层面，这是一种最近才被普遍接受的新的观念。关于“心理健康”的定义，以及心理健康所包含的具体内容，包括心理健康的标准等等，目前学术界尚存有争议。

斯各特（Scott，W. A.）曾经指出，有些心理健康的定义，着重于心理健康的消极面，以症状的有无来确定心理健康；有些定义则着重于心理健康的积极面，以生活幸福感、生活有意义等来定义心理健康。① 弗兰克（Frank，F. H）认为，较好的心理健康概念，应能兼顾心理健康的积极面与消极面。根据这一思想，柯永河认为：良好习惯多，不良习惯少的心态谓之健康；反之，不良习惯多、良好习惯少的心态谓之不健康。在《简明不列颠百科全书》中，心理健康被定义为：“心理健康是指个体心理在本身及环境条件许可范围内，所能达到的最佳功能状态，而不是指十全十美的状态。”② 我们认为，心理健康乃是指个体对环境、生活及自我的良好适应状态。环境包括自然环境和社会环境，生活包括个体的学习、职业、家庭及社团等活动，自我包括了个体自身的身体、心理、知识及技能等方面的要素。

由于“心理健康”一词较为抽象，一般心理学者在讨论这一问题时，多选用“心理健康的人”或“健全的人格”等字眼，并对心理健康的人应具备的各种特质进行考察，从而界定心理健康的标准。标准如同定义一样，不同学者的侧重点不尽相同。在西方心理学家中，荣格（Jung，C. G.）、乔兰德（Jourand，S. M.）、维勒加（Derlega，V.）、哥德斯坦（Goldstein，K）及马斯洛（Mlaslow，A. H.）等人，都提出过心理健康的一些基本品质

---

① Scott，W. A；Research On Definitions Of Mental Health And Mental Ilness Psychological Bullutin，1958，Vol. 55，PP. 29－45

② 见李心天：《医学心理》，中国科学技术出版社，1988 年版，第 287 页。

或标准。我国内地及港台等地的学者，也曾提出过一些关于心理健康的标准。

（一）马斯洛和密特尔曼（Mittelman）提出的标准

1. 具有适度的安全感；
2. 具有适度的自我评价；
3. 具有适度的自发性与感应性；
4. 能与现实环境保持良好的接触；
5. 适度地满足个人的需要；
6. 能保持人格的完整与和谐；
7. 有切合实际的生活目的；
8. 具有从经验中学习的能力；
9. 适当的情绪发泄与控制；
10. 在不违背团体的原则下能保持自己基本需要的恰当满足。

（二）科泽尔（R. Kessler）提出的标准

1. 具有道德责任感和成熟的敏感性；
2. 十分关心别人的福利和得失；
3. 丢掉敌视和怨恨；
4. 对现实没有大的歪曲；
5. 有自知之明；
6. 能够对付人格中的危险因素；
7. 能够起对抗原始犯罪行为的强烈作用；
8. 对过去的行为敢于负责；
9. 完全懂得社会中的自由是包含着满足和责任的因素。

（三）国内学者提出的标准

1. 乐于工作；
2. 能与他人建立和谐的关系；

3. 对自身具有适当的了解；

4. 和现实环境有良好的接触。

5. 知、情、意的正常发展；

6. 统一协调的行为能力；

7. 生活与人际关系的良好适应和反应。

结合以上诸多观点，并且侧重于对中国传统文化中关于人的心理健康的观点的分析与整理，我们认为，心理健康的标准还应包括以下内容：(1) 具有良好的人际关系；(2) 适当约束自己的言行；(3) 保持情绪的平衡与稳定；(4) 正确认识周围环境；(5) 拥有积极的生活态度；(6) 具有完善的自我发展目标。

从上述关于心理健康的意义及标准的讨论，我们可知，心理健康之中，社会心理因素占有重要比例。由于心理健康中涉及社会因素，因而，心理健康的标准受文化和社会背景的制约，不同文化、不同民族、不同社会背景之下的心理健康标准，实际上并不完全相同。在跨文化心理学研究中，主要是社会心理学的跨文化研究中，心理健康的文化相对性已经获得普遍的共识。

三、社会心理健康与健康行为

在社会心理学家的理解中，健康的心理应该导致健康行为。目前，世界各国都十分重视健康教育，其目的是要使每个人都表现出健康行为（Health Behavior）。由于健康行为属于行为科学的一个方面，而社会心理学是构成行为科学的主学科之一，所以关于健康行为的研究，大量涉及到社会心理学。健康行为强调从心理和社会文化两个角度，去理解人们健康和疾病的行为表现，诱导并激励公众的健康行为，去除或减低非健康行为和疾病行为。从行为学的观点来看，健康行为是指自己认为健康的人，为了预防疾病或维护自身的健康所表现出的一切行为，也有学者将之解释为让健康转向令人满意的一种行为取向。在许多研究中，人们将健康行为分为两类，一是团体健康行为，指社会团体作为行为主体而采取的旨在保证公众健康的活动；二是个体健康行为，指每个人作为行为主体而采取的旨在保证自身健康的活动。

健康行为包括三方面的基本含义：(1) 是躯体健康外在的、有利于健康的行为表现；(2) 个体、群体和社会行为之间没有负值的行为作用；(3) 个人的角色和行为变换的统一性。判断某一行为是否是健康行为，可根据下述特征性表现：

1. 个体或团体行为能有益于他人以及自身的健康；

2. 个体行为表现的科学性和规律性，如起居、饮食等一些生活习惯；

3. 外显的表现行为和内在思维、动机、能力的协调一致；

4. 个体行为能表现出容忍和适应；

5. 学习和工作上的创造力表现；

6. 行为动力定型；

7. 团体或个体的行为取向，皆有利于兼顾或在健康行为水平之上。

社会心理学重视研究健康行为中的社会心理层面，即内在方面，并将健康行为区分为内在健康行为和外显健康行为。前者如饮食的定时定量、充足的睡眠、适当的体育锻炼、不抽烟酗酒等，后者如情绪愉快、关系和谐、人格统一、有自知之明、适应环境等。

健康心理及行为习惯的培养，是社会化的一项重要内容。心理学家们指出，健康行为的培养，应着重于以下几方面：

1. 儿童期要给予健康行为的良好刺激；

2. 培养个人关于健康心理及行为的判断能力；

3. 运用强有力的社会舆论及公众规范对个人的健康行为进

行促进；

4. 对人们的健康行为给予激励；

5. 实施个性化教育，尊重和根据人们的个性进行引导。

与健康行为相反的是“生病行为”，即一个人认为身体状态不好或处于疾病状态时的行为。在社会心理学中，“病人”这一“角色”所发生的行为就是生病行为。对生病行为的理解，涉及三个概念：疾病（Disease）、病患（Illness）及患病（Sickness）。疾病是一个医学术语，提的是人体生物学组织和其他生物特性的异常，是对于生物学失常的判断；病患指的是一个人的自我感觉和自我判断，认为自己正在生病，是一种主观上的体验，居于心理、社会上失调的自我判断；患病是指社会知道并且判断一个人处于不健康的状态，居于人处于疾病状态时的社会判断。

生病行为不仅受到医疗发展水平和社会卫生保健条件的限制，还受社会思想、文化背景、道德观念等的制约。生病行为的社会性是显而易见的，研究表明，生病行为产生的社会心理因素主要有：

1. 社会压力。紧张和压力产生的情绪反应和冲突，可能成为不可逆转的因素或导致慢性疾病。

2. 社会因素。有些社会因素，可以加重或加速生物致病因子的作用，或导致或引起疾病的发作。

3. 生活方式。不良的生活方式，或一些传统的风格与习惯等社会现象，也会导致个人的疾病发生。

4. 心理因素。心理因素伴随着疾病行为，不良的心理状态或因素是疾病发生的“充分原因”，但不一定是“必要原因”。

5. 社会环境。文化价值观、经济水平、人口密度、工作条件、社会互动速率等，都是疾病发生转化的直接或间接因素。

四、健康社会心理学研究领域

健康与个人、社会都密不可分，但主要通过社会个体加以体现。关于健康的社会心理学研究，除了探讨影响人的健康或生病的社会心理因素及作用机制等理论问题之外，还有许多具体的领域都可称得上是"健康社会心理学"的领域。下面选择几个主要的研究领域加以介绍。

（一）婚姻家庭心理健康

此一领域的研究，已经积累了不少成果。目前有关学者，包括社会心理学家所从事的研究课题主要有：(1) 家庭成员之间的心理关系；(2) 家庭心理气氛的调节；(3) 家庭矛盾、争吵、挫折的心理问题；(4) 夫妻的和谐与健康；(5) 家庭成员角色的社会心理；(6) 破碎家庭中的健康问题；(7) 家务劳动与健康；(8) 家庭中的特殊问题等。

（二）职业心理健康

在劳动心理学和人事心理学的研究中，多涉及这方面的内容。主要的研究课题有以下几个方面：(1) 职业心理疲劳问题；(2) 劳动群体的心理的互动；(3) 职业社会心理疾病；(4) 职业保护的心理问题；(5) 职业中的人际关系调适等。

（三）教育中的心理健康

在教育社会心理学以及学校心理学的研究中，大都涉及到与此有关的研究的课题，诸如：(1) 家庭健康教育心理；(2) 学校校风、班风的心理效应；(3) 教育措施与心理健康；(4) 特殊教育中的健康问题；(5) 教师职业的心理健康；(6) 学生的心理辅导与心理健康教育；(7) 学校人际关系与学校成员的健康等。

（四）年龄心理健康

社会心理学侧重于人的社会化、人的社会性发展和品德发展等。与此有关的研究课题，主要是根据人的年龄发展，分为以下几个方面：(1) 儿童的社会心理健康；(2) 少年心理健康；(3) 青年的心理健康（含青春期心理健康)；(4) 中年人的心理健康；(5) 老年人的心理健康等。

（五）性心理健康

心理学中关于性心理健康的研究，主要包括性的生理心理健康研究和性的社会心理健康研究，后者主要探讨：(1) 性的社会心理意义；(2) 性的社会化；(3) 性行为的社会制约性；(4) 性异常或变态的社会文化致因；(5) 跨文化性心理差异；(6) 性教育的社会心理效应；(7) 不同年龄阶段的性社会心理接受度问题等。

（六）心身疾病的社会心理研究

关于心身疾病的社会心理学研究，主要研究心身疾病的社会文化致因，以及治疗心身疾病的社会－文化助力。对于原发性高血压、偏头痛、消化性溃疡、哮喘、冠心病等心身疾病的社会心理学研究，目前已获得许多研究成果和结论。

（七）嗜好的社会心理研究

关于嗜好的社会心理学研究，主要包括吸烟的社会心理问题、酗酒的社会心理问题、饮茶的社会心理问题、以及吸毒的社会心理问题等。在这样的社会心理学研究中，既包括对于嗜好形成的研究，也包括了对不良嗜好消除的研究。

（八）社会生活事件研究

社会生活事件对心身健康的影响，正日益受到人们的重视。心理学家、社会心理学家对各种生活事件的客观定量研究，一直有着较大的研究兴趣。美国学者赫尔墨斯（Holmes，T. H.）和拉赫（Rahe)，在1967年就编制了“社会重新适应量表”（Social Readjustment Rating Scale 简称 SRRS)。我国学者也编制过或修订过类似的"生活事件量表"（Life Event Scale，简称 LES）。在社会心理学对于生活事件的研究中，一般包括家庭生活事件、工作事件、学习事件、社交事件以及其他意外事件，尤其侧重这些生活事件对于人们生活适应、生活压力和心理压力的影响。

第三节 环境的社会心理

本世纪 60 年代，美国学者希尔·卡森（H·Carson）发表了其著名的《寂静的春天》（Still Spring）一书。作者在该书中指出，环境是一种有机整体，人对环境施加的影响，又会转移给人类自身；如果人类不珍惜环境，"将听不到鸟鸣的音浪，池塘里将见不到鱼虾，地球将听不到动物的声息，成为寂静的、失去生命的星球"。卡森的论述很快引起了人们的重视，环境科学的研究迅速发展，而有关环境的生态学、人口学、社会学、法学、医学的研究则应运而生，而对环境的心理学、社会心理学的研究，也是关于环境的一个极为重要的方面。

环境与人的关系、环境与社会的关系之中都必然包含着社会心理学的问题。尽管对环境的社会心理研究还没有形成严密的知识体系，但环境社会心理学的内容是十分广泛的。本节仅介绍几个主要问题。

一、环境的心理学意义

环境是个体生活或生存的空间条件。从心理学的角度讲，环境是指在人的心理、意识之外，对人的心理、意识的形成发生影响的全部条件，包括个人身体之外存在的客观现实，也包括身体内部的运动与变化等等。

从个体发生的前后来说，环境可分为先环境和后环境，先环境是个体尚未出生前在母胎中的环境，又称合子环境。已有许多研究表明，个体后来的行为要受出生前环境的影响。后环境是指个体出生后的环境，又称外环境。一般来说，社会心理学主要研究环境的心理问题。

外环境按其性质与作用，可以区分为自然环境和社会环境两大类。自然环境主要影响心理的生理素质，社会环境主要作用于人的心理、意识内容。社会环境是社会心理学关于环境研究的重点，社会环境按其性质又可分为政治环境、经济环境、文化教育环境等；按其社会职能又分为家庭环境、学校环境和社会实践环境等。

社会环境的不同性质与不同构成部分，对个人不同时期心理发展所起的作用是不同的。例如，家庭环境对儿童心理的影响较大，社会环境对青年、成人的心理影响较大。当然，人的心理是对环境的主观能动的反映，而不是消极被动的反映，人通过实践活动，与环境发生相互的影响和作用。

二、环境心理学

环境心理学是近年兴起的心理学分支，与社会心理学紧密关联。环境心理学主要以人和环境的关系为对象，从心理学、生态学、社会学以及人文地理学等跨学科的立场来研究环境对人的心理与行为的影响，其中以心理学和社会心理学为主要学科背景。

环境心理学的术语，最早是1964年在美国医院联合会议上正式提出的，当时的许多精神病医生，发现医院墙壁色彩、家具陈设及病人的个人空间状况等，会明显影响治疗的效果。1970年，美国学者普罗尚斯基（H. M. Proshansky）等人，主编了第一本环境心理学著作《环境心理学——人及其物理位置》。4年之后，普罗尚斯基等又合作撰写了《环境心理学序论》一书。

1973年，美国《心理学年鉴》第一次出现了“环境心理学”的专门领域介绍。

环境心理学的研究内容，主要包括以下几个方面：(1) 环境知觉，人对环境的特征及其影响因素；(2) 环境要素对人的影响，这些因素主要包括噪音、照明、振动、温度、拥挤、个人工作与生活空间等；(3) 人对环境的适应心理问题；(4) 环境设计规划，在上述各方面研究的基础上，设计和设立有利于提高人的工作、生活质量的最佳环境。

环境心理学的理论源泉，可以说是源远流长。早在古希腊时期，巴门尼德、希波克拉底、亚里士多德等，都曾论及过环境因素对人的心理、生活和行为所产生的影响。18世纪以后，环境和人性、文化和文明的关系引起人们的关注，其中环境与人的个性，与人们的生活方式，以及与社会的政治法律的相关性等观点十分流行，在当时的地理学中，环境决定论的思想占有主导地位。以后，人文地理学的环境论，认为人与自然并非对立的人服从自然的关系，而强调人的主体性和人的主观精神等。这些都是与环境心理学有关的哲学来源。在社会环境与人的关系问题上，随着泰罗制的实行以及由此产生的副作用，一些产业社会心理学家和社会学家们，就此进行了一系列的调查，研究问题涉及人们的工作满意感，工人与企业的一体感，以及工作士气、工作效率与劳动环境的关系等。环境心理学还受到洛克经验论，以及达尔文进化论等的显著影响。

环境心理学是一门应用性很强的学科，当前有一系列社会实际问题必须进行研究，如大城市环境心理问题、城市与市民意识问题，交通中的社会心理问题、自然灾害心理问题、劳动环境的问题、工作社会环境问题等。

三、“人—环境”研究的模式

由于人与环境的关系十分复杂，所涉及的内容也甚为广泛，所以学者们对“人—环境”关系进行研究时，其侧重点及理论观点均有所不同。归纳起来，与社会心理学研究较为密切的“人—环境”研究的模式，主要有以下四种：

(一) 生态模式

生态模式强调行为与环境的密切联系，以“行为—环境”或“有机体—环境”作为研究的基本单元，强调人同环境的相互作用，认为由于环境设计的灵活性，使人能影响和改变环境，因而人本身就是环境的一种变换因素，而不再是环境影响的消极接受者。有关的生态模式强调人与环境的关系是动态变化的，主张“人—环境”关系是结合起来的一种系统，人的感觉、知觉、情感等内部心理因素，最后会“变换”成各种程度的外在行为。

(二) 机械模式

这一模式起源于本世纪50与60年代的工程心理学和工程学，其基本观点，是将人和机器作为一个系统的“人—机系统”。研究的主要目的，是使环境（主要是物理自然环境和机器设备等）适合于人，要求围绕人的物理、感知、运动、智能等特性来对机器、物理场所、环境等进行设计和布局。这一模式主要集中于对流水线、光、色、热等的环境分析，使工作环境让人们在身心上感到舒适，进而提高工作效率。

(三) 行为模式

该模式注重研究人的外显行为而不是内部感知，其基本观点承袭了行为主义心理学的思想。罗杰·巴克（Roger Barker）是这一模式的代表人物，他详细观察研究各种环境中人的各种活动（行为）状况后，提出“行为场所”的概念，并分析在哪些场所中形体环境与重复的行为方式有密切的联系。所谓行为场所(behavior setting)，是指物质环境与重复的行为模式始终保持密切关系的特定场所，是分析“环境—行为”关系的基本单元，它有三个特点：(1) 有固定的行为模式或经常发生的行为模式；(2) 行为模式或有目的或受社交习惯支配；(3) 行为场所的交际特点与行为模式有着不可分割的联系，即特定环境会产生固定的、重复发生的行为模式。

行为模式的研究，实际上是社会心理学中关于人与环境相互影响的主要观点和领域。行为模式研究的方法本身，具有浓厚的社会心理学色彩，大多采用自然观察方法，对人们如何与他人交往，如何保护私人空间、占据座位、停下来打招呼等行为现象，进行现场观察和研究。

(四) 感觉—认知动机模式

所谓的“感觉—认知动机模式”，重视人的心理甚于人的行为，试图揭示环境作用于人，以及人体验环境并做出反映的心理过程。研究内容比较集中于人对环境的感觉反应，与环境刺激有关的动机和情感状态，对环境的认知反应，也即对环境的复杂、丰富、意义的判断评估等。

四、个人空间与人际距离

当代社会心理学中对于人际距离（interpersonal distance ）的研究，反映了环境社会心理研究的一个重要内容，而人际距离的研究又与个人空间（personal space）的研究等联系在一起。

人际距离是人们相互交往活动中，人与人之间所保持的空间距离。人际距离的远近和人与人的关系性质、人的心理状况等关系密切。赫尔（E. Hall）最早对人际距离进行了较为系统的研究，他得到的主要结论是把人际距离划分为四种常见的空间距离关系：(1) 亲密距离，指亲密接触，如情爱、抚摸等，当事人一般相距 0~50 厘米；(2) 个人距离，指亲密的朋友间接触或日常同事间交往，当事人一般相距 50~130 厘米；(3) 社交距离，指非个人或公务性的接触，当事人一般相距 1.3~4 米；(4) 公共距离，指政治家、演员与公众的正规接触，当事人一般相距 4 米以上。

在社会心理学中，“个人空间”是指个人身体周围存在着的即不可见又不可分的空间范围。对这一范围的侵犯和干扰，会引起人的焦虑和不安，它随着身体的移动而移动。它不是人们的共享空间（sharing space），而是个人心理上所需要的最小空间，也叫“身体缓冲区”（body buffer zone）。个人空间具有什么样的作用，一般存有两种看法，一种看法认为，个人空间是使人相互分开，保持各自的完整性和不受侵犯；另一种看法是以信息论为出发点，认为个人空间使个人之间的信息交往处于最佳水平，人与人之间互相接近的程度，可以使得双方能够得到对方的更为具体的信息。

人际距离与个人空间的研究，反映了人们的社会心理状态与自然环境距离有一定的关系，说明空间对人的心理及行为有很大的影响。空间与人的社会行为的关系情况，集中反映在学者们对于“空间行为”的研究中。个人或群体活动时受到空间的影响，其使用空间时必须遵从一定的模式，空间模式以及其中的人际互动特点、人的心理需要、动机状况等，正是属于社会心理学的研究课题。目前有关空间行为模式的研究成果，主要是私密性或隐私（priveacy）、领域性（terrtoriality）、个人空间的拥挤等几个方面。

社会心理学中的“私密性”，主要是指个人或群体控制自身与他人在什么时候，以什么方式，在什么程度上与他人交换信息的心理需要。社会心理学的研究，将私密性区分为四种基本状态：独居（solitude）、亲密（intimacy）、匿名（anonymity）、保留（reserve）。独居和亲密，分别是指一个人独处和几个人亲密相处时，不愿意受他人干扰的实际行为状态；匿名指个人在人群中不求闻达，隐姓埋名的行为倾向；保留则是个人对某些事实加以隐瞒或不表示态度的行为倾向。私密性的作用在于使人具有个人感。社会心理学家们认为，私密性具有文化差异。美国人类学家拉波普（A. Rapopert），在研究不同文化背景要求不同的住宅外部空间私密性后指出，人们在生活中存在着一条“私密门槛线”（threshold of anxiety），这是一条陌生人接近住宅时，引起居住者焦虑的位置或界限（可以是一个大门或内门，也可以是一个象征性的界限）。由于文化与地区的不同，人的私密性需要水平也不同，拉波普认为，穆斯林、英格兰、北美三种文化背景中的私密门槛线的特点，分别是“高墙”、“矮篱”和“开敞”。

社会心理学还研究空间环境的社会心理特性，依空间在社会交往中的功能倾向，区分出社会向心空间（sociocentri - petal space）、社会离心空间（sociofugal space）、社会促进空间（social promoting space）等。社会向心空间是使几个人聚集在一起，促进人们相互交往，寻求丰富刺激，渴求公共性的空间环境，如休息室、咖啡馆、广场等；社会离心空间是使人互相分开，较少或不进行交往，减少环境刺激，确保个人私密性的空间环境，如独门单户住宅、加锁房间、隔离室等；社会促进空间是指有助于个人交往与沟通，促进人际相互吸引的空间环境，它具有两大特点：(1) 空间敞开并相通，如大形整间办公室，人员集中办公，相互间仅用书架等隔开；(2) 空间内设施相对角度的安排，如坐椅相对等。研究表明，正面相对的两人相互交往频率要多得多。

五、城市与人的行为

人类所受周围环境的影响是显而易见的，而“众多的人口、巨大的建筑、繁华的街道、大量的噪音和多种多样的设备，使人的情绪和行为不同于生活在相对安宁和闭塞乡村的人；和数百个家庭一起生活在一座30层公寓大厦中的人，也完全不同于单独生活在自己庭院里的人”①。城市与乡村是有差别的两种环境，社会心理学目前比较关注的是城市社会心理，其中，关于拥挤、建筑设计及噪音的心理学研究成果最多。

（一）关于拥挤的研究

在社会心理学的研究中，拥挤有两种含义，一是指对于受到束缚和没有充足空间而产生的一种消极情绪；二是指每个人可用的空间量，它主要涉及人口“密度”，以区别于感觉上的心理状态。关于环境的社会心理研究，主要侧重的是后一种拥挤。拥挤对动物和人类都有显著的影响。关于动物的心理学实验证明，在拥挤的环境中，老鼠的死亡率提高，生育率会下降；母鼠多忽视对幼鼠的看管，攻击行为加剧，性行为失常等等。社会学家和社会心理学家对大城市中的拥挤，已经进行了大量研究，但得到的结论并不一致。已有的结论是，较高的人口密度和高死亡率、高生育率、家庭紧张关系、青少年犯罪行为等，都有着密切的关系；另有研究表明，“虽然拥挤很不舒适，而且人们都不喜欢拥挤，但并没有证明它是病态行为的一个原因”②。学者们对人类

---

① 弗里德曼等著，高地、高佳译：《社会心理学》，黑龙江人民出版社1986年版，第598页。

② 戴维·波普诺著，刘云德译：《社会学》，辽宁人民出版社1987年版，第499页。

拥挤进行解释的理论，有所谓“感觉超负荷理论”和“密度—强度理论”，当然这些理论尚有待进一步证实。

（二）建筑设计的意义

目前，关于建筑设计的社会心理学研究，主要涉及两个领域，宿舍设计和住宅楼层设计。对大学宿舍的设计中，典型的是走廊房（沿走廊安排房间）和套房。研究结果初步表明，生活在套房的学生比较善于交际和友好，容易形成家庭感。对住宅楼层高低的社会心理学研究表明，高层住宅一般对人的心理与行为没有任何有害的影响，尽管高层住宅的居民与住庭院的居民相比，一般很少对住房满意，但没有令人信服的证据，能够说明在高层住宅生活会引起某种病变。这种寓所的居住者，在构成社会相互关系网的能力上，在参与都市生活的能力上，以及其身体的健康状况上，都与其他市民基本一样。

（三）关于噪音的研究

具有复杂交通、高层建筑、人口稠密、工业集中而又管理不当的现代化城市，噪音问题是十分突出的。社会心理学对于噪音的研究，得出许多带有倾向性的结论，主要包括：噪音对城市居民的心理影响，要比人们想象的小；人适应噪音的能力很强，速度也很快；高噪音令多数人不安，并影响人们的正常工作；无规律的噪音（不可预知），比熟悉的噪音更令人烦恼；长期接触高噪音，对人可以带来性质特殊的有害影响，如听觉辨别力差，阅读困难，产生神经官能症等。

第四节　工作的社会心理

社会心理学对人的工作的研究，可以说是极具应用性的。由于工作与人的生活诸方面是难以割裂的，而人类对于工作的设计与分类又“五花八门”，所以，关于工作的社会心理学课题也就“名目繁多”。本书难以全面系统地逐一进行分析，而只就一些基本问题加以论述。

一、人的需要与工作动机

工作是一种社会行为，那么人为什么要工作呢？对于工作动机的探讨，社会心理学和社会学等都十分关心。人的工作动机与人的心理需要是联系在一起的，需要是人的行为积极性的源泉。有关人的需要的心理学理论已经相当丰富，其中马斯洛的需要层次理论较有代表性。

需要是有机体缺乏某种必须的事物时的一种心理状态，是人对某种目标的渴求和欲望。它往往以愿望这种形式为人所体验，成为人的行为和活动的原动力。需要可依其起源，区分为自然性需要和社会性需要。马斯洛认为，人的需要是以层次的形式出现的，按照他们的重要程度和发生顺序，由最低的需要开始向上发展至高级需要，呈阶梯状分为五个层次：生理需要－安全需要－社交和爱的需要－尊重需要－自我实现的需要。只有在低层需要获得相对满足之后，才能发展到下一较高层次的需要。同时，不同的人，在不同情境下，各有其主导需要（优势需要）和辅助需要。

人的工作目的或动机，无疑是为了满足人的某种内在需要。通过工作人们获得报酬，得到金钱（工资等）。工资或金钱是养家所必需的，即工作可以满足人的基本生理需要和安全需要；工作中存在广泛的人际联系与群体活动，这又满足着人的社交、归属的需要；工作中人们通过取得成就，而获得尊重与自我实现需要的满足。由此看来，工作既可以满足人的较为低级的生理性需要，又可以实现人的较高极需要。这正是人们工作的一些内在心理原因。

有关失业的社会心理学研究，也证明了工作对人的巨大心理意义。在本世纪30年代的经济大萧条时期，有100多项研究记载了失业对人所产生的普遍的心理影响。这些研究表明，失业者由于贫穷和没有工作，而遭受到巨大的苦难。在心理上，许多人感到沮丧和苦恼，时间对人们失去了意义，原先工作之余的闲暇消遣完全废弃，人们的自尊受到了损害，感到是“被扔进了垃圾堆”。于是，许多人都表现出自暴自弃。尽管30年代以来，社会已发生了巨大变化，但研究仍然支持了就业（工作）对人是十分重要的观点。80年代初期，社会心理学家贾霍达（Jahoda，M.）的研究表明，当今的失业者也都陷入到情绪压抑、厌倦和感到无出头之日的痛苦之中，感到自己在社会上没有用处，并被社会多数人所抛弃。贾霍达还指出，失业迫使人们的心理体验得以改变，这些被迫改变的心理需要是：特定的时间安排，通过工作与他人接触扩大视野，集体努力与合作的必要性，社会身份的确认和定期的活动。尽管工作（就业）中仍有许多远远不能令人满意的因素，但在心理上就业总是明显优于失业。

工作动机与工作激励是难以分开的，工作动机的持续激发即是激励。了解到人们的工作动机与心理需要后，有关人员就能更加有效地使人们朝着组织目标做出努力。管理心理学中有大量的激励理论及方法技术，从严格意义上看，这些激励理论都应算作是社会心理学的应用型理论。事实上，管理心理学在其发展之初，便是一种“工业社会心理学”。

二、工作态度

态度是社会心理学的基本概念，指个人对待外界对象的较为稳固的内在心理倾向。工作态度则是人们对工作环境中的人或事物的情绪反应、主观评价和行为倾向。由于态度包括认知、情感和行为意向三种成分，工作态度也可以相应包括人的工作认知、工作情感及工作倾向三个方面。

在实际的研究中，工作态度通过人们的工作责任心、积极性、主动性和出勤率等体现出来。工作态度在很大程度上，影响着人们的工作行为方式。有关学者认为，职工积极的工作态度，必然会产生高的生产效率和工作成绩，但事实上，工作态度与工作绩效关系却十分复杂。布罗伊菲尔德（A. H. Broyfield）和克罗克特（Crockett）对此进行了40年的研究，结果表明：职工对工作所持的态度，与工作生产率之间并无一定的关联。劳勒（Lawler）和波特（Porter）的研究表明，工作态度与生产率之间存在着中间变量也即奖励，实行各种奖励尤其是内部奖励，可促进职工的良好态度，导致高效率的行为。

工作态度与工作绩效的关系较为复杂，其原因之一在于人的心理的复杂性。工作绩效不是人的行为的唯一或主要目标，而人的心理需要是多方面的，而且主导需要还会随条件的变化而变化，这就使人的工作行为的动机复杂化。

尽管良好的工作态度并不是直接地表现出来的工作绩效，但学者们还是倾向于建议人们拥有较好的工作态度，或管理人员要努力培养员工的良好态度。社会心理学中关于影响个人制度形成的理论，态度转变的理论，态度的社会心理测量理论及方法，都可以为研究人们的工作态度以及态度的转变提供服务。

总之，工作态度是一个人对工作的认识、情感和行为倾向的总和，是决定一个人对工作动机的重要变量（并非唯一变量）。而工作态度与工作成绩的关系，还需要学者们做进一步研究。

三、工作士气

“士气”一词，本来是军事学上的术语，指军人的作战意志和集体精神，古今中外的军事家们对此都无不重视。在社会心理学的应用学科管理心理学中，士气也是受到充分重视的。士气与“战斗”、“工作”等总是联系在一起的，我们在此着重分析工作士气。

士气并不是已经表现出来的行为，或者是行为的结果，而是隐藏在行为背后的一种心理倾向。虽然关于士气的定义仍然是众说纷纭，但是可以整理为如下四种：(1）士气是指员工对于所担任的工作性质、内容或工作条件的满意或满足强度，如果某群体的大多数成员对他们目前的工作感到满意时，则群体士气高。(2）士气是指员工对自己所担任的工作意义的认识及自觉的程度。此种界定不在于个人对工作的“满足”上，而在于人的工作信念方面。(3）士气指员工对所属的工作团体的归属感，群体成员的归属感强烈时，士气必然很高。(4）士气是团体凝聚力之表现。团体团结力强则士气一定高。前三种定义是从个人角度而提出的，第四种则是从团体的角度来下定义的。

士气与生产效率的关系十分密切。学者们认为，士气高，则生产效率必定较高。士气是一种行为的心理倾向，生产效率是表现于外的行为或行为结果。生产效率用产品数量、完成时间、请假率、意外事故发生率、辞职率等反应出来。一般士气高的群体，病假较少，事故发生率低。麦肯斯（R. Mackeith）在有关企业事故发生效率的研究中指出，起因于机械问题者仅占9%，起因于员工团体或精神缺陷者仅占3%，技术出错占8%，剩余80%主要起因于人格缺陷，而人格有缺陷者工作士气也没有保证。

士气的高低与员工的疲劳和疾病亦有关系。许多研究表明，士气低落，对工作感到痛苦，在工作团体中不能得到情感满足，容易产生疲劳和各种身心疾病。

那么如何提高员工的工作士气呢？许多工业社会心理学者都提出过一些意见和建议。归纳起来，可通过下述途径来实现：(1) 改善员工的工作条件；(2) 合理分配报酬，正确运用激励；(3) 合理调配人事；(4) 实行民主的领导方式；(5) 提高员工对组织目标的认同感；(6) 善于利用外部竞争压力。

社会心理学还对士气调查（Morale Survey）或测量颇感兴趣，发展出一系列士气调查的方法技术。这一特点除了与社会心理学中重视态度测量的传统有关外，还与士气调查的目的有关。士气调查在了解员工对组织、对工作环境、对同事的心理倾向以及收集信息上具有多方面的意义。

四、工作满意感

工作满意感是一种个人所意识到的主观心理状态，一般将之定义为“工作者源自于工作的一种愉快而且正面的情绪反应”。这种情绪反应，主要是个人已经获得或经历过的工作经验的结果，或是对已从事工作的心理评价。有人将“工作吸引力”与“工作满意感”严格加以区分，认为工作满意感主要是“过去的欢乐”，而工作吸引力主要是“未来的欢乐”。

工作满意感与工作动机、工作态度有十分密切的关系，有些学者甚至将它们不加区分地交互使用。前已提及，工作满意感与工作士气也有联系。

在现代社会中人们的工作满意感如何呢？美国盖洛普民意测验每年的调查结果表明，约有10%至13%的人对他们的工作不满意，而非白种工人的工作不满意程度可高达22%。学者们还分析指出，在回答有工作满意感的人中，如果详细调查则会有相当一部分人会改变其“满意”的看法。

当然，人们的工作满意感，受着社会制度的很大影响，但社会心理学家主要关心影响人们工作满意感的社会心理因素。大部分社会心理学文献，大致从工作情境和个人心理特质两个方面解释人们工作满意的高低。工作情境包括员工所从事的工作之性质、领导者的领导方式、信息沟通方式、群体人际关系状况，以及组织设计上的职权责的分布协调等方面。研究表明，工作特性愈佳的组织，其员工的工作满意程度愈高；领导者对下属既关心体贴又重视组织任务的达成，则员工的工作满意感较高；员工对组织气氛的要素（如责任、奖酬、风险、人情、支持、冲突等）评价愈高，则工作满意感愈高；群体人际关系愈协调亲和，则员工工作满意感愈高。员工的个人特性也对工作满意感有影响，工作者的年龄、性别、种族、智力、动机、个性及工作经历长短等，都能影响人们对工作满意感的评价。研究表明，工作满意感随着年龄增长而提高；大多数妇女的工作满意感相对不如男性工作者；智力与文化程度较高的人，工作满意感要高于所受教育较少的人；工作经历较长者的工作满意感比较高；内倾型的人认为事在人为，自己可以影响环境，而外倾型的人认为成事在天，个人无法影响环境，所以内倾型的人的工作满意感要比外倾型的人高；成就动机愈强者，其工作满意感可能愈高。

对工作满意感进行研究的一个重要人物，是美国管理心理学家赫茨伯格（F. Herzberg）。他以其在工厂企业中的大量调查为基础，指出职工对工作感到满意和感到不满意的因素是不同的，前者通常由工作本身所引起，后者往往由外界的工作环境所导致。由此，赫茨伯格提出了激励因素（motivation factor）和保健因素（hygience factor）的“双因素”理论。他指出，传统的人们要么对工作感到满意，要么感到不满意的观点是不全面的，“满意”的对立面应该是“没有满意”，“不满意”的对立面应该是“没有不满意”。总之，保健因素的缺乏，会使员工产生很大的不满意感，但这些因素的具备却并不能极大地激励员工的积极性；而激励因素却正好相反，它的缺乏不会使员工产生巨大的不满意感，而它的具备却对员工的积极性起着巨大的激励作用。

第五节　生活质量的社会心理

本世纪60年代以来，有关生活质量的研究差不多席卷了大多数国家。经济学、社会学、政治学、心理学乃至管理学等学科，都参与了对人的生活质量的探索。由于生活质量具有跨学科的特点，所以关于生活质量的研究成果也就在各学科间交叉渗透，社会心理学关于生活质量的研究，也自然与社会学、经济学的研究相互交织，融为一体。

一、生活质量的定义

学者们对于生活质量定义的理解，作过大量努力，有一种定义得到国内外学者们的普遍认可，即生活质量是指人们生活的好坏、优劣，是生活等级的代名词。但是，生活质量包括哪些内容，怎样评价人们的生活质量状况，学者们的观点并不一致，其分歧在于生活质量是客观物质生活质量还是主观心理生活质量。由此分歧，实际上区分出客观生活质量和主观生活质量两个概念。

客观生活质量把重点放在人们物质生活及精神生活的客观表现方面，着重进行社会指标的研究，多从生活的物质条件方面理解生活质量。国内有学者认为，“生活质量是反映人们生活和福利状况的一种标志，它包括自然方面和社会方面的内容，是指社会文化、教育、卫生、交通、生活服务状况、社会风尚和社会治安秩序等等”①。这是对客观生活质量理解的代表性观点，此观点认为生活质量就是生活条件诸方面的综合反映，生活质量的好坏又是生活中的客观物质因素所决定的。中国社会科学院社会学所在进行“社会发展与社会指标”课题研究中，也依此思想将生活质量分解为16个指标（后扩充为23个），包括居民消费、收入、吃穿用住、劳保福利、物价、“三废”处理率等等。②

主观生活质量的界定多由美国学者提出。他们对生活质量的研究，主要侧重于主观方面，并以个人的幸福作为研究的中心或出发点。这一思想背景，是把能最大限度地满足公民需要的社会看作是“好社会”，而人的需要的满足状况可通过“生活满意感”、“生活幸福感”等来评价体现。

尽管满意感主要指判断的或认知层面的心理体验，而幸福感主要指情感、情绪层面的心理体验，两者有一定的差别，但两方面的共同点是明显的，即把生活质量看作是对于生活总体或生活各个具体方面的评价与总结，而这种评价总结，总是从人们对生活的各个层面的认识和感受出发的。

在实际研究中，生活质量应该是有质又有量的概念，既包括一些基本的客观指标，也包括人们的一些主观体验，把生活质量完整地视作社会提供国民生活的充分程度，以及国民生活需求的满足程度的综合状况。

---

① 厉以宁：《社会主义政治经济学》，商务印书馆1986年版，第523页。

② 陈义平：《生活质量与社会指标》，载《人口》1992年，第3期。

二、生活质量评估

生活质量评估，是生活质量研究的核心。由于学者们对生活质量的含义有主观与客观的两种理解，故在评估生活质量时，也就相应地有主观评估与客观评估。

客观评估主要评价生活质量的物质生活面，采用方法是由专家选取最能反映生活的各种不同物质条件的一系列指标，通过打分确定不同指数的权重，最后得出总体的生活质量综合指数。这一套方法的操作程序，在我国出版的有关社会心理学专著中有详细介绍。我国学者在生活质量研究中，大多主张采用客观法，有人亦谓之“专家评估”法。

但是，大量的研究表明，运用客观指标方法来评估生活质量是有所不足的。人们所处的客观环境，与他们对生活体验之间的关系并不完全对应，处于相同物质生活水平的人们，对其自身生活的评估和满意感可以大相径庭；而生活满意感相同的人们，在实际的物质生活水平上也可能差别很大。坎贝尔（Campbell）曾指出，“客观变量”对“主观生活质量”的变化最多只能解释17%。

主观评估法在国外的生活质量研究中比较多地被采用，而生活满意感是被普遍认可的生活质量指标。主观方法的实施关键，是对大众在生活各个方面感受或满意感的测定，通常采用问卷的方法提出问题，让大众直接回答，将问卷进行统计分析，得出人们的生活满意感指标（分数），故此方法是一种“大众评估”。

当然，主观评估方法也并不完美，它虽然能确定人们的生活满意感状态，但无法确定人们的生活质量处于何种水平（如贫困型、温饱型等）。而且人的主观感受的变化性较大，不太稳定。

从社会心理学的观点来看，应该说主观指标更加符合生活质量的含义。客观指标是用来反映客观事物的，而生活质量涉及到人们对事物优劣好坏的评价，用主观指标更能恰当地揭示。或者说，用主观指标来补充和深化客观指标，其反映的程度更为深刻。将主观指标同客观指标的评估两项结合，是一条正确的评估途径：通过调查客观硬件，可以得到社区或社会发展，以及人民的生活等级类型，在此基础上，来测试人们的主观满意感，才知道生活处于某一阶层的人们真正的需要是什么，以及其心理状况如何。

三、生活满意感模型

生活满意感亦为社会心理学家感兴趣，或者说生活满意感也属于社会心理学的研究范畴。西方人本主义心理学，在生活质量关于人的满意感的研究中扮演着主角，并主张生活应由经济的层面向心理的层面转移。许多心理学家还偏向于由研究人的消极行为（如沮丧、焦虑、偏激、侵犯等），向研究人的积极行为（如健康、友爱、创造、公正、真善美等）转移。

在民意调查中，学者们为了了解人们对生活满意感的标准，把满意度分解为一系列特定的元素或成分，如家庭生活满意感、工作生活满意感等等，用生活中的各个方面，来测量人们对这些元素或成分究竟满意多少。在研究中，学者们提出过十几种生活满意感模型，而芝加哥大学调查研究中心的坎贝尔（A. Campbell）和康弗斯（P. Converse）于1976年所提出的生活满意感模型较为著名。[①]该模型的图式如图8－1。

在此模型中，第一方面、第二方面、第三方面……由调查确

① 坎贝尔等著，乐国安译：《应用社会心理学》，知识出版社1991年版，第37页。

图 8-1 生活满意感模型

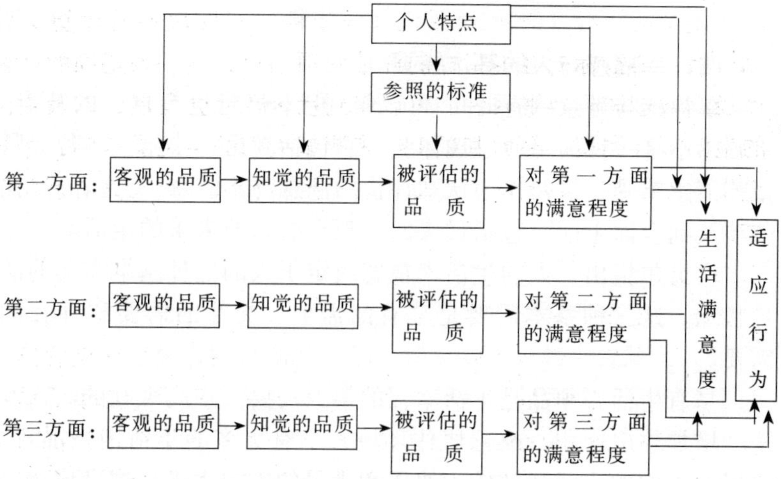

定，如可以是“工作”、“家庭”、“健康状况”、“人际关系”等等。“客观的品质”即个体所处的客观情境的特征（如工作条件、家庭收入情况等）。但客观情境的特征，并不等同于个体知觉的特征，“知觉到的品质”即是个体对客观特征的知觉。在知觉的基础上，个体对某方面的特征进行评估，获得“被评估的品质”，进而得到该方面的满意感分数。各个方面的满意感分数获得之后，就可求其均值，得到大众的生活满意感分数。该模型还表明，由于“个人特点”（每个人的年龄、性别、职业、兴趣、性格等）每个人不同，加之每个人确定的评估“参照标准”有所差异，所以人们的生活满意感评估，在物质条件（客观情境）相同的条件下也会有差异。

在此模型的应用中，要求被调查者在给定的5点量表上选择答案，例如在“社会交往”方面，有很满意、较满意、无所谓、不太满意、很不满意五个选项，分别赋值0、1、2、3、4。将分数加以统计，即可得到个人或社区总体的生活满意感得分。

四、幸福感与人的基本需要

幸福感与满意感有时可以互换，但幸福感也有自己的特点。幸福感不是一种简单的心理体验，它包括满足、快乐、痛苦、紧张等情感感受，以及作为认知评价的满意与不满意。人们的幸福感涉及到全面生活，包括过去的、现在的乃至未来的生活。

坎贝尔指出，人的生活幸福感决定于人的三种基本需要的满足状况。这三种基本需要是享有的需要、交往的需要和存在的需要。

享有生活必须品是生活幸福的第一需要。提高家庭的收入水平，增加住房面积，改善居住环境，享有更多的生活消费品等，可以使人们的生活达到较为快乐和满足的幸福水平，这已成为一般观点。享有的需要的满足度，似乎与收入有最密切的联系。一些人认为，在任何一个社会里，那些高收入的人比低收入的人，会有更强烈的幸福感。然而，一些实际调查却发现，那些物质生活优越的人，并不是经常地自称为幸福或满足。巴恩斯（H. E. Barnes）等对欧洲七国进行调查后发现，“一种从最初的对物质福利和人身安全关心，朝着更注重生活质量和自我实现的转变”。阿特金森（J. R. Atkinson）从对加拿大的一系列调查中也注意到，“收入看来正在丧失它作为一个生活美满的决定因素的效力”。这些结果表明，随着社会的发展，人们享有需要的满足水平得以提高，但其他的需要却又应运而生，故人们的生活幸福感也就随之变化。交往的需要能否满足，影响人们的生活幸福感。人际关系良好，有广泛社会交往的人，比那些足不出户的人普遍感受到幸福。已婚的人与那些独身的、分居的、离婚的、丧偶的人相比，也普遍更为幸福。社区情感与交往的频率增加，使生活在“小地方”的人，也容易体验到幸福。看来，生活幸福感与人的交往、人的社会本质是紧密联系在一起的。

存在的需要类似于马斯洛的自我实现的需要，其中心意思是人对自己有自知，能有良好的自我观念，能尽力决定自己的命运，发挥自己的能力与特长，实现人的价值。大量研究表明，存在需要的满足对人的生活幸福感有极大的影响。自我实现的人，甚至当人们生活的物质环境不顺利时，也不喜欢表示否定幸福感，他们积极的自我评价明显地比客观环境对他们的幸福感更为重要。

人的生活幸福感作为生活质量的一个重要心理指标，在社会心理学的民意调查中十分重要。应该说，西方学者在这方面的研究，已经走在了我国的前面。在我国社会心理学的研究中，系统全面的生活幸福感研究还较少，但有一些关于教师满意感、居民生活满意感的研究。在中国现代化的过程中，对于中国人的生活质量的研究，是一个应该受到关注的社会心理学课题。

五、工作生活质量

工作生活质量，是生活质量中的重要项目，对工作生活质量的研究，已经普遍受到学者们的关注。关于工作生活质量的确切含义，至今仍在从事管理的实际工作者和学者们的研讨之中。70年代末期，在一项关于工作生活质量状况的调查报告中提到，“任何一个工作生活质量计划的必不可少的组成部分，是对任何层次的职工或任务小组，都有真正的机会随时随地参加与改进他们的工作环境有关的活动，以及在如何改进工作方面有一定的发言权”[①]。这一含义所强调的，是以自我管理和工人参与管理，作为工作生活质量的重要标志。

美国心理学家卢浦顿（T. Luppton），曾对较高的工作生活质量提出了特征上的要求，他主要提到如下七个特征：

1. 工作是有趣味的、挑战性的，并且是负责的；
2. 工人得到公平的报酬，并承认他们所作的贡献；
3. 工作场所是清洁的、明亮的、安静的、安全的；
4. 监督是最低限度的，但只是在需要时才使用；
5. 有关员工及员工工作的决策，由他们参与制定；
6. 工作是有保证的，并且鼓励发展同事之间的友好关系；
7. 组织向职工提供个人福利，并给予医疗及其他照顾。

随着现代科学技术的突飞猛进，加速了知识的陈旧率，这促使职工产生再学习、接受再教育的需要。在进行工作生活质量设计及实施时，企业管理部门就必须满足职工接受再教育和安排机动休息的需要，把传统的教育－工作－休息的线性模式转变为教育－工作－休息－再教育－工作－休息的周期性循环模式。此外，企业和有关机构还应全面关心职工的文化娱乐生活、社会交际活动等等。

工作生活质量运动的发展，对于提高组织的绩效，创设积极的组织气象和增加员工的工作满意感，起到了巨大的促进作用。这一运动肯定会继续下去，并与其他生活质量的设计相结合。管理学家预言说，这是因为未来的管理人员，将要面对的是愈来愈多的、受过教育的、清醒的个人。他们的态度和价值观念将着重于自主、成长和自我发展。他们的很多利益将受到法律的保障和

① 格拉塞尔：《关于工作生活质量的工艺水平问题》，载美国《人事》杂志，1976年第5期，第39页。

鼓励。当然，随着生活质量的进一步发展，社会心理学者不会袖手旁观、静观其变，而会力所能及地通过研究参与其中，促进其更好地发展。

练习与思考

1. 人口心理素质有哪些基本特点？

2. 试进行一次中国人生育动机的调查并分析中国人生育动机的特点。

3. 健康的心理与行为有哪些特征？

4. 社会心理学是如何看待和研究个人空间及人际距离问题的？

5. 人们的工作满意感受哪些因素的影响？

6. 说说坎贝尔和康弗斯的生活满意感模型。

社会心理学：原理与应用/申荷永主编．—广州：暨南大学出版社，1999.9（2022.1重印）
（心理学主干课程系列教材）
ISBN 978-7-81029-863-6

Ⅰ．社…　Ⅱ．申…　Ⅲ．社会心理学　Ⅳ．C912.6

中国版本图书馆CIP数据核字（2008）第171273号

社会心理学：原理与应用
SHEHUI XINLIXUE：YUANLI YU YINGYONG
主　编：申荷永

出 版 人：张晋升
责任编辑：严奉强
责任校对：曾红明
责任印制：周一丹　郑玉婷

出版发行：暨南大学出版社（510630）
电　　话：总编室（8620）85221601
　　　　　营销部（8620）85225284　85228291　85228292　85226712
传　　真：（8620）85221583（办公室）　85223774（营销部）
网　　址：http：//www.jnupress.com
排　　版：暨南大学出版社照排中心
印　　刷：佛山市浩文彩色印刷有限公司
开　　本：850mm×1168mm　1/32
印　　张：10.5
字　　数：257千
版　　次：1999年9月第1版
印　　次：2022年1月第20次
印　　数：108001—108800册
定　　价：32.00元